中国县级社区学院发展研究

ZHONGGUO XIANJI SHEQU XUEYUAN
FAZHAN YANJIU

浙江省高校人文社科"高等教育学"重点研究基地资助项目
浙江省高等学校中青年学科带头人基金资助项目
浙江省新世纪151人才工程基金资助项目
教育部人文社会科学基金资助项目

刘 尧◎著

江苏大学出版社
JIANGSU UNIVERSITY PRESS

镇 江

图书在版编目(CIP)数据

中国县级社区学院发展研究 / 刘尧著. —镇江：
江苏大学出版社,2013.4
ISBN 978-7-81130-469-5

Ⅰ.①中… Ⅱ.①刘… Ⅲ.①县－社区学院－发展－
研究－中国 Ⅳ.①G648.6

中国版本图书馆 CIP 数据核字(2013)第 065760 号

中国县级社区学院发展研究

著　者/刘　尧
责任编辑/潘　安
出版发行/江苏大学出版社
地　址/江苏省镇江市梦溪园巷 30 号(邮编：212003)
电　话/0511-84446464(传真)
网　址/http://press. ujs. edu. cn
排　版/镇江文苑制版印刷有限责任公司
印　刷/丹阳市兴华印刷厂
经　销/江苏省新华书店
开　本/700 mm×960 mm　1/16
印　张/21.25
字　数/306 千字
版　次/2013 年 4 月第 1 版　2013 年 4 月第 1 次印刷
书　号/ISBN 978-7-81130-469-5
定　价/39.50 元

如有印装质量问题请与本社营销部联系(电话:0511-84440882)

发展县级社区学院　推动新农村建设

（代　序）

刘尧

促进农村教育与经济结合,推动农村教育为经济建设服务,是发展农村经济的强大动力,也是农村教育改革发展的必由之路。美国经济学家米凯·吉瑟研究证明,在农村地区教育水平提高 10%,能多诱导 6% ~7% 的农民从农业中转移出来,按照净效应,它将使农民收入提高 5%。因此,为农村人口提供高质量、高水平的教育,是确保农业劳动力转移的有效措施。[①]

新农村建设要"五教"统筹

新农村经济社会发展,关键在于农村人口素质不断的提高。新农村人力资源开发的关键是建立和完善能够为农村人口提供学习机会、促使农村人口素质和生产力水平不断提高的新农村教育体系。

新农村教育体系应该从新农村建设的需要出发,优化整合农村教育资源,满足农村劳动者终身学习的需要,包括普通教育、职业教育、高等教育、成人教育、社区教育一体化的教育体系。农村教育要彻底摒弃以应试教育

---

① 刘尧. 发展县级社区学院　助力新农村建设[N]. 中国教育报,2008 - 03 - 24(5).

为目的、单纯教人学知识的偏颇做法，坚持教育与经济发展的一体化战略，把农村沉重的人口负担转化成雄厚的人才资源。

为此，我国政府应借鉴美国大学的农业推广制度和建立乡村社区学院的经验，在实施农村基础教育、职业教育、高等教育、社区教育和成人教育"五教"统筹的基础上，给予政策、资金支持与倾斜，鼓励县（市）通过有效的方式，发展农村高等教育，创办有地方特色的县级社区学院，培养和造就一批留得住、用得上、能为农村脱贫致富尽心竭力的中高级人才，从根本上解决农村中高级人才进不来、留不住、长期青黄不接的严峻问题。

县级社区学院切合农村需求

我国县级社区学院是集高等学历教育、非学历教育、社会文化生活教育于一体，具有职业性、社区性和综合性的高等教育机构，其主要特点是服务本县（市），使本县（市）内没有机会和能力到外地高等学校求学的学生接受高等教育，培养本县（市）所需要的实用型人才，为本县（市）经济发展和社会发展服务。

20世纪90年代以来，我国长江三角洲、京津周边及环渤海湾地区相继出现了县级社区学院。这些县级社区学院一般是通过两种途径创建起来的：一种是由成人学校与有关学校整合办起的社区学院；另一种是以县（市）电大为依托建立的县级社区学院。目前，我国县级社区学院主要由地方政府主办，一般设立于县（市）内，由县（市）教育行政机构认可并接受其督导，具有立足于县（市）、面向大众、花费较低、形式灵活、内容实用、交通便利等特点。

发展县级社区学院符合我国农村和农村教育实际。县级社区学院具有开放性和经济性，有利于缓解新农村基础教育的升学压力；县级社区学院针对性强，农村教育与新农村建设融为一体；县级社区学院对新农村的文化辐射，有利于促进新农村文化建设；县级社区学院能在农村教育体系中发挥"五教"统筹中心的龙头作用，带动县（市）内"五教"在内容、方法、经验以及教师、设备、场地等方面的进一步沟通与协调。

发展县级社区学院需多方支持

对我国县级社区学院的发展，笔者有以下建议：

第一，尽快加强规章制度建设。教育行政部门应尽快制订有关县级社区学院建设与管理的条例。

第二，规范领导管理机制。从各地的经验看，"政府主办、教育部门主管、有关部门配合、社会支持、群众参与"，是县级社区学院的最佳管理模式。

第三，整合教育资源。要把建立县级社区学院与调整社区教育资源相结合，县级社区学院可在原有县（市）电大、教师进修学校等基础上，整合相关教育资源而建立。

第四，学制、专业与课程的设置要紧密结合本县（市）的需要和学院本身的优势。

第五，加强教师队伍建设。建立一支专兼结合，专业结构、知识与技术技能结构、职称结构、年龄结构合理的教师队伍。

第六，多方筹措教育经费。"政府拨一点，社会筹一点，单位出一点，个人拿一点"的办法，是解决县级社区学院经费的有效途径。

第七，形成特色和风格。每一所县级社区学院都要根据本地的特色，形成自己的风格。

第八，加强针对县级社区学院的研究与实验工作。

【新闻图片链接】

2003年5月27日，经德清县人民政府批准，德清社区教育学院正式挂牌成立。

目　　录

中国社区教育发展研究

社区是社会学的一个基本概念。社区作为一种人类社会生活中的重要现象,早在社会学形成社区这一概念之前就已存在。社区作为人类地域性的聚居共同体是农业社会的产物,而作为学术研究的对象,社区概念则出现在工业社会的形成和发展过程中。社会学家对社区下的定义各不相同,在构成社区的基本要素上认识也不一致。社区教育从其本质上说是一种教育与社区生活相结合的教育形态。人类社会最早(原始)的教育形态实质上就是一种社区教育。从人类文明演化的过程中可以清楚地看到,我国社区教育大致经历了非组织形态和组织形态两个发展阶段。改革开放后,我国社区教育经历了四个时期的发展,取得了一些成就,形成了中国特色,但也面临许多问题,需要在未来的发展中不断地改革与完善。

一、社区与社区发展研究

社区作为人类地域性的聚居共同体是农业社会的产物,而作为学术研究的对象,社区概念则出现在工业社会的形成和发展过程中。

"社区"一词是伴随西方现代社会学的引入,由英文"community"翻译而来,"community"作为学术概念,译自德文"gemeinschaft"。

不论是"gemeinschaft"还是"community",作为社会学研究的基本概念,它们的出现和研究有着特定的社会发展背景,随着研究的深入,这些词义内涵本身也在不断发生变化。

(一)社区的历史演变

社区作为一种人类社会生活中的重要现象,早在社会学形成社区这一概念之前就已存在。人类总是合群而居的。人类社会群体的活动离不开一定的地理区域,具有一定地域的社区就是社会群体聚居、活动的场所。

1. 旧石器时代的流动性社区

① 旧石器时代是石器时代(由原始社会至母系社会)的早期阶段,共经历二三百万年,人类过着采集和渔猎生活,劳动工具是用石头互相打击而成。

② 旧石器时代的社区特点是,游牧,无固定住地,往往逐水草而居。严格地说,不是现代意义的社区,而仅是生活共同体。

2. 新石器时代的半永久性的村舍式社区

① 新石器时代是石器时代的最后阶段,始于七八千年前,人类已开始定居,广泛使用磨制石器,发明了制陶工艺。

② 新石器时代的社区特点是,人类已学会经营农业和畜牧业,因从事农业而定居并修建半永久性村舍(如半坡遗址)。

3. 农村社区与早期的古代城市社区

① 人类社会出现三次大分工。第一次大分工是农业与畜牧业分离,第二次大分工是手工业与农业分离,第三次大分工是出现了商人阶级。社区的发展是与社会大分工紧密相连的。

② 农业发展,出现了农庄这一新兴社区。

③ 随着社会经济、政治、文化的发展,在乡村之间出现了城镇,并逐渐发展为古代城市社区。

4. 工业化时期的近现代城市社区

① 工业革命后,人类开始了都市化进程,都市化进程即城市化进程。

② 工业化的标志不仅是城市数量的增多,更在于近代城市的经济基础和结构功能不同于以往。

③ 逐渐发展出大城市和大都市社区。

④ 目前,都市化进程仍在进行中。①

(二)滕尼斯与帕克的社区概念

"社区"一词源于拉丁语,原意是亲密的关系和共同的东西。首先将

---

① 白淑英. 社区概念与社区要素[DB/OL]. http://rwxy. hit. edu. cn/kejian/shequgailun. ppt# 256,1,2008 - 11 - 02.

"社区"作为社会学的一个范畴来研究的是德国社会学家斐迪南·滕尼斯（1855年—1936年）。1887年，滕尼斯在《社区与社会》（该书另一译名是《礼俗社会与法理社会》）一书中，最早提出社区这一概念。当时，了解、关注社区的人微乎其微。而今天，"社区"已经成为人们使用频率很高的一个词汇，受到广泛关注，成为包括社会学家在内的许多领域的专家和社会工作者研究的课题。

滕尼斯认为，社区是基于亲族血缘、邻里和朋友关系而结成的社会联合。在这种社会联合中，情感的、自然的意志占优势，个体的或个人的意志被感情的、共同的意志所抑制。社区是一种由同质人口组成的具有价值观念一致、关系密切、出入相扶、守望相助的富有人情味的共同体。社区里人们交往的目的和手段是一致的，所以"社区"是有机整体，传统农村村庄是社区的代表。与此相应，它将由人们的契约关系和由"理性的"意志所形成的联合称为"社会"，"社会"是指一种由异质人口组成的具有不同价值观念的重理智、轻人情的社会群体。

社区与社会的关系如下：

① 两者之间有联系。每一个社区都是一个小社会，因此社区中有社会；一个社会有多个社区，社会中有社区。

② 两者之间有区别。社区一般强调地域限制，而社会无地域限制；根据滕尼斯的理论，社区的约束多为内在的，而社会的约束多为外在的、强制的。滕尼斯的社区概念属前工业社会的传统社区。

进入20世纪以后，伴随着工业化、城市化的进程，社区研究的对象主要是现代工业社会的城市社区。美国芝加哥学派的代表人物帕克把社区定义为"占据在一块被或多或少明确地限定了的地域上的人群汇集"。

（三）我国对社区概念的界定

中文"社区"一词的由来是，1933年费孝通和燕京大学的几个同学翻译美国社会学家帕克的社会学论文，第一次将英文"community"意译为"社区"。因为与区域相联系,所以社区有了地域的含义,意在强调这种社会群体生活是建立在一定地理区域之内的。这一术语一直沿用至今。

改革开放以来,我国现实生活和社会发展引起人们对社区研究的普遍关注。我国学者形成了一系列更为明确、综合且内涵清晰的定义。列举如下:①

①"所谓社区是指聚居在一定地域的人们,通过直接或间接互动形成的,并通过共同的文化观念维持团结的人类生活共同体。"

②"社区是指聚居在共同地域,以一定社会制度和社会关系为纽带,同质人口为主体的人群生活共同体,是一个相对独立的地域社会。"

③"这种一个地域内的,主要社会活动或者生活方式基本上属于同一类型的,相对独立性的地区性社会,就叫作社区。"

④"所谓社区是指居住在一个地区里进行共同生活的人群。他们进行互相联系的经济和政治活动,形成一个共同的生活集体,具有一定程度上相同的价值观念和相似的认同意识,并有相应的实体单位。这种群体,在社会学中亦称地缘群体。"

⑤"所谓社区,就是聚居在一定地域中人群的生活共同体。具体地说,社区是一定地域内发生各种社会关系和社会活动,有特定的生活方式,并具有成员归属感的人群所组成的一个相对独立的社会实体。"

⑥"社区就是区域性社会,换言之,社区就是人们凭感官能感觉到的具体化了的社会。"

⑦"社区就是在一定地域范围内,发生特定的社会关系和社会活动,形成特定的生活方式和文化心理,并具有成员归属感的人群所组成的相对独立、相对稳定的社会实体。"

1984 年,费孝通主编的《社会学概论》中,社区的概念被表述为:"若干社会群体(家庭、氏族)和社会组织(机关、团体)聚集在某一地域里,形成一个生活上相互关联的大集体。"我国 1991 年出版的《大百科全书》将社

---

① 王丽. 社区服务中心的角色定位与社区的互动建设 [DB/OL]. 中国社会学网,2008 - 11 - 09.

区概念定义为"通常指以一定地理区域为基础的社会群体"。现在大多数社会学著作把社区定义为：一定地域性的社会生活共同体。这种共同体是指聚集在一定地域的社会个人、群体和组织,在社会互动的基础上,依据一定的社会文化规范结合而成的地域性社会生活共同体；是一个居民生活的地域共同体、文化共同体、利益共同体。这种共同体既是一个地域性概念,也是一个社会文化的概念。

（四）构成社区的基本要素

社会学家对社区下的定义各不相同,在构成社区的基本要素上认识也不一致。1955年美国学者G·A·希莱里对已有的94个关于社区定义的表述作了比较研究。他发现,其中69个有关定义的表述都包括地域、共同的纽带以及社会交往三方面的含义,这三者是构成社区必不可少的共同要素。因此,人们至少可以从地理要素（区域）、经济要素（经济生活）、社会要素（社会交往）以及社会心理要素（共同纽带中的认同意识和相同价值观念）的结合上来把握社区这一概念,即把社区视为生活在同一地理区域内、具有共同意识和共同利益的社会群体。

有学者认为,社区的构成要素是：

① 人口是构成社区的主体。

② 地理环境是社区得以存在的客观前提。它包括社区的地理条件和物产、矿藏等资源条件。

③ 经济是社区赖以维持生计的要素。它包括作为社区营生基础的物质生产和提供社区日常生活消费的各种服务。

④ 文化在构成社区生活方式中起重要作用。它是广泛包括各种信仰、规范、制度、习俗等的体系。

⑤ 组织是维系社区成员和安排、推动社区生活的重要手段。社区的组织包括正规组织与非正规组织。

还有学者认为,社区的构成要素是：

① 地域要素。社区必须占有一定地域,它是人们从事社会活动的区域。

② 人口要素。社区要有一定数量的人群。在社区的人口要素中,要搞清三方面的内容,即社区人口的数量、构成和分布。

③ 区位要素。社区中人口及其活动空间的分布,具有某种内在的规律性,某些活动常常集中于社区的某一特定的区域。

④ 结构要素。社区的结构是指社区内的各种社会群体和组织相互之间的关系。目前社区的结构变得越来越复杂。

⑤ 社会心理要素。社区的性质和规模对社区的结构有非常大的影响,而社区的结构又会对社区成员的心理和行为产生不同的影响。另外,由于长期相处,社区成员对所在的社区会产生归属感。

⑥ 约束要素。每个社区都有要求本社区群体、组织和成员遵守的规范和准则。

⑦ 物质要素。一个社区必须要有一定的办公场所、服务设施、办公设备、经费来源等物质条件。

1974 年,世界卫生组织召集社区卫生护理界的专家,共同界定适用于社区卫生工作的社区(community),其定义为:"社区是指一固定的地理区域范围内的社会团体,其成员有着共同的兴趣,彼此认识且互相来往,行使社会功能,创造社会规范,形成特有的价值体系和社会福利事业。每个成员均经由家庭、近邻、社区而融入更大的社区。"由此可见,构成社区的四个要素为:①

① 人口。社区由人组成,不论何种类型之社区,因人聚集与互动,方能满足彼此的需求。但对于多少人数才能形成一个社区,目前并无定论。社区太大、人数过多,将使彼此互动困难。但人数太少就一定不可能形成利益互惠与生活维持的团体。

② 地方或地理疆界。以地理的范围来界定社区的大小是一般人最能接受的对社区的定义。但是,并非所有的社区都有明确的地理划分。

---

① 佚名.社区[DB/OL].http://baike.baidu.com/view/49629.htm,2008 – 11 – 24.

③ 社会互动。社区内居民由于生活所需彼此产生互动,特别是依赖与竞争关系。如社区居民的衣、食、住、行、育、乐皆需与他人共同完成,相关的经济、交通、娱乐等系统即因此而形成。社区经由不同的社会系统发挥功能,满足居民生活需要,建立社区规范。

④ 社区认同。社区居民习惯以社区的名义与其他社区的居民沟通,并在自己的社区内互动。同时社区居民形成一种社区防卫系统,产生明确的"归属感"及"社区情结"。

综合以上的论述,社区要素主要有:

① 人口,指社区内按一定生产关系或社会关系聚居的人口群体。

② 地域,指社区的范围、方位、形状、环境、自然资源等。

③ 经济,指社区居民的生产、交换、分配和消费等经济活动。

④ 社区的专业分工和互相依赖关系。分工形成社区的各种团体、组织,导致阶层、阶级的分化,构成单位、团体之间的各种依赖关系,并形成社区的组织结构和功能结构。

⑤ 共同的文化与制度。社区成员的社会化即是接受社区文化的结果,又是形成社区共同文化与制度的前提。社区的共同文化和制度指导并控制着社区的行动,促使社区构成一个整体。

⑥ 居民的凝聚力与归属感。美国社会学家 A·英克尔斯认为,社区成员的共同结合感及对某些实际生活及精神生活的共同评价等决定社区的本质。

⑦ 为社区服务的公共设施。如各种商业设施、文化娱乐中心、医疗卫生机构等。

(五)农村社区与城市社区

社区是现代社会的细胞,一般是指聚居在一定地域范围内的,以共同意识和利益为纽带的人们所组成的社会生活共同体。社区的分类方式很多,我们根据人群的共同地理位置划分,我国的社区一般分为城市社区和农村社区。在城市,一般将相邻的几个街道或居委会合称一个社区;在农村,则将几个相邻的村或镇合称一个社区。

城市社区是指由众多的从事非农产业的人口,在某一特定区域所形成的生活共同体。城市社区又可分为以下几种情况:一是市辖区;二是街道办事处辖区;三是小于街道办事处、大于居民委员会辖区建立的区域功能社区;四是规模调整后的居民委员会辖区。目前我们所说的城市社区是指后面两种情况。

农村社区是指以农业经济收入为主要来源的,一定地域内居民的生活共同体。农村社区就是聚居在城镇以外的,以从事第一产业(农、林、牧、副、渔业及其加工产业)的人口为主的社会生活共同体。农村社区既包括农村居民生活的自然区域环境,也包括在这些辖区内进行经济、政治、文化、社会活动的社会群体。农村社区又可分为以下几种情况:一是县市辖区;二是乡镇辖区;三是行政村辖区。目前我们所说的农村社区多指自然村落,即行政村。

(六) 社区发展概要①

社区发展是社区研究的重要概念之一。社区发展是指社区的居民在政府机构的指导和支持下,依靠自身的力量,有目的、有组织地改善社区的经济、社会、文化状况,解决社区的共同问题,提高社区居民的生活水平,促进社会协调发展的过程。社区发展属于社会工作的范畴。

1. 社区发展的缘由

工业革命以后,欧洲工业国家为了应付工业发展带来的一系列社会问题,在社区内开展了一系列社会工作。对原有的社会福利制度和社会救济制

---

① 佚名. 社区发展 [DB/OL]. http://www. shequno1. com/shs/ShowInfo. asp? InfoID = 805, 2008 – 11 – 24.

度进行了改革,越来越多地注重调动社区居民的积极性,增强社区居民参与社区福利的主动性。20世纪初期,在英国、法国和美国等国出现了"睦邻运动",旨在充分利用社区人力、物力资源,培养社区居民自治精神和互助精神,动员社区居民参与改造社区生活条件的活动。第一次世界大战期间,美国政府适应战时的需要,在全国普遍开展了"社区组织运动",改进社区工作,开展战时服务。第二次世界大战以后,世界各国尤其是非洲、亚洲、中南美洲的发展中国家,面临着贫穷、疾病、失业、经济发展缓慢等一系列问题。要解决这些问题,仅仅依赖政府的力量是远远不够的。于是,一种运用社区组织方法,合理利用民间资源,发挥社区自助力量的构想应运而生。

社区工作的迅速发展,引起了社会学家的关注与研究。美国社会学家F·法林顿于1915年首先提出了社区发展这一概念。1939年,美国社会学家I·T·桑德斯和波尔斯合著的《农村社区组织》一书,对社区发展的基本理论和方法作了较为详细的论述。1951年联合国经济社会理事会通过了390D号议案,计划建立社区福利中心,推动全球经济、社会的发展;不久又将"社区福利中心计划"改为"社区发展计划"。1954年,联合国改组社区组织与发展小组,建立了联合国社会事务局社区发展组,在世界许多国家和地区积极推动社区发展运动,并得到了一些国家和地区政府部门的重视。例如,印度政府较早地接纳了联合国的社区发展计划,在全国数十万个村庄推广社区发展运动。社区发展已在许多国家实施,并已由乡村扩展到城市。

2. 社区发展的目的与目标

联合国和许多国家政府都制订了社区发展指标体系。其中关于社区发展的目的如下:

① 提倡互助合作精神,鼓励社区居民自力更生解决社区的问题。

② 培养社区居民的民主意识,在社区发展过程中促进居民积极参与本社区的公共事务。

③ 加强社区整合,促进社区变迁,加速社会进步的进程。

根据社区目的,联合国和许多国家政府又确定了比较接近的社区发展目标。

社区发展目标分为直接目标和终极目标两种。

直接目标包括：

① 协助社区认识其成员的共同需要。

② 协助社区运用各种援助。

③ 协助社区开发和利用社区的资源。

④ 协助社区改善物质、文化生活条件。

终极目标包括：

① 经济发展。提高社区的经济发展水平和经济收入水平。

② 社会发展。建立良好的社区内部人际关系和合理的社区结构。

③ 政治发展。发展社区居民的民间团体和组织，培养居民的民主意识和自治、互助能力。

④ 文化发展。提倡有利于社会进步的伦理、道德，发展科学、教育、文化事业。

3．社区发展的原则

社区发展的原则分为基本原则和工作原则。

1955 年联合国在《通过社区发展促进社会进步》的文件中，提出的十条基本原则是：

① 社区各种活动必须符合社区基本需要，并以居民的愿望为依据，制订首要的工作方案。

② 社区各个方面的活动可局部地促进社区发展，全面的社区发展则需建立多目标的行动计划并开展各方面的协调行动。

③ 推行社区发展之初，改变居民的态度与改善物质环境同等重要。

④ 社区发展要促使居民积极参与社区事务，提高地方行政的效能。

⑤ 选拔、鼓励和训练地方领导人才，是社区发展中的主要工作。

⑥ 社区发展工作特别要重视妇女和青年的参与，扩大参与基础，求得社区的长期发展。

⑦ 社区自助计划的有效发展，有赖于政府积极而广泛的协助。

⑧ 实施全国性的社区发展计划，须有完整的政策，建立专门行政机

构,选拔与训练工作人员,运用地方和国家资源,进行研究、实验和评估。

⑨ 在社区发展计划中应注意充分运用地方、全国和国际民间组织的资源。

⑩ 地方的社会经济进步,须与国家全面的进步相互配合。

社区发展基本原则的实际应用,常因国家或研究者的不同而存在差异,不可强求一律。社区发展的工作原则是具体工作时遵循的行动原则。美国社会学家罗斯在《社区组织:理论与原则》一书中认为,社区发展的工作原则应当是:

① 从发现社区问题入手。

② 将不满情绪导入行动。

③ 社区发展工作要符合社区多数人的利益。

④ 工作组织应有社区各方面的代表。

⑤ 利用社区感情推动社区发展工作。

⑥ 了解各团体和阶层的文化背景。

⑦ 加强社区内部的沟通。

⑧ 注重长期规划的制订。

4. 社区发展的工作内容与组织模式

社区发展的工作内容主要包括:

① 社区调查。

② 社区发展计划的制订。

③ 社区内部力量的动员与协调。

④ 社区发展基金的筹集。

⑤ 社区服务。

⑥ 社区发展方案评价。

社区发展的组织模式因各国、各地区的情况不同而有所差异,大体可划分为3种:

① 整体模式。由中央政府设立专门机构,主管制订社区发展的基本政策,研究社区发展的长远规划。再分设地方相应机构和组织,推行社区

发展计划。印度和菲律宾等国采用了这种模式。

　　② 代办模式。政府将社区发展工作交一个或几个部门负责,将社区发展工作同部门的工作结合起来进行。缅甸和牙买加等国采用这种模式。

　　③ 分散模式。国家或地区推行社区发展的组织是分散的,由各有关部门、团体分别制订计划并执行。美国和英国等采用这种模式。

5. 我国的社区发展历程①

　　"社区"一词是 1933 年由费孝通等学者从英文翻译过来的。此后"社区研究"在我国一直进行得红红火火。直到 20 世纪 50 年代初,由于不可抗拒的原因才被迫中断。改革开放以后,社会学的重振,使"社区研究"又成为我国社会生活中的一个热门话题。

　　1986 年,开展社区服务正式成为我国政府的一项行政职能,社区工作从此进入了一个新的阶段。特别是 1987 年武汉会议和 1989 年杭州会议以后,社区服务事业飞速发展,到 1989 年底,我国已有 3 267 个街道开展了社区服务工作,占当年全国城市街道总数的 66.9%。在改革开放的中国,社区建设一共经历了三个阶段:一是从 1991 年提出这个思路到 1995 年,为实验准备阶段;二是从 1996 年到 1997 年,为开始起步阶段;三是从 1998 年到现在,为发展提高阶段。

二、社区教育理论发展研究

　　社区是社会发展的基本单位,是一定地域空间内的人们的生活共同

---

　　① 佚名. 现代社区在当代中国的发展历程[DB/OL]. http://www. whjjedu. com/readnews. asp? newsid = 863,2005 - 05 - 04.

体。现代人的一生,往往从生长到发展都离不开社区,受制于社区环境。于是,以社区为载体而开展的教育活动,即"社区教育"应运而生了。20 世纪 20 年代,西方发达国家开始关注社区及社区教育问题。到了 20 世纪 50 年代至 60 年代,社区与社区教育成为联合国关注的话题。20 世纪 70 年代以来,社区教育问题便成为许多发达国家教育研究的热点。20 世纪 80 年代中后期,随着我国政治、经济、科技和教育体制改革的深入,社区和社区教育问题逐渐成为一个社会问题,开始为我国社会各界所关注。

(一) 社区教育的内涵

在社区教育发展过程中,不同的国家走过了不同的历程,体现了不同的特色,形成了对社区教育的不同理解。

1. 国外关于社区教育内涵的三个认识视角

一种理解是把社区教育界定为"民众教育"。如在北欧诸国,社区教育始于丹麦柯隆威等人于 19 世纪中叶创办的"民众中学",体现"为民众启蒙、为民众教育"的宗旨,以青年与成人为教育对象,实施以提高人文素质为主要目标的、灵活多样的教育活动。社区教育发展到今天,尽管北欧五国已形成各自特色,内涵已大大超越了初始的民众教育,形式更是丰富多样,但在北欧却少见"社区教育"的提法,"民众教育"则耳熟能详。

另一种理解是把社区教育界定为社会教育。如在日本,社会教育几乎是社区教育的同义词。1949 年颁布的《社会教育法》就明确把社会教育定义为:除《学校教育法》所规定的学校教育活动之外,面对全体社会成员所实施的有组织的教育活动。日本的《世界教育事典》认为,社区教育具有以下两种含义:一是指在学校教育中加入有关社区活动、社区问题的内容,使学生对社区具有科学的认识和乡土情感;二是指学校作为社区的教育文化中心,向所有居民开放并组织其教育活动。

第三种理解是把社区教育界定为向社区提供教育服务的非正规教育。

如在美国,社区教育就被普遍认为是为社区不同种族、性别、年龄、职业的所有成员提供的非正规的社会教育服务。在美国社区学院内,社区教育的内容宽泛,完全根据社区居民的实际需要来组织课程,教学形式与方法灵活多样,一般不计学分、不发文凭,不授予学位。英国对社区教育的理解跟美国相近。英国学者德·朗特里在其编写的《西方教育词典》中,对社区教育下了这样的定义:"一种教育工作计划,它跨出学校或学院的范围,并让社区其他的人参与。这些人既可做学生,也可做教师,或兼任两者。教育意图完全是为了整个社区的利益服务的。比如,设法使本地区成为一个更令人感兴趣的居住地。"《国际教育大百科辞典》则认为,社区教育就是利用社区中的所有资源,对全体社区居民进行教育的计划和措施。

2. 国内关于社区教育内涵的两个认识视角[①]

一是侧重从教育的角度界定社区教育,将社区教育看作教育活动、教育体制、教育网络、教育模式等。有人认为,社区教育是一种教育网络,又有人认为是教育体制,还有人认为是一种教育模式、教育形态、教育活动和过程。其中,多数论者赞同社区教育是教育活动和过程的观点。如下面几则表述:社区教育是一种区域性的、有组织的教育社会一体化的教育活动(黄云龙,1994 年)。社区教育是提高社区全体成员素质和生活质量,以及实现社区发展的一种社区性的教育活动过程(厉以贤,1999 年)。社区教育是满足社区发展需要、促进社区各项事业发展的各种教育活动和过程的总和(王炎,2000 年)。华东师范大学叶忠海认为:"社区教育是指以社区为范围,以社区全体成员为对象,旨在发展社区和提高其成员素质和生活质量为目的的教育综合体。"(叶忠海,2000 年)

二是侧重从社会的角度界定社区教育,将社区教育视为社会组织体制、社会组织形式、社区发展等。有人认为,社区教育是一种民间协调性教育管理组织形式、民间协调性教育管理机构;又有人认为,社区教育是一种

---

① 诗歌. 我国社区教育研究述评[DB/OL]. http://www.zhjtjyw.com/u/5499/archives/,2005－10－06.

社会协调组织体制;还有人认为,社区教育是教育社会一体化的组织体制。后者可以天津市教科院梁春涛教授为代表。他认为:"社区教育是在一定地域内,在党和政府帮助、指导下,组织协调学校和社会各个方面,相互结合,双向服务,实现教育社会化和社会教育化,旨在提高全民素质,共建社会主义物质文明和精神文明,促进地区经济,社会和教育协调发展的教育社会一体化组织体制。"(梁春涛,1993年)有人认为,社区教育是"社区发展的重要方面和组成部分"。有人甚至把"社区教育"和"社区发展"等同起来,社区发展被视为"一种教育与组织的行为过程"(杨应崧,1998年)。

其实,我们应把两种视角结合起来,这样才能真正理解社区教育的内涵。因此,可以从以下几个方面去理解其内涵:

① 社区教育的目的是提高社区居民的身体素质和科学文化素质,提高社区居民的信息素养和道德修养,同时促进社区的均衡发展。

② 社区教育的对象是社区全体成员。既包括社区中的幼儿、青少年,又包括成年人和老年人。要因材施教,满足他们不同的教育需求。

③ 社区教育的内容呈现多元化,包括道德教育、法制教育、健康教育、职业教育等,并根据居民年龄差异和层次的不同选择合适的教学内容,要做到因材施教。

④ 社区教育的形式呈现多样化,包括学校教育、家庭教育、社会教育等。

3. 社区教育的界定

在我国,一般认为,社区教育是整合了社会、家庭和学校教育的终身教育体系。从现代教育层面上讲,社区教育作为协调社会、家庭和学校教育关系的组织形式,是以一定的地域为界,协调、管理、优化、整合地区教育资源,学校与社区、家庭具有共同教育价值观和参与意识,并双向服务、互惠互利,学校为社区服务,社区依赖于学校,旨在促进社区经济、文化和教育协调发展的一种组织体制。或者说,社区教育是由社区举办的教育,是充分发挥社区教育资源作用的,面向全民,提供全程、全面的教育服务。所谓全民,就是面向社区所有公民,人无老幼与行业之分,只要有学习需求,教育就为其提供服务。所谓全程,就是面向人的一生。年龄无论长幼,学业无论高低,只要有学习需求,教育就为其提供服务。所谓全面,就是面向各种学习需求,在精神文明和物质文明建设中,无论学历教育还是非学历教育,无论正规教育还是非正规教育,无论文化基础教育还是技能培训,无论闲暇教育还是健康教育,社区教育都要为其服务。

在全国社区教育实验过程中,教育部把社区教育界定为:在一定地域范围内,充分利用各类教育资源,旨在提高社区全体成员整体素质和生活质量,促进区域经济建设和社会发展的教育活动。这里所指的地域范围一般是指以大中城市的城区或县级市为单位进行的社区教育实验工作,在这个区域内,社区有一定规模的教育资源可以利用和开发,可以在较高层次上实行教育的统筹领导,可以动员较多的部门、团体参与社区教育,便于在较大的范围内通过构建教育培训网、创建学习型组织满足社区居民的学习需要。

4. 社区教育的基本要素[①]

社区教育一般包括社区和社区组织、学校、社区的其他教育机构、参与者这些物质的、组织的和人力的基本要素。

① 社区。社区作为社区教育的基本构成要素,在区位以及设施上为社区教育的开展提供了必要的条件。

② 社区组织。社区内各个组织、单位是分散的,不利于社区教育的开展,因此需要建立一个相应的组织机构来统一、协调社区内各种力量,社区教育委员会便是这一组织机构。它全面筹划教育、经济、社会协调发展的总体规划,发动社区各界参与社区教育,推动社区教育工作。

③ 学校。学校属于社区的一个单位,是一个组织团体,在社区教育中起着重要作用。学校的人力资源——教师是社区教育中的一支不可忽视的力量。学校的设施等也是社区教育借以利用的场所,社区教育在很大程度上依赖于学校。

---

① 孙亚玲. 社区教育的基本问题[J]. 云南教育学院学报,1995(4):68 - 76.

④ 教育机构。教育机构指社区内的一切公共设施和各协作单位提供的,可以作为教育基地的车间、工厂、实验室、植物园、青少年宫等。公共设施则包括公共图书馆、博物馆、科学馆、纪念馆、体育馆、教堂、文化中心、娱乐中心、展览馆等。所有这些机构在社区教育委员会的统一协调下,发挥着应有的作用。

⑤ 参与者。有了组织机构、场所,还要有人参与。目前,社区教育的参与者已发展到社区全体居民,人人是受教育者,人人又是教育者。社区教育开展得好坏,主要取决于参与者的努力程度和态度。

(二)社区教育的重要性

社区教育是提高社区全体成员素质和生活质量,以及实现社区发展的一种社区性的教育活动过程。社区教育存在于社区生活中,由居民居住、生活的社区提供,具有全员、全面和全程的基本特征,所以说,社区教育是提高全民素质的重要途径。

1. 社区教育是融合教育资源,全面提高公民素质、加强两个文明建设的有效手段

社区教育的内容广泛,涵盖了科学、道德、法制、信仰以及其他与社会主流价值观相符的教育活动。社区是公民教育的基本载体,可以通过各种形式的社区教育,提升社区居民的政治、道德与法律等素养。社区教育能有效地利用社区教育资源,对社区居民实施多种形式的多方面的教育,把学校教育、家庭教育和社会教育有机地结合起来,最大限度地提高社区居民素质和促进社区两个文明建设。

2. 社区教育是社区管理的重要手段

社区管理的一个重要内容,就是社区教育。通过社区教育,提高社区居民的社会适应性和工作创造性,增强社区居民的家庭责任感、社区责任

感和社会责任感。社区作为居民生活空间,除了具有适宜的物质构成外,还具有丰富的文化构成,文化底蕴深厚的社区会赋予社区居民的精神世界以更多的色彩。社区教育一方面通过社区文化影响人,另一方面又在社区居民的对话、沟通和交流中发展新的社区文化,创设出激发人上进的"学习型社区文化",提高人们对社区文化的认同感。

3. 社区教育是密切教育、科技和经济关系的有效形式

在社会主义现代化建设中,经济是中心,科技是关键,教育是基础。在同一个社区里,集中了各式各样的人才。由于过去旧体制的束缚,不同社区相互之间不来往。我们可以通过社区教育打破旧体制的束缚,利用现有的教育资源为社区经济发展培养急需的人才,还可以为社区发展提供精神动力和技术支持。个人、家庭、企业和政府共同参与到社区教育中,共同关心社区的各种问题,加强对话、理解和沟通,有利于共同推进社区的进步和发展。[①]

4. 社区教育是构建终身教育体系的重要形式

古人说:"活到老,学到老。"现代社会,学习已经终身化,人人都需要学习。社区是居民生活的主要空间,良好的社区教育是居民的一种"隐性福利"。由于现代教育体制的局限,一些人需要学习但没有学习的场所和条件。

社区教育密切结合社区的实际,需要什么,就教什么,学什么。这就为所有需要进一步学习的人提供了有效的场所和条件。社区不仅是居住的社区,而且是一种学习的社区,终身教育与终身学习能获得广泛的社会支持,社区居民通过持续不断的学习更新自己的知识,得以适应社会生活的迅速变迁,提高个人生活和生存能力,从而实现教育的社会化和社会的教育化。

5. 社区教育是人力资源开发的重要途径

首先,社区教育可以满足社区居民知识更新的需要。每个人在学校学

---

① 张华. 我国社区教育面临的十大困惑与挑战(上)[J]. 职教论坛,2007(13):24-28.

习的时间是有限的,所掌握的知识也是有限的,而且受到时代的局限,如果不及时进行知识更新就会落伍。社区教育为社区居民提供全员、全程、全面的教育,弥补了社区居民参加工作后知识不足的缺陷。可以说,社区教育是协助政府加大人力资本投资战略的重要渠道。

其次,社区教育满足人民群众日益增长的精神文化生活需要,改善了社区居民的知识结构。社区居民多元化的知识需求是正规教育难以满足的,而社区教育所开展的教学满足了不同层次、不同人群对知识的需求。

(三)社区教育的特点

1. 社区教育与学校教育

社区教育首先是一种教育模式,它与传统的学校教育有明显的区别。

从教育对象来说,学校教育主要是对青少年实施的教育;社区教育则不受年龄的限制,社区的所有居民只要有需要,就可以接受社区教育。

从教育目的来看,学校教育是为了促使青少年的社会化和个性发展,帮助他们打下扎实的基础,为今后就业和进一步学习做好准备;社区教育则主要是帮助社区居民适应职业转换,改善生活条件,以及满足他们的精神文化需求。

从教育内容来看,学校主要进行全面、系统的科学文化教育,基础和专业相结合,在中小学阶段更加注重基础;社区教育以传授实用知识和技术为主,密切结合学习者的实际需要。

从教育形式来看,学校教育基本上是全日制的,在学制上有统一规定;社区教育则以方便社区居民学习为原则,采取全日制与非全日制相结合的教学方式。

从办学体制来看,学校教育主要由政府兴办;社区教育要广泛发动社会各界积极参与。

2. 成人教育与社区教育

成人教育与社区教育的联系如下：

第一，成人教育是社区教育的重点，社区教育是成人教育的增长点，许多内容是交叉的。

第二，社区教育不限于成人教育，具有更为丰富的内涵，本质上属于地域范围的全民终身教育和学习活动。

社区教育与成人教育的区别如下：

第一，对象不同。社区教育是全民；成人教育是成人。

第二，内涵不同。社区教育是全民终身教育学习；成人教育是主要是各类培训。

第三，体系不同。社区教育是一体化教育；成人教育是一类对象教育。

第四，组织基础不同。社区教育以社区为组织基础；成人教育以培训机构为基础。

3. 社区教育的特点

关于社区教育的特点，不同学者有不同的看法：

有学者认为，社区教育有五大特点：[①]

① 社区教育是大教育观念，是指一定区域范围内的各级各类教育（中小学教育、成人教育、校外教育、家庭教育等）因素的统称。核心是实现教育社会化与社会教育化的统一。

② 社区教育以社区内全体成员为教育对象，包括幼儿、青少年、成人和老人。社区教育着眼于提高社区内全体成员的全面素质，着眼于教育的开发与利用，为个人完成终身教育提供条件。

③ 社区教育是与社区发展相结合的教育。发展社区教育本身并不是目的，真正的目的是使教育更好地为建设和发展社区服务，为提高社区成员的生活质量服务。

---

① 张华.我国社区教育面临的十大困惑与挑战（上）[J].职教论坛,2007(13):24-28.

④ 社区教育是各种教育因素的集合、协调和互动,就是把社区中各种组织机构与教育组织机构联系在一起,发挥其整体作用。各组织机构之间既有配合、交叉,又有分工;既形成合力,又要发挥自身的积极性,以实现教育与社区双向启动,相互促进,社区教育促进社区发展,社区发展推动社区教育,实现教育与社会的结合,实现教育与社会一体化。

⑤ 社区教育的进行与发展只能根据本地区的具体情况,带有自身特定的人文、地理和社会的特点。各社区的特点不同,因而社区教育必须是多形式、多层次、多类型的,决不能搞一刀切。

有学者认为,社区教育有四大特点:①

① 为社区的建设、发展服务。社区教育不同于学校教育,它是为解决社区面临的许多社会问题而组织实施的,是为社区的建设、发展服务的。社区的需求决定了社区教育的内容和形式。

② 全民参与、资源共享。全民参与有两点要求:一是社区内开展的各项有益的教育活动需要全体居民共同参与;二是社区居民既是受教育者,又是社区教育的管理者,他们可以对社区教育的政策、计划、活动提出意见,可以选派代表参与社区教育的决策。资源共享就是社区内的所有学校、文化娱乐设施都可以从事社区教育活动,向社区全体居民开放,为社区发展服务。

③ 非正规的教育。社区教育是一种服务,没有什么严格的规定、界限,社区的各种教育机构、设施都可依据实际需要举办各种教育,社区居民想学什么就办什么,想怎么学就怎么学,想在哪儿学,学什么,都可以。

④ 实现终身教育,是建立学习型社会的一种途径。终身教育要求将教育实施于人生的始终,也就是说,人活一辈子,就受教育一辈子。学习型社会是每个社会成员都可以按照自己的意愿选择学习内容与方式,都可以随时随地地学习,整个社会就是一个大课堂,学习是每个人生活中不可缺少的一部分。社区教育有效地将人们组织成一个学习集体,为社区居民提

---

① 佚名.社区教育的特征与特点[DB/OL]. http://www.jasq.cn/show.aspx? cid = 26&id = 246,2006 - 06 - 27.

供各种教育。

另有学者认为,社区教育有四大特点:①

① 社区特色性。这是社区教育的主要特点,社区教育的发展目标、重点、模式、内容等均应有社区特色性。

② "三全"统一性。这是指全员教育(面向社区全体成员)、全程教育(指向社区成员的终生发展)、全方位教育(满足社区成员各方面的教育需求)统一于社区教育之中。

③ 整体性。这是指各类教育形态、各种教育机构、教育力量、教育资源、教育因素之间互为协调,形成整体的教育合力,共同为社区及其成员发展服务。

④ 广泛参与性。该特点是由社区教育的性质、对象和目的决定的,包括以下三个方面:一是学校的广泛参与;二是社区各界的广泛参与;三是社区所有成员的广泛参与。

(四) 社区教育的功能

社区教育之所以能够迅速发展并受到普遍欢迎,是因为它有着内在的功能。对于社区教育功能,不同的学者有不同的认识。

有学者认为,社区教育的功能可概括为:②

(1) 教育功能

众所周知,学校教育在很多方面过于僵硬、死板、陈旧、脱离实际,特别是正规的学校教育,其教育对象限定在青少年儿童,这使其他人的受教育机会受到了限制。社区教育克服了学校教育的这一不足。它面向社区内的全体居民,其教育的影响力较大。社区教育十分强调共同的文化、共同的行为规范、共同的生活方式和社区意识、社区归属感,社区教育在形成社

---

① 叶忠海.社区教育学基础[M].上海:上海大学出版社,2000.
② 孙亚玲.社区教育的基本问题[J].云南教育学院学报,1995(4):68 - 76.

区居民积极的价值观、态度和道德品质方面能够发挥出最大的教育功能：一方面，它使每一个人的特性得到发展，每一个人的志愿得到实现；另一方面，它加强了社区居民相互之间的理解和协作。

（2）统筹功能

现代社会青少年儿童接受的是来自家庭、学校和社会三方面的全面影响。由于受到来自家庭、社会各种非规范影响的冲击，学校教育与家庭、社会教育严重脱节。三种教育价值取向的差异，造成学校教育的目标难以完成。

学校教育封闭式的管理也使自己拉开了和家庭、社会的距离。而社区教育在协调家庭、学校和社会三者之间起到了中介作用，它能够统筹三者的教育力量和因素，使三者一体化——校内外形成整体合力的新的教育格局。

（3）咨询功能

社区教育机构作为政府与社会之间，学校与社会、家庭之间的桥梁，其中间作用主要在于协调、组织、监督和咨询。

社区教育机构的任务主要是：

① 动员会社会力量，优化学校外部教育环境，对学生进行教育。

② 组织全社区力量建设社区，特别是社区的文化建设。

③ 协调各方力量，各取所需。

④ 对社区内各组织进行监督，督促其为社区教育服务。

（4）文化功能

文化建设包括两个方面：一是硬件，即图书馆、音乐厅、美术馆、文化中心等这一类的场所和设施；二是文化活动的消费者。

从教育的观点来看，广义的文化建设其实也就是一种大众的教育过程，就是要把社会所公认的生活方式、行为规范、生活态度、人生观等慢慢地从生活中表现出来，通过文化活动渗透到文化活动消费者的身上，从而形成一种良好的社区文化。社区教育在社区文化建设方面，既注意到硬件的齐全，也注意到人的素质的培养、价值观的诱导，促进了良好的社区文化的形成。

　　还有学者认为,社区教育的功能可概括为促进人的全面发展和促进社区全面进步两大功能,具体可分解如下:①

　　(1) 促进社区居民生活质量提高的功能

　　社区教育是在一个地区、社区的经济发展达到一定阶段及水平的产物,社区教育的发展将促进社区居民素质的提高,从而促进生产力发展,丰富居民的精神文化生活,提高居民的生活质量。

　　(2) 促进居民自我发展和自我完善的功能

　　随着社会的发展和进步,当人们的物质生活日益富足以后,不仅对精神文化生活的要求日益迫切和提高,而且对主要用于满足自我享受、自我完善的非功利性的教育培训呼声将日趋强烈,在社区教育的份额中比例也必将逐渐加大。促进非功利性教育培训从可能变成现实,一个重要条件就是闲暇时间的增加。

　　(3) 促进社区精神文明建设的功能

　　社区教育把公民思想道德建设作为一项基本职责和功能。社区教育结合本社区的实际,经常不断地进行精神文明教育。社区通过制订居民公约、村规民约等进行自我管理、自我教育、自我约束,把思想教育引导和适度规范约束结合起来,使其取得更好效果。

　　(4) 促进社区的全面发展

　　社区教育的本质功能就是给社区内不同年龄、不同层次、不同职业的居民,提供尽可能优质的教育资源和多样化的教育机会,满足他们的教育学习需求。社区教育的持续深入发展,拉动了社区领导者、管理者重视建设优美舒适的人居环境,建设绿色社区、文明社区、网络社区,营造有利于人与社区全面发展的良好氛围,逐步形成全民学习、终身学习的学习型社区。

　　还有学者认为,社区教育具有以下功能:②

　　(1) 推进社区公民教育

　　国民素质的高低是衡量社会进步程度的重要标志。现代社会要求社

---

①　陈乃林. 我眼中的社区教育功能定位[N]. 中国教育报,2003 - 07 - 28(3).

②　纪军. 社区教育的多维分析[J]. 教育探索,2003(1):59 - 62.

会成员首先应当具备基本的公民素质,包括自觉履行公民义务、遵守社会公德与人际关系准则、具有积极的精神风貌和民族自尊感等。我国历来重视社会主义精神文明建设,2001年推出的《公民道德建设实施纲要》明确指出,社区在公民道德教育中有着义不容辞的责任,这是对社区教育的道德提升功能的肯定。社区公民教育的内容广泛,涵盖了科学、道德、法制、信仰以及其他与社会主流价值观相符的教育活动。社区是公民教育的基本载体,通过各种形式的社区教育,可以提高社区内居民的政治、道德与法律等素养。

(2)支持社区持续发展

社区教育可以为社区发展提供精神动力和智力支持,营造良好的文化环境,通过整合社区的教育资源和教育行为,为居民的教育需求提供便捷而有力的支持。个人、家庭、企业和政府共同参与社区教育,共同关心社区的各种问题,加强对话、理解和沟通,有利于共同推进社区的进步和发展。

(3)构建学习型社区

学习型社会的理念要求人们以一种整合的观点来看待各种教育资源,学习的场所不再仅仅局限于学校,家庭、企业、社区在学习型社会中同样扮演重要角色。社区教育是学习型社会的基本形态,是实施终身教育和终身学习的载体和基本保障。通过发展社区教育,社区成为拥有丰富的学习资源的学习型社区,终身教育与终身学习获得广泛的社会支持,同时,学习型社区作为学习型社会的组成部分,对于构建学习型社会具有奠基性的意义。

(4)发展社区文化

社区是一个包括自然环境、社会环境和规范环境的"复合生态环境"。其中规范环境是人类独有的一种价值环境,包括社会风气、民族传统、风俗习惯、社会思潮、艺术、科学以及宗教等,构成个人成长的文化资源。作为居民的生活空间,社区不仅应当有适宜的自然构成,而且应当有丰富的文化构成。健康的社区文化成为居民生活中的一种"缄默知识",同时,社区教育也可以通过社区成员参与并完善社区文化,增进社区居民对社区的文化认同,达到陶冶人、提升人和塑造人的目的。

厉以贤教授《社区教育、社区发展、教育体制改革》一文,主要是从社区居民和社区发展两个角度,论述了社区教育在社区发展中的四大功能:①

① 社区教育可以形成社区居民积极的价值观、态度和道德。

② 社区教育可以提高全社区居民的素质和文化水平,促进社区的物质文明建设和精神文明建设。

③ 社区教育可以形成良好的社区文化,建设良好的社区环境。

④ 社区教育可以培养社区角色、社区意识和社区归属感。

三、中国社区教育发展的历史与现状

在人类文明进化的历程中,人类社会经历了原始社会、农业社会和工业社会,现在已经进入知识经济时代。在不同的社会,人类都要处理自身发展与教育的关系。我们从人类文明演化的过程探讨我国社区教育的发展历史与现状。

(一) 社区教育发展的历史与现状

社区教育从其本质上说是一种教育与社区生活相结合的教育形态。教育人类学、教育社会学和教育史学的研究成果表明:人类社会最早(原始)的教育模式与教育形态实质上是一种社区教育。

从人类文明演化的过程可以清楚地看到,我国社区教育大致经历了两个发展阶段。

---

① 厉以贤.社区教育、社区发展、教育体制改革[J].教育研究,1994(1):14-18.

1. 非组织形态的发展阶段

(1) 原始形态的社区教育

原始初民在部落式的流动游牧社区生活中接受广义的、原生态的社区生活教育:过什么样的生活,就接受什么样的教育。据我国典籍记载:相传燧人氏"钻燧取火,教民熟食"、"神农始作耒耜,教民耕种"、有巢氏教民"构木为巢以避群害"、"伏羲氏之世,天下多兽,故教民以猎"、"后稷教民稼穑,树艺五谷,五谷熟而民人育"。① 可见,社区教育的本质特征,从其萌芽伊始就表现为教育与社区生活的结合;只不过这种"结合"是在生活环境极其恶劣、生产力极其低下的条件下非形式、非制度、非组织化的"原始结合"。这是一种原生态的广义社区教育。随着生活环境的变迁,这一阶段的社区教育缓慢地由以狩猎、采集为主的非定居生活式旧石器时期社区教育向以饲养、种植为主的半定居生活式的新石器时期社区教育演进。

(2) 自然形态的社区教育

大约自公元前 800 年至 18 世纪中叶,农业经济日益成为社会的主体经济,人类进入了农业社会,形成了定居式生活社区。农业经济是自然经济,定居式农业社区是"靠山吃山,靠水吃水"的自然生活社区。人类原本多缘、复杂的部落氏族关系,逐渐凸显为依据血缘、地缘关系而建立起来的宗族乡亲关系并被人为地置于各种人群关系之首,而由人们血缘关系组成的家庭则担负起了生产和社会等多种职能,成为社区构成的基本单位。在农业社会,出现了专司新生一代教育的专门职能机构——学校,学校教育强化了教育的形式化、组织化和制度化,确保了教育的计划性和目的性。这时的社区教育已从初民时期社会教育的主流形态退居为一种非主流、非正规、非正式意义的社会广义教育,主要是通过生产劳动、家庭生活、社区成员人际交往、乡规民约以及师徒(父子)相传等自然形式,使社区成员(主要是社区劳动者及其子弟)习得一些读、写、算的初步文化知识与简单的生产劳动知识与技能,并且在社区生活过程中潜移默化地接受社会伦理

---

① 顾树森.中国历代教育制度[M].南京:江苏人民出版社,1981.

意识并养成社会行为习惯。这种社区教育具有浓厚的乡土情、高度的凝聚力以及很强的封闭性、保守性等特征。这种平民化社区教育使劳动者学会了做人的行为准则,传承了社会生产的基本经验,充实与丰富了社区成员的精神生活,同时创造与弘扬了灿烂的农业文明。

2. 组织形态的发展阶段

(1) 制度形态的社区教育①

从 18 世纪中叶到 20 世纪中叶,人类逐步进入了工业社会。工业革命的过程实际上也是城市化过程:工业化大生产促进了城市化运动,各工业国家的绝大多数农村自然社区演变为城市社区,对人的知识、能力与素质提出了一系列新的要求。于是那种以非形式、非组织化为基本特征的自然性社区教育逐渐向着制度化、形式化、组织化社区教育形态发展。据史料记载,最初的社区学校是丹麦人柯隆威于 1844 年在丹麦一个叫罗亭的乡村创办的免费的成人民众学校。它把"唤醒民众,振兴丹麦"作为宗旨,要求民众学校以培养学习者的成熟性为前提,发展成人的心灵,增进其文化素养和生活的幸福感。它首先影响了北欧,嗣后被世界各国所借鉴。如20 世纪以来,美国的社区学院、英国的"社区计划学习网"、日本的公民馆、发展中国家的"社区流动学校"和"乌贾玛"功能性扫盲教育等。这种有组织、有形式、有实体的社区学校,帮助社区民众学习文化科学知识,形成社区归属感,增强社区意识与凝聚力,实现个体社会化,支持社区发展,促进社会进步。这种以社区学校为基本形态的社区教育,我们可以称之为新生态的狭义社区教育,它日益上升为社区教育的一种主流形态。进入 20 世纪以来,随着我国民主革命与民族救亡运动的开展,在北京、上海、武汉等城市陆续出现了工人夜校、民众教育馆等社区教育组织形式,在农村兴起了"乡村教育运动",如晏阳初在河北省定县进行"平民教育"实验、陶行知组织了"改造全国乡村教育"的生活教育实验、梁漱溟推行了以"乡农学

---

① 黄云龙.我国社区教育的嬗变、发展态势及其实践策略[J].国家教育行政学院学报,2006(1):55－60.

校"为组织方式的"乡村建设"实验等。在解放区和建国初期,我国广泛开展了党政干部教育、群众扫盲教育运动和举办业余学校等。总之,我国的社区教育随着时代的变迁已呈现出组织化、形式化与实体化的新生代狭义社区教育的种种特点以及教育与生活、教育与社会(社区)变革发展、教育与社区成员的素质改善有机结合的目标特征。

(2)知识形态的社区教育

随着知识经济时代的到来,一个以全民学习、终身学习和学习型社会为基本标志的现代社区教育,取代了工业社会时代的制度形态的社区教育。20世纪80年代以来,我国社区教育经历了以下四个时期:

第一,孕育时期。20世纪70年代末至80年代初是我国社区教育孕育时期。这一时期,我国社区教育在终身教育理念中孕育。国内的专家、学者集中引进了终身教育、社区教育的理念,翻译和编著了一批著作,同时发表了一批介绍性、研究性的论文。

第二,探索时期。20世纪80年代中期是我国社区教育探索时期。这一时期,以上海首先出现的社区教育委员会为标志,社区教育进入自觉组织发展阶段。社区教育委员会在我国城乡的广泛建立,是我国社区教育由自发到自觉组织发展的一个质的飞跃和新的创造。它改变了我国传统的封闭式垂直分叉教育体制的单一模式,改变了"学校—社区"、"教育—社会"互相隔离的状态,建构了学校、家庭、社会互动融合的教育新格局,优化了教育环境,促进了教育社会化。

第三,发展时期。20世纪90年代以后,我国社区教育进入以实体化、形式化为标志的发展时期。这一时期,为适应我国社会主义市场经济发展和现代化建设的需要,上海、天津、沈阳、南京、武汉、成都和北京、杭州等大城市涌现了各种形态的社区学校,形成了社区学院、社区学校及其教学点的三级网络。

第四,实验时期。2000年4月至今是我国社区教育的实验时期。这一时期,社区教育进入了以创建学习型社会为主要标志的阶段。2001年教育部建立了一批28个社区教育实验区。2003年12月,教育部确定了第二批33个全国社区教育实验区,使全国社区教育实验区发展到61个,基本覆盖了全国各省（区、市）和计划单列市。2004 年 3 月,教育部又颁布了《2003—2007 年教育振兴行动计划》,其第 20 条明确而具体地规划了推进社区教育的目标和要求,"以更新知识和提高技能为重点,开展创建学习型企业、学习型组织、学习型社区和学习型城市的活动","形成终身学习的公共资源平台"。一个以创建学习型社会（社区）和学习型组织为标志的社区教育发展的新高潮已经到来。2006 年 7 月,教育部又确立第三批 20 个全国社区教育实验区。2007 年 10 月,教育部再次确立第四批 33 个全国社区教育实验区。迄今为止,全国社区教育实验区已经发展到 114 个。在全国各地广泛开展社区教育实验的基础上,教育部于 2008 年 2 月命名了 34 个全国社区教育示范区。

（二）中国社区教育的主要进展与特色

1. 主要进展

在国家和地方党委、政府及教育主管部门的重视和支持下,社区教育推进工作力度逐步加大,社区教育呈现出蓬勃发展的良好局面。[1][2]

（1）社区教育工作得到各地党、政领导和教育部门的高度重视与社区居民的广泛认可

不少省市党委和政府下发了有关发展社区教育、推进学习型社会建设的文件,各地教育部门普遍加强了对社区教育的领导,社区教育也在主动争取领导和服务中提升了地位。我国社区教育已成为构建终身教育体系、建设学习型社会、促进和谐社会建设的重要力量,成为我国现代国民教育体系的一种新兴的教育形式。

（2）社区教育实验区工作取得较大进展

---

①　黄云龙. 我国社区教育的嬗变、发展态势及其实践策略[J]. 国家教育行政学院学报,2006(1):55 – 60.

②　沈光辉. 我国社区教育的发展现状与推进措施研究[J]. 继续教育,2008(1):13 – 15.

从 2000 年至今,教育部已经先后四批批准了 114 个国家级社区教育实验区,形成了以京津沪等大城市为龙头,东部沿海发达地区为主干,中西部地区有重点开展的梯度发展格局;涌现出一批发展力度大、进程快,乃至大面积推进社区教育的城市;涌现出一部分以城带乡、城乡联动、协调发展、区域整体推进社区教育的地区;成立了社区教育专业委员会,自发组织起"长三角社区教育发展论坛"、"环渤海地区社区教育协作组织"等民间性、群众性研究社区教育发展的组织形式。社区教育在全国范围内得到了迅速和广泛的发展。

(3)社区教育的管理体制和运行机制得到初步建立,并开展多层次、多内容、多形式的教育活动

全国各社区教育实验区探索了"党政统筹领导、教育部门主管、有关部门配合、社会积极支持、社区自主活动、群众广泛参与"的管理体制和运行机制,取得了较好的成效。与此同时,全国各社区教育实验区立足本地实际,组织开展了以提高社区居民素质和生活质量为目的的社区教育活动,满足了社区居民多样化的需求。早在 2005 年,教育部对全国 45 个国家级社区教育实验区加以统计,总培训人次达到了 1 370 万,社区居民参与率达到了 35%。

(4)社区教育资源得到初步整合,推动学习型组织的建立

各社区教育实验区能够利用社区教育资源,横向联合,纵向沟通,实现社区教育资源的共享,拓展开发了一批社区教育资源,初步形成了以区(县)社区学院或社区教育中心为龙头,以街道(乡镇)社区学校为骨干,以居委会(村委会)社区教育教学点为基础的社区教育网络,初步构建了全民学习、终身学习的社区教育平台。近年来,各社区教育实验区积极开展创建学习型组织活动,创建了一大批学习型城市(城区)、学习型企业、学习型街道、学习型社区、学习型家庭等学习型组织。创建学习型组织活动已成为我国社区教育发展的一股热潮。

(5)社区教育的工作重心逐渐向提升农民素质和能力水平倾斜

城市化是我国实现现代化必须跨越的第一道"坎儿"。据权威报道,自 20 世纪 90 年代中期始,我国城市化运动进入了提速期,以平均 1.2% 的

速度向前发展。至 2002 年底,我国的城市率已达到了 39.09%。可以预测,大致到 2010 年前后,我国城市率可以达到 50% 左右。城市化发展的经验表明:城市化的过程不仅是农村区域转移为城市区域的过程,更为迫切的问题是如何促进农民在转变为市民的过程中全面提升自己的素质和能力,转换自己的生活和思维方式,以适应城市化发展的需要。可以说,这是跨越城市化这道"坎儿"的困难所在。城市化提速的态势呼唤要加快发展农村社区教育,要把社区教育发展的工作重心逐渐向迅速提升农民的素质和能力水平倾斜。

(6)理论工作者广泛介入,促进社区教育理论与实践的有机结合

20 世纪 80 年代以来,部分理论工作者介入了社区教育研究和学术活动,提出了许多有价值的社区教育理论观点。诸如"教育社会化与社会教育化"、"社区教育的本质与特征"、"社区教育与社区发展"、"社区教育的政府行为与社会行为"、"学校、家庭、社区教育的互动、沟通与融合"以及"社区教育的体制与模式"等研究课题,促进了社区教育的发展,提升了社区教育的理论品位。按照"社区教育"、"学习型社会"、"学习型社区"等进行检索,"十五"规划期间,在全国教育科学规划领导小组批准立项的各级各类课题就有 15 项之多。这些课题的一个鲜明特点就是把课题研究与社区教育发展的区域推进实践(实验)研究有机结合起来,使社区教育在课题研究中提高、在区域性推进实践(实验)中深化。两者的互动融合,有力地促进了社区教育的发展,有效地提高了社区教育的文化品位和理论水平。

2. 中国特色

我国社区教育的兴起和发展,适应了改革开放和经济社会发展的要求,成为教育改革和发展的新趋势,形成了区别于其他国家社区教育的中国特色。[1]

---

① 张立祥. 2000—2007 社区教育发展概要[DB/OL]. http://www.dlgcc.com/main/renew/20080527(2).htm,2008 – 05 – 27.

（1）我国社区教育发展模式

所谓社区教育发展模式，一般认为，指旨在提高社区居民综合素质、有关技能以及文化娱乐能力等的社区内各级各类教育的综合运作机制和工作方略。我国社区教育发展模式按其出现的时间先后和办学层次划分，可有以下几种：

一是"以学校为主体"模式。主要是指学校，特别是中小学作为区域社区教育的组织者、协调者，利用自身办学资源和优势进行校外活动。其特点是"学校为主，自愿结合，互惠互利，便于管理"。

二是"以街道为中心"模式。主要是指街道作为辖区社区教育的组织者、实施者、监督者、协调者，以社区服务及社区文化为着眼点进行的各种休闲、文体等教育活动。其特点是"地区为主，政府协调，社会参与，双向服务，共育人才"。

三是"以地域为边界"模式。主要是指由社会各界共同组成社区教育协调委员会，对社区教育进行总体协调和具体策划。其特点是"以学校为主体，以学区为依托，动员社会各方面力量发挥各处优势，实现教育的社会化"。

四是以大型企业为中心的"厂区型"模式。其特点是"学校与外部的关系畅通，各有关单位之间亲合力、凝聚力强，便于组织和管理，经济实力雄厚"。

五是"以社区学院为龙头"模式。主要是指社区学院作为社区教育的龙头单位，通过统筹社区相关机构的教育资源，开展学历、非学历教育，进行文化性、职业性、专业性社区教育活动。

（2）我国社区教育队伍建设

我国社区教育在发展过程中，形成的社区教育队伍由三个方面的人员组成：

第一，社区教育管理队伍。区（县）、街道社区教育委员会成员单位和办公室组成人员：主要包括区（县）、街道、居委会（驻区单位）的领导，相关部门的分管领导及从事社区教育工作的管理人员，社区学院的院长、副院长，社区学院办公室、社区学院指导部、培训部及教学点的工作人员；教育主管部门抽调的从事社区教育办公室工作的专职工作人员；教育主管部门选调的、深入街道的社区教育的指导员、联络员。

第二,社区教育专职教师队伍。主要由承担教学任务的社区学院的任职教师和兼职教师组成,他们的主要任务就是对社区居民开展各个门类的教育教学工作,享受国家教育人员的一切待遇。社区教育兼职教师队伍,主要是围绕教育工作的需求,承担临时教育任务,一般是由教育主管部门临时抽调、在社区教育志愿者中选聘或从社区聘用有专长的居民,不需要支付工资,可根据需要随时确定。

第三,社区教育志愿者队伍。主要是由辖区内的离退休老干部、老教师和各单位有助于社区教育的专业技术人员及能工巧匠、在校大学生组成。他们不计报酬、乐于奉献,义务为社区居民提供各类教育咨询、科普讲座、法律知识、电脑技术、英语教学等方面的服务指导,深受市民欢迎,已成为社区不可缺少的中坚力量。

(3) 我国社区教育的特征

第一,区域性。社区教育是在一定的地域范围内进行的,因此它具有明显的区域性特征。由于区域的不同,在地理位置、社会资源、经济社会发展水平以及人员素质等方面不尽相同,有的差别很大。因此,必须从本地区的实际出发,发挥其特点和优势,促进社区教育的发展。

第二,群众性。社区教育的群众性,一是表现在群众的社区意识、参与教育意识在不断增强,逐步形成了"人人关心教育,人人参与教育"的强大的舆论洪流,从而为社区教育的发展奠定了比较坚实的群众思想基础;二是体现在学校真诚地依靠社会并向社会开放,社会主动热情地支持教育、参与教育、举办教育;三是各地的社区教育组织,一般都包括了本社区各方面的代表,也体现了广泛的群众性。

第三,方向性。社区教育的根本出发点在于提高社区全体成员的素质,推进社会主义现代化建设,促进社会全面进步。一方面表现在把学校与社会紧密联系在一起,动员社会各方面力量,关心青少年儿童的健康成长,齐抓共管青少年的教育,完善学校教育、家庭教育、社会教育一体化的教育新格局;另一方面表现在立足于本地区全民素质的提高,即体现为"全员、全程、全方位"育人,提高社区内全体人民的全面素质。

第四,综合性。社区教育作为教育与社会结合的体制,当然离不开各级主管部门的调控和引导。在发展社区教育中,无论是实现学校教育、家庭教育与社会教育的有机结合,还是加强本社区内普通教育、职业技术教育和成人教育之间的联系、渗透和综合,以及制定与教育改革相配套的各项政策,都需要充分体现"政府统筹、社会参与"的调控特征,建立起国家与政府的调控、市场调节、社会参与和学校自主办学相结合的社区教育运行机制。

第五,多样性。我国的社区教育模式产生于各地社区教育的实践,它不可能是一种模式,只能是各地根据自己的经济、文化等发展水平,根据自身的实际条件和需要来选择和创造不同的社区教育模式。社区教育的模式不同,社区教育的组织形式、结构和功能也会有所不同,社区教育的任务和内容当然也会各有侧重。所以,目前我国各地社区教育的发展既不平衡,又不统一,各有自己的特点;即使在同一地区,也是多种形式的社区教育同时并存。多模式、多功能、多形式并行是我国社区教育的特征。

四、中国社区教育发展的问题与对策

(一) 主要问题

尽管我国社区教育取得了一定成绩,但也存在着一些不容忽视的问题,与全面建设小康社会、构建社会主义和谐社会的要求相比,与社区居民的要求相比,还有不小的差距。[1][2]

1. 各地党委和政府对社区教育重视不够

从总体上看,各地党委和政府对社区教育的重要性认识不足。一些地方

---

① 沈光辉. 我国社区教育的发展现状与推进措施研究[J]. 继续教育,2008(1):13 – 15.
② 于晓利. 关于促进我国社区教育的思考[J]. 北方经济,2007(13):25 – 27.

政府没有对社区教育进行统筹规划,也没有将其摆上重要的议事日程,多停留在文件传达和口头布置上。社会和群众对社区教育的认可度也不够,参与率也不高。致公党中央 2005 年的一份问卷调查表明,对社区教育了解的人数只占参加答卷人数的 28.57%。

社区居民参与率不高,教育部 2005 年对 45 个国家级社区教育实验区社区居民参与教育培训率的统计是以人次计算的,如果按人头或参加 30 学时以上方式统计,则社区居民参与率达不到 35%。

2. 社区教育发展很不平衡

由于受地区之间经济发展不平衡与城乡二元结构的影响,我国社区教育从总体上看,中西部滞后于东部,农村滞后于城市。从实验区情况来看,国家级和省级实验区全国仅 300 多个,而且主要集中在东部大城市和中心城市,中西部很少。

现有的实验区主要在城市,农村实验区基本上没有。从推进工作层面看,全国社区教育目前还只是实验区先行先试、重点突破、局部开展,还不是普遍开展、全面发展、全面推进。东部沿海地区如珠江三角洲、长江三角洲等发展水平比较高,西藏、青海、内蒙古等西部地区的社区教育发展水平就相比较低,有的地方还没有开展,从而形成了发达地区的社区教育越来越完善且促进经济发展,经济发展反过来为社区教育的发展提供物质保障的良性循环局面;而落后地区出现了社区教育越来越相对落后,人才缺失,经济难以持续发展的恶性循环局面。

3. 社区教育法规和政策亟待完善,管理体制与运行机制尚未有效建立

由于缺乏社区教育的相关法规和政策,目前我国社区教育处于无法可依、无章可循的状况,一些地方社区教育处于可搞可不搞的放任自流状态。从运行情况来看,目前的管理体制和运作机制,存在着整合统筹不力、关系不顺、部门分割等问题。

社区教育的开展涉及财政、教育、民政、劳动、文化、卫生、城市管理等

方面的工作,需要政府相关部门的通力合作。但是,目前各地的社区教育领导机构主要是教育部门,而教育部门职能范围有限,难以统筹协调相关单位共同推进社区教育。有关部门各自为政,相互之间缺少交流和沟通,严重影响了我国社区教育的健康发展。

当前,我国社区教育尚需党政整合统筹,仅靠教育主管部门单兵突进,难以协调和推动,相关政策也难以配套。

4. 社区教育经费投入难以落实

社区教育是一种公益性或准公益性事业,在现阶段,必须建立以政府投入为主、多渠道筹措经费的保障机制。

从各地情况来看,《教育部关于推进社区教育工作的若干意见》提出的"国家和省级社区教育实验区,应努力按照社区常住人口人均不少于1元的标准,落实社区教育经费。经济发达的地区,要在此基础上,进一步增加社区教育的经费投入"的要求落实不到位,多渠道筹措社区教育经费更是纸上谈兵。

投入的不足直接导致社区教育的基地和网点无法得到扩建,教育设施也难以摆脱少、旧、差的现象,难以开展较大型的社区教育活动。

5. 社区教育资源整合不够,社区教育活动的针对性、实效性不强

由于公共教育资源不足,社区各类教育资源整合开发不够,社区学院功能和作用发挥不充分,制约了社区教育的深入开展和社区终身学习平台的建设。

由于社区教育经费不足,教师编制缺少,导致街道(乡镇)社区教育中心很难招聘到文化程度高、整体素质好的中青年教师从事社区教育工作。社区教育管理的人员往往身兼数职,很难专门从事社区教育工作,很难对社区教育工作进行深入的研究和探索。

由于管理和师资的不足,社区教育发展水平不高,教育内容的针对性、趣味性不强,许多教育和培训活动主要依靠政府推动,而不能吸引居民主动参加。

6. 对社区教育的内涵和意义至今仍未取得充分的共识,认识上存在一定的模糊性和片面性

比如,有的人认为社区教育就是校外教育;有的认为它就是学校、家庭、社会三结合教育,是德育社会化;还有的人把社区教育理解为是社会支持教育等。这些看法反映了我国现阶段社区教育较多地强调教育的社会化,即优化校外教育环境和集资办学、改善办学条件,这与社区教育的本来意义还有一定的距离。

应当承认,目前我们对社区教育内涵的理解是偏狭的,过多强调学校教育的需要,片面强调社会对学校教育的支持,而忽视社区教育是区域性经济和文化发展的必然产物,是社区与学校的共同事业,是深化教育改革与发展社区经济文化的共同需要。

(二) 主要对策

随着改革开放的不断深化,我国社区教育需要创新、需要发展,一些重要的理论和实践问题需要进行更加深入的探索和思考。

1. 更新观念,进一步提高对社区教育的认识

社区作为社会的一个细胞,参与教育过程并为教育的发展提供方便,教育参与社区生活并为社区发展提供服务,这应成为社区成员的共同认识。社区教育具有综合性,可以促进全民族素质的提高,社区成员应从学校教育的狭隘教育转变到全民教育、全面教育、全程教育、终身教育的大教育观念上。

要改变重人才培养、轻公民素质提高,重经济、轻教育的旧观念,确立社区发展与人的发展辩证统一的新观念。让社区中的每个人都认识到社区教育的作用,增强参与意识。

社区教育作为一种新兴的教育形式,代表我国教育变革和发展的方

向,是推动教育与社会、教育与社区有机结合、协调发展的基本途径和有效手段之一,是发展终身教育、建设学习型社会的切入点和有效载体。各地党政领导和教育主管部门要站在构建学习型社会及和谐社会的高度,转变教育观念,确立大教育和全民终身教育的观念,重视社区教育,把社区教育纳入当地经济社会发展规划,为现代社区建设及构建和谐社区服务。

2. 把社区教育纳入社会发展的总体规划

各地党委和政府要以社区建设的总体规划为依托,进行社区教育的总体决策,使之成为社区建设的一个有机部分。我国是一个幅员广阔、地区差别巨大的多民族国家,各地发展不平衡。

因此,从满足社区成员教育需求的角度来看,我国社区教育必须逐步建立起包括幼儿教育、青少年教育、成人教育乃至老年教育的终身教育体系,以及包括社区公德教育、职业技术教育、人口教育、环境教育、文化休闲教育等在内的大教育体系。

社区教育要在总体规划的前提下,结合政府与民间的力量,运用组织与教育的方法,将经济建设与社区建设连结在一起,进而将地方建设与社区建设连结在一起。切忌一哄而起、一哄而散,搞形式、走过场。

"十一五"期间,社区教育实验区应向所有省、市、自治区普遍推开,应选择一些中小城市和农村发展一批国家级和省级社区教育实验区,解决我国社区教育实验区发展不平衡问题,促进社区教育总体水平的提高。

3. 建立健全保障机制,实现社区教育规范化、制度化

近年来,各国社区教育的发展趋向有一个突出的特点,即发展社区教育已从以往的一般呼吁转向以政府法律、法令、法规、条例等形式规定为社区和学校必须履行的法定义务。

例如,1991 年美国联邦教育部发布的《美国 2000 年教育战略》,对 20 世纪末最后 9 年美国的教育提出了一个规划,其中第二项战略号召美国 2000 年建立社区,要求每个社区做四件事:采纳全国教育目标;制定该社区达到全国教育目标的策略;定期报告进展情况;愿意创办和支持新一代

学校。

　　我国社区教育历史不长,许多工作还处于无章可循的实验阶段。因而,系统总结各地社区教育实验的成功经验,对现有的章程、条例或规定进行修正、调整和充实,通过合法的程序使之成为社区教育发展的行政法规,再通过一定的法律程序,形成社区教育法,应是下一步完善社区教育法规建设工作的重点。

4. 明确社区教育组织管理体制,建设社区工作专业队伍

　　各地党委和政府要在总结经验的基础上,根据当地实际,进一步完善"党政统筹领导,教育部门主管、有关部门配合、社会积极支持、社区自主活动,群众广泛参与"的管理体制和运行机制,要加强对社区教育工作的领导,把社区教育作为社区建设的重要内容纳入地方经济社会发展规划,建立政府牵头、相关部门负责人参加的社区教育工作领导机构,明确各有关部门的职责和分工,建立社区教育专项工作制度,并落实相应的管理机构、人员和经费。

　　各地教育主管部门要把社区教育纳入地方教育发展规划,加强对社区教育的指导和管理,组织开展社区教育检查和评估。另外,参与社区教育组织管理的人员情况,也决定着社区教育的实际效果。因此,要充分发挥各机关团体、企事业单位代表的作用,以及社会上各种专业技术人员、离退休干部的作用,将其作为社区教育的兼职工作人员。对从事社区工作的人员,也可通过适当的培训,提高其工作能力和水平。

5. 大力发挥社区学院的功能和作用

　　社区学院是社区教育的龙头和实体,是开展社区教育的主要形式。各地要充分重视社区学院的地位和作用,大力发展社区学院,依托社区学院形成社区教育网络。

　　目前,我国的社区学院尚未纳入国民教育体系,建议教育部和地方政府明确社区学院的名分,赋予其独立的法人地位与办学资格。

　　同时,学习借鉴欧美等发达国家社区学院的先进经验,把社区学院作

为我国高等教育大众化的路径之一,通过"课程超市、学分银行"等方式,搭建学历教育与非学历教育、正规教育与非正规教育、学校教育与社会教育互通互连的立交桥。当前,要以在职人员岗位培训、下岗失业人员再就业培训、进城农民工适应城市社会生活能力和劳动技能培训、弱势人群提高生存技能培训为重点,开展社区教育培训活动。

6. 保证和逐步增加社区教育经费投入

　　教育部在《关于推进社区教育工作的若干意见》中,明确要求各地在发展社区教育时,要按常住人口人均1元的标准设立社区教育专项经费。福建省在2005年通过的《福建省终身教育促进条例》中第5条规定:地方各级财政应当根据本行政区域终身教育发展状况及财力,安排相应的终身教育经费。从全国目前的情况看,社区教育经费落实情况是东部好于西部,南方强于北方。有些省市的社区教育专项经费已经达到人均5元~6元,有些省市则为零。

　　建立稳定的经费投入保障机制是开展社区教育的重要保证。在现阶段,必须采取政府投入为主,"社会筹一点、单位出一点、个人拿一点"的办法,多渠道筹措经费,确保社区教育经费投入。国家和省级社区教育实验区应按照社区常住人口人均不低于1元的标准落实社区教育经费,经济发达地区应在此基础上增加经费投入。要设立社区教育专项经费,用于加强社区教育的基础建设。社区内各类企业要落实"职工工资总额1.5%~2.5%用于职工培训"的规定,依托社区教育组织开展职工培训。同时,还可以采取社会捐赠、适当收费等形式筹措社区教育经费。①

7. 重视社区教育的宣传、研究和交流

　　由于我国各地对社区教育的认识不一,群众对社区教育的认可度不高,加强社区教育的宣传工作已成当务之急。要充分利用各类新闻媒体,加强对社区教育工作的宣传。

---

① 沈光辉.我国社区教育的发展现状与推进措施研究[J].继续教育,2008(1):13-15.

我国的社区教育正处于实验阶段,大部分地区缺乏开展社区教育的认识和经验。一些社区教育搞得比较好的地方积累了一定的经验,但还不成熟。各种类型的社区教育模式在组织形式和教育内容上,还有待于发展与完善。要加强社区教育的交流工作,搞好社区教育实验区之间的交流与沟通。我们还需要借鉴国外社区教育的经验,尤其需要加强国家之间和地区之间社区教育组织的交流与合作,推动我国社区教育的发展。还要加强社区教育理论和实践研究,注重行动研究和决策咨询研究,研究不同模式、不同地域、不同政策措施所产生实际成效的差异,使社区教育从经验水平提高到科学水平,将其引向规范化、制度化,最大限度地把研究成果转化为社区教育的决策和实践。要以项目和课题为抓手,开展专题实验或综合实验,推进社区教育更快、更好地发展。

8. 进一步完善社区教育的法规建设,整合社区教育资源

目前,我国已启动《终身学习法》立法工作,福建省已出台全国第一个地方性法规《福建省终身教育促进条例》,各地应尽快启动终身教育、终身学习、社区教育的立法工作,把社区教育纳入法制轨道,推动社区教育的健康、持续发展。同时,要依法加强社区教育课程资源的开发、整合、优化力度,建设社区教育课程资源库和信息库,为社区居民提供"教育学习超市"或"菜单点菜式"服务。

要充分发挥社区组织、民间组织、志愿者组织的作用,开展与社区内各类学校、培训中心的联合与合作。要加强与现代远程教育系统的联合共建,充分利用现代信息技术和远程教育的优势,发展和提升社区教育。要本着"因地制宜,按需施教,保证质量"的原则,进一步提高社区教育培训活动的针对性和实效性。要以提高社区居民整体素质和生活质量为目标,大力开展多层次、多内容、多形式的社区教育培训活动。

【新闻图片链接】

2007 年 3 月 24 日,川南农村社区学院在中国竹艺城四川青神县挂牌成立。

2004 年 9 月 29 日,台州社区大学成立大会在台州电大隆重举行。

中国新农村（县域）高等教育发展研究

　　农村贫困的根源是知识贫困,而消除农村知识贫困的根本途径是开发农村人力资源。长期以来,农村教育目标存在应试性、城市性、离农性,没有赋予农民在农村谋生进而改变农村面貌的能力,制约了农村人力资源开发。在新农村建设中,开发农村人力资源的根本策略是建立具有中国特色和地方特点的县级社区学院,发展农村高等教育。我们以服务的地域为标准,可以把高等教育划分为农村高等教育和城市高等教育。农村高等教育以服务农村为目的,统筹利用城乡各类教育资源,通过多种方式方法,主要对农村人口实施中等教育后的专门知识和技能教育。农村高等教育体系以新农村建设、教育公平和高等教育大众化理念为指导,以普通高等院校为依托,以地市高等院校(主要是电大)为龙头,以县级社区学院为主体,面向农村社区(县域)经济社会发展需要,解决农村人口全面发展的问题,由中央政府提供政策和部分资金支持、地方政府统筹下的农科教等部门共同实施的,由县市基础教育、职业教育、成人教育、社区教育、高等教育等多种教育统筹整合的,采取多种教育手段和方式实施的经济高效的,能够提供多种、多次便利的学习机会,满足学习者多方面、多层次学习需求的高等教育体系。

一、农村知识贫困与新农村
人力资源开发

　　我国属于发展中国家,13亿人口中,近9亿人口在农村。农村贫困问题一直是我国社会发展面临的重大问题。

　　胡锦涛同志在党的十六届四中全会上审时度势地提出"两个趋势"的重要论断,指出:"在工业化初期,农业支持工业,是一个普遍的趋向;在工业化达到相当程度后,工业反哺农业,城市支持农村,也是一个普遍趋向。"在此背景之下,党的十六届五中全会提出了建设"社会主义新农村"(简称新农村)的战略任务。

　　所谓新农村是指在社会主义制度下,反映新时期农村社会以经济发展为基础,以社会全面进步为标志的社会状态,其主要内涵是:生产发展、生活宽裕、乡风文明、村容整洁、管理民主。新农村建设是一个庞大的、复杂的系统性工程,从哪里入手是非常关键的。党的十六届五中全会提出,新农村建设要培育有文化、懂技术、会经营的新型农民。

　　笔者认为,农村发展缓慢,农村人增收困难,农业效益不高,农村剩余劳动力转移困难的成因是多种多样的,若用马克思主义生产力学的原理加以透视,其最根本原因不在于物,而在于人,在于人的整体素质低下。① 新农村建设的主体是广大农民,农民的素质不提高,就不可能真正实现新农村建设目标。农村人口资源丰富而人力资源缺乏是新农村建设的根本性矛盾之一,我们只有把农村丰富的人口资源转化为雄厚的人力资源,才能最终解决农村贫困问题。②

---

　　① 刘尧.新农村建设中农村教育改革的几个问题[J].职业技术教育,2007(1):63-65.
　　② 刘尧.农村知识贫困与农村人力资源开发[J].中国地质大学学报:社会科学版,2008(2):9-13.

(一) 农村贫困不仅仅是收入贫困

对我国农村贫困成因以及脱贫问题,学术界、政界乃至社会各阶层人士,通常是将农村贫困问题简单地归结为收入缺乏问题,解决对策也只是千方百计增加农村人口的收入。改革开放以来,我国农村社会发展已经取得了巨大成绩。但是,仍然存在一些明显的误区,特别是把农村人口贫困与其收入增长缓慢划等号,给新农村建设带来了阻力。持这种观点的人认为,收入增长缓慢是农村贫困的主要原因,也是农村贫困的全部内容。在这种思想主导下,把千方百计增加农村人口收入看作农村社会发展的全部内容。我国在大规模扶贫消除农村贫困的过程中,通过多种政策和措施直接指向增加农村人口收入(比如:一人打工,全家脱贫),可能只会缓解一时的贫困状态,并不能从根本上解决农村社会可持续发展问题,这些对策实施的结果是脱贫与返贫共生共存。实际上农村人口收入缺乏问题只是农村贫困的一个表面特征,农村贫困深层的原因在于农村人口的基本能力缺乏。根据1998年诺贝尔经济学奖得主阿玛蒂亚·森的定义,所谓贫困是指对人类基本能力和权利的剥夺,而不仅仅是收入缺乏。贫困至少有三类[1]:一是传统的收入贫困(income poverty),即收入水平极其低下,不能维持基本生活。二是人类贫困(human poverty),指缺乏基本的人类能力。如不识字、营养不良、较短的预期寿命、母婴健康水平的低下和可预防性疾病的危害等。三是知识贫困(knowledge poverty),知识贫困衡量的不仅仅是教育水平低下的程度,而是指获取、吸收和交流知识能力的匮乏或者途径的缺乏。

上述三类贫困之间不是相互隔离、相互独立的,而是相互联系、相互作用的。农村人口缺少收入会导致缺乏营养、缺乏纯净水、缺乏教育;由于人类贫困和知识贫困,农村人口很难摆脱收入贫困;一些已经暂时脱离收入

---

① 胡鞍钢,李春波.新世纪的新贫困:知识贫困[J].中国社会科学,2001(3):70-81.

贫困的农村人口在遭遇到疾病或不识字等人类贫困或知识贫困打击后容易返回收入贫困状态。在知识化和信息化发展日新月异的 21 世纪,知识成为创造财富的基本手段,在农村将有越来越多的收入贫困和人类贫困是由于缺乏获取知识、吸收知识和交流知识的能力所致。目前我国农村尚未消除收入贫困问题,也面临着许多人类贫困的重大问题,同时还将出现越来越严峻的知识贫困问题。农村贫困的根本原因在于知识能力的缺乏,而知识能力则是发展能力中至关重要的因素。知识能力的提高是减少和摆脱农村贫困最重要的手段,知识能力的低下是导致农村人口收入贫困和人类贫困的深层原因,其本身也是一类非常致命的贫困。对农村贫困的分析从表面特征转向深层原因,就不能不关注农村知识贫困问题。因此,新农村脱贫工作的最终目的在于,国家通过短期的增收手段和结果唤起或增强农村人口的脱贫意识,提供获取知识、吸收知识和交流知识的必要途径,使农民获得增加收入的机会和能力。

(二) 农村贫困的根源是知识贫困

从以上对农村贫困产生的深层原因分析来看,知识贫困是农村贫困的根源所在。阿玛蒂亚·森在《贫困与饥荒》一书中认为,出现饥荒、产生贫困的最重要原因未必是粮食的大幅度减少。他在实证研究中发现:在发生饥荒的年份里,粮食人均供给量并没有比未曾发生饥荒的年份少;在所有饥荒中,大多数人并没有因饥饿而死亡;在有些年份里,粮食的价格大幅度提高而粮食的供给量并没有比前几年少;有时,粮食反而从遭受饥荒的地区出口。那么贫困何以出现呢? 由于知识的缺乏,社会上不同群体中的许多人,在获得实际机会中不包括获得足够粮食的途径,于是饥饿便产生了,他们也就陷入了贫困的境地。[①] 因此,一个人创造收入的知识缺失或被剥夺发展知识能力是导致贫困的根本原因。从这个意义上说,消除农村贫困

---

① 刘尧. 对治理"贫困综合症"的教育学思考[J].上海教育科研,1998(6):9－11.

就是要努力为农村人口创造更多的接受各种类型、各种层次教育的机会,以更新观念、提高生存和发展技能,并通过农村人口的自身努力,重新获得创造或增加收入的机会。

大量的国际研究表明,知识因素是解释各国或地区之间增长率差异最重要的因素,而资本投资增长率的差异性并不像人们所想像的那么大。经济增长的主要来源不是资本积累,而是全要素生产率(TFP)的增长;在发展中国家,TFP 经济增长具有潜在的重要性,特别是在人力资本能够迅速扩展和深化时,TFP 的增长率会明显提高。通过跨国数据回归研究发现,人力资本(教育水平)与经济增长之间存在显著的正相关关系。根据世界银行专家计算,从 20 世纪 60 年代到 90 年代中期各国经济增长率的差异,人均资本增长只解释了 24% ~29% ,而反映知识以及其他要素的全要素生产率(TFP)增长解释了 70% 以上。有学者对中国 1978 年至 1995 年期间 30 个省、市、自治区的横断面数据进行分析也得出同样的结论,其中人均资本增长的解释占 19% ,全要素生产率的解释占 73% ,其他不可解释因素占 8% 。[①] 我国农民人均年纯收入和城镇居民人均年可支配收入的比率在 1985 年是 1：2.57,到 2004 年为 1：3.23。城乡收入差距不断加大的根本原因之一是城乡教育差距不断加大。统计显示,2004 年一项对全国 37 所不同层次高校的调查显示,城乡之间获得高等教育的机会整体差距为 5.8 倍,在全国重点院校中则达到 8.8 倍,即便在地方高校中也有 3.4 倍,超过了城乡居民经济收入 3.23 倍的差距。[②] 城乡贫富差距与城乡教育差距是互为因果的关系,农村贫困导致教育落后,反之,农村教育落后会进一步加剧农村贫困。

长期以来,困扰中国农村的一个重大问题是教育与经济双向贫困。农村经济的发展,没有从教育方面获得多少刺激与支持。因而,这种经济状态是短期的、不稳定的和脆弱的。世界历史上有过这种教训,以低文化知识支持的经济中含有诸多的盲目性和愚昧性。其经济发展常是以向自然的掠夺、对自然环境的污染、对资源的浪费和对劳动力的过度消耗为代价

---

① 刘尧.农村知识贫困与农村高等教育[J].清华大学教育研究,2002(4):51－56.

② 李薇薇,李菲."十一五":社会和谐发展需要解决"四大矛盾"[DB/OL].新华网,2005－10－30.

的,即便有大把金钱,也决不会投入教育。农村经济贫困无法向教育提供经费,也没有能力促使它向教育索取什么。在农村人口不断增长和耕地面积不断减少的条件下,没有文化知识武装的经济发展步履艰难。文化知识缺乏,"愚"与"贫"的联姻,导致农村人口素质低下并愈演愈烈。那种数千年遗留下来的小农经济生产方式,安于自给自足和自产自用的封闭意识都无求于高层次教育支持,像一块硬币的两面,相互制约而共存着。新农村要振兴,出路何在? 新农村建设最稀缺的是知识资源,发展的最大制约因素也是知识资源;农村人口最稀缺的资本是知识资本,最缺乏的机会是获得教育的机会,最缺乏的能力是知识的能力;对农村人口最大的剥夺是教育剥夺、知识剥夺。因此,向农村贫困宣战,应由过去的单纯关注收入贫困更多地转向关注知识贫困,投资于人力资本和知识基础设施建设,提高获取、吸收和交流知识的能力,为农村人口提供获取收入和进一步发展的基础。

(三) 消除农村知识贫困的根本途径是开发农村人力资源

20 世纪 50 年代以来,世界财富增加了 7 倍,但并没能有效地减少贫困人口。目前全球仍有约 12 亿人处在贫困线以下,其中 70% 居住在农村。联合国开发计划署《2001 年人类发展报告》显示,1990 年到 1998 年,在平均经济增长率高于世界平均水平的发展中国家,生活在日收入 1 美元以下的贫困人口比率仅从 29% 降至 24%。有关专家通过对人类发展报告所列举的 162 个国家的教育、健康、人口统计和经济指标以及国家人类发展指标分析,发现教育与人类基本发展指标有高度相关性,引起国际社会对"农村教育——减贫"问题的关注。[①] 2001 年 9 月在南非约翰内斯堡召开的世

---

① 翟海魂,孙志河. 教育为农村发展服务的再思考[DB/OL]. http://202. 206. 100. 3/chu/hbzjs/2004 - 01 - 22.

界可持续性发展会议上,联合国教科文组织和粮农组织倡导实施了农村教育旗舰项目,就是要通过国际组织与各国政府间的双边或多边合作,推进农村教育发展,开发农村人力资源,进而减少农村知识贫困。

人类文明已经历了以土地和人力为基础的农业经济形态、以机器和资本为基础的工业经济形态,伴随着 21 世纪的到来,人类文明正在迈向以知识和信息为基础的知识经济形态。不同经济形态的生产力对资源的需求和依赖程度是不同的。在农业经济形态中,生产力需求表现为对以土地为中心的自然资源和劳动力(劳动者体力)的依赖,社会经济发展的资源消耗主要表现为劳动者体力的消耗和以土地为代表的自然资源浅层次的消耗。在工业经济形态中,生产力需求表现为对以大规模机器体系和自然资源的依赖,社会经济发展的资源消耗主要表现为人类利用大规模机器体系大量消耗自然资源,生产力水平大为提高。在知识经济形态中,人类从以自然资源消耗为主转向以劳动者的智力(人才资源)消耗为主。正如美国著名发展经济学家舒尔茨指出的:"人类的未来并不完全取决于空间、能源和耕地,而是取决于人类智慧的开发。"在知识经济中,以知识为基础的产业逐步上升为社会的主导产业。技术密集、智力密集产业的就业比重显著上升,就业机会倾向于智力密集的群体,经济的分配也主要以对知识的占有量为基础。人才资源已成为最重要的战略资源,其数量和质量是经济增长和社会发展的关键因素。然而,我国广大的农村仍然处于农业经济形态,要使农村摆脱贫困,必须促使其经济形态发生转变。我们应清楚地认识到,实现其经济形态转变的唯一途径是重建农村教育,开发农村人力资源。

然而长期以来,农村教育目标的应试性、城市性、离农性,没有赋予农民在农村谋生进而改变农村面貌的能力。在我国现代化和城市化进程中,农业沦为弱势产业,农村沦为妇、老、幼看守的家园,农村劳动力无奈地离开家园而沦为农村与城市之间的边缘人。我国建设社会主义和谐社会,不仅要建设现代化的城市,也要建设文明繁荣的新农村。《中共中央关于农业和农村工作若干重大问题的决定》明确指出:"发展农村教育事业是落实科教兴农方针、提高农村人口素质的关键。必须从农村长远发展和我国现代化全局的高度,充分认识发展农村教育的重要性和紧迫性。积极推进农村教育综合改革,统筹安排基础教育、职业教育和成人教育,进一步完善农村教育体系。"《中共中央、国务院关于做好2001年农业和农村工作的意见》提出:"坚持实施科教兴农战略,加快农业科技进步,把农村和农村经济的发展真正转到主要依靠科技进步和提高农民素质的轨道上来,这是增加农民收入的根本出路。"这些论述深刻阐明了农村教育与农村社会发展的关系,指明了农村教育改革和发展的方向,不仅对农村教育提出了新的更高要求,也为农村人力资源开发提供了良好的机遇。

(四) 制约农村人力资源开发的瓶颈是农村教育 水平偏低

从新农村建设的角度看,农村教育长期以来存在的主要问题有:

第一,教育资源缺乏,并且配置及利用很不合理,造成闲置和浪费。

第二,教育行政部门独家经营教育,对教育适应农村经济和社会发展的需要考虑较少。

第三,教育投入不足,师资水平和办学条件普遍较差。

第四,农村教育的单一应试倾向普遍存在,只有少数学生能够升学,绝大多数的农村初中毕业生和高中毕业生不能升学。

第五,教育效益偏低。许多学生由于升学无望和学不到农村所需的知识技能而产生厌学情绪,相当多的小学和初中学生弃学、辍学。

第六,农村城市化和现代化的趋势,对农村人口的素质提出了更新、更高的要求,农村人口产生了进一步学习知识和科学技术的需求。然而由于农村教育体系不完善,使他们的教育需求得不到充分的满足。

农村教育中存在的上述问题,使农村教育与农村生产和群众生活相脱节,造成农村教育的育人、促进经济发展、推动社会全面进步功能得不到充分发挥,影响了广大农村人口参与农村教育的积极性。其最终结果是农村人口的整体素质偏低,高中初级专门技术人才缺乏,农村经济吸收和运用科学技术的能力较弱,影响了农村的现代化进程。[①]

据统计,2004 年我国农村人口平均受教育年限只有 7.6 年,仅相当于初中二年级的水平。全国近 5 亿农村劳动力中初中文化水平以下的占到 88%。[②] 我国低素质的劳动力绝大多数留在农村,形成农村庞大的剩余劳动力市场,供过于求的现状将长期存在。2005 年调查显示:地处经济发达地区的浙江省金华市,全市农民平均受教育年限只有 7.16 年,大专以上文化水平者占 0.82%,高中文化水平者占 13.97%,初中文化水平者占 51.32%,小学文化水平者占 26.92%,不识字者或识字很少者占 6.99%。[③] 20 世纪 90 年代中期,湖北省共有 3.2 万个行政村,6 万多名村级主职干部,小学文化程度者占 40%。农村基层干部整体素质低下,很大程度地制约了农村经济社会的发展,制约了农村落后面貌的根本改观。可见,农民受教育水平偏低是我国农村经济社会发展在人才资源层面需要解决的一个根本性问题,也是我国新农村建设要面对的人才资源的基本态势。然而,经过现行农村教育优选出的高级专门人才进了城,而淘汰下来的众多人力资源留在了农村,数量供给充裕的农村劳动力大军往往伴随着低素质。[④] 换句话说,现行的农村教育,从根本上讲是“在农村”为城市培养高级专门人才,是在培养离开农村、农民和农业的人才。这样的农村教育,无法承担起培养大量热爱农村并了解农村、农民和农业的人才的任务。如果新农村教育再继续这样办下去,那一定是很危险的。

(五) 开发农村人力资源的根本策略是发展适应农村的教育

这些年来,伴随扶贫攻坚计划的实施,理论界对农村走出贫困有多种理

①　刘尧. 发展农村高等教育:振兴中国农村经济[J]. 现代大学教育,2002(6):34 - 38.
②　农调总队. 农村全面小康建设的难点和对策[DB/OL]. 三农数据网,2004 - 03 - 22.
③　斯克良. 深入开展农民教育,加快推进社会主义新农村建设[C]. 金华政协五届二次会议发言,2006 - 02 - 25.
④　刘尧. 农村教育目标的一元化与多元化[J]. 职业技术教育,2004(4):52 - 55

论预设,其中最具代表性的是:农村要走出贫困,首先要走出经济制约教育与教育发展之间的恶性循环,必须倡导一种"牺牲精神",即从不太多的财政收入中拿出较多的份额来发展教育,甚至以牺牲一代人物质生活水平提高为代价,来换取今后几代人的发展。

这种观点认为"不发展经济,现在没饭吃;不发展教育,将来没饭吃"。教育落后是经济落后之果,又是经济继续落后之因。国家和区域的发展,首先是人的发展。虽然农村经济发展越来越依赖于人力资本与科技进步,但是人力资本的增长与科技进步都需要通过教育来培养人才,因此教育在农村经济发展中的地位和作用日益重要。这个逻辑没有错,但是如果我们按照这个逻辑,那么,继续在新农村人力资源开发中发展传统的"应试教育"或与新农村建设脱节的教育则是大错特错。

教育作为社会大系统的子系统,必须与社会协同发展。也就是说,教育发达一定导致经济发展,经济发展一定得益于教育发达,这种简单推理是幼稚的。不是任何规模、任何形式、任何层次的教育都能推动经济的发展,只有适应经济发展需要,适应经济发展对人力资源市场需要的教育,才能促进经济的发展。①

新农村人力资源开发中,要树立新的农村教育发展观。这并不是说,农村人力资源要等到农村经济大发展后再开发;而是说,农村人力资源开发要为新农村建设服务,在农村教育与新农村建设的互动中,优先安排农村教育的发展。

总而言之,要解决农村教育与新农村建设不相适应的问题,必须优化农村教育资源,以新的教育理念为指导,推进新农村教育的改革和发展。农村教育要彻底摒弃以应试教育为目的的偏颇做法,最大限度地强化地方人才的培养意识,坚持教育与经济发展一体化的战略,从解放与发展农村生产力的实际需要出发,明确教育方向,设计教育模式,规划教育未来。

---

① 刘尧.简评教育发达是经济发展的前提吗:与常宗虎博士共鸣[J].教育与经济,1996(4):5-8.

（六）对我国农村人力资源开发的政策建议

新农村人力资源开发不仅仅是农村要考虑的问题,而是需要举国统一行动的全局性问题。对此,国家要统一部署,城市要主动参与,农村要全面动员和全员参与。因此,我们从国家、城市和农村三个方面,对新农村人力开发提出三点政策建议。

1. 国家要建立农村人力资源开发的长效机制

党中央、国务院高度重视农村人力资源开发工作,把农村教育和农民科技培训作为农村人力资源开发的重要战略措施来抓。"十五"期间,国家通过建立规范的义务教育转移支付制度;建立健全农村义务教育经费保障机制;大规模开展农村劳动力技能培训的阳光工程;整合农村各种教育资源,发展农村职业教育和成人教育;开展绿色证书培训,实施青年农民科技培训工程等,有效地提高了农村教育水平和农民的科技文化素质,为农村人力资源开发和农村经济发展作出了积极贡献。开展新农村建设以来,国家在继续加大力度实施以上工程的基础上,农业部等 14 个部委开展了农民科学素质行动;国家启动了农村实用人才培训工程;农业部等六部委实施了全国农民工培训工程;农业部、财政部启动了新型农民科技培训工程;等等。我们相信这些工程的实施对农村人力资源开发会起到积极的作用。但我们也要看到这么多的工程落实到农村(县市),会形成多部门管理、多头绪工作、协调不好、效益不佳的状况。因此,我们建议,国家对农村人力资源开发应主要从资金、管理和政策三个方面入手,加大对农村人力资源开发的扶持力度,在政策和资金上给予一定的倾斜,并建立相应的组织管理体系。比如,可以尝试由教育部负责全国国民教育系列(包括农村),另外,在国务院设立农村人力资源开发委员会,统筹管理农村人力资源开发工作。其实,农村人力资源开发的具体实施,主要是在县市进行的,为了解决县市多头实施而难以协调的现状,可以建立县市社区学院,集中实施农村人力资源开发工作。①

2. 城市要主动参与农村人力资源开发

城市除按国家的部署继续做好对口支援,在城市为农村提供各种人力资源开发项目,选派志愿者去农村支教,城乡学校教师互相交流,参与县市社区学院的培训项目,为农村学校培养干部和师资,选派优秀领导干部到农村学校挂职锻炼,组织教育专家讲师团定期到农村讲学外,更重要的是直接开发农村人力资源,直接投身于农村教育事业。具体可以从以下几个方面入手:

第一,继续支持自学考试面向农村。1997 年 3 月,国家自学考试委员会与农业部联合发出了《关于推进自学考试面向农村工作的意见》,此后,不少省市农村考生已占相当大的比例。

第二,制定政策引导高等院校主动服务农村。比如,提倡各类大学发挥学科优势,积极拓展为新农村服务的渠道,长期坚持不懈地面向农村,通过人才培养、技术推广、技术改造和建立服务机构等途径,为新农村建设服务,等等。

第三,按照全教会的要求,作为高等教育重要组成部分的高等职业教育,应大力发展面向农村的高等职业教育。

第四,帮助农村建立和实施远程教育,开发适应农村建设的教育资源。

3. 农村要转变传统教育观念,开发新农村人力资源

农村要改变人力资源开发滞后的状态,可采取以下措施:

第一,要落实教育优先发展的战略地位,把发展适应新农村的教育真正作为一项基础性、先导性的工作来对待。

第二,农村教育不能再继续过去"应试教育"模式下那种"人才辈出,江山依旧"的局面,要全面推进素质教育,使农村教育更好地为新农村建设服务。

① 刘尧.农村社区发展学院办学模式构想[J].职业技术教育,2002(25):55 – 59.

第三,农村教育要结合新农村建设的要求,对教育的管理体制、培养目标、办学模式、教学内容和方法等进行全面而深入的改革,增强教育的针对性和实用性。

第四,农村职业教育要针对本地的实际,改变只重学历教育的观念,实行弹性学制,缩短培训的时间,降低成本,主要实施当地急需的实用技术培训。

第五,要争取国家的政策支持与倾斜,在巩固和发展农村教育综合改革已有成果的基础上,进一步推动农科教结合和三教统筹,创办有地方特色的农村高等教育,培养留得住、用得上、能为农村脱贫致富尽心竭力的高级人才,从根本上解决农村高级人才进不来、留不住、长期青黄不接的严重问题。

第六,各级政府要制定优惠的政策,比如提高工资、实行轮换制、延迟退休年限、支持和资助教师进修等,使农村教师能安心工作,为农村教育事业作出贡献。

第七,教育科研部门要加强对农村教育的研究和教育科学普及工作,使新农村教育在教育科学的引领下健康而科学地发展。

第八,农村教育要进一步实施开放的政策。一是学校对社会开放,使学校和社会融为一体,促进社会的发展;二是农村教育对国内外开放,吸引更多的有识之士捐资、投资农村教育,开发农村人力资源。

二、城乡和谐发展中的农村高等教育①

《中共中央关于制定国民经济和社会发展第十一个五年规划的建议》

①　刘尧.城乡和谐发展中的农村高等教育研究[J].教育与现代化,2006(2):73-80.

明确提出,构建社会主义和谐社会是未来五年我国经济社会发展的重要目标之一。目前,我国城乡之间的不和谐主要表现在以下方面:

其一,城乡居民贫富差距加大。统计显示,我国农民人均年纯收入和城镇居民人均年可支配收入的比率 1985 年为 1：2.57,2004 年为 1：3.23。城乡收入差距不断加大已成为社会和谐发展的"一大羁绊",不仅影响我国经济社会健康有序发展,还会带来诸多不稳定因素。

其二,城乡教育资源分配不均。2004 年一项对全国 37 所不同层次高校的调查显示,城乡之间获得高等教育的机会整体差距为 5.8 倍,在全国重点院校中则达到 8.8 倍,即便在地方高校中也有 3.4 倍,超过了城乡居民经济收入 3.23 倍的差距。教育资源分配严重不均的现状,无疑将影响构建和谐社会的步伐,埋下城乡人际关系冲突的隐患。[1] 笔者认为,城乡贫富差距与城乡教育不公是互为因果的关系。农村贫困导致教育落后,反之,农村教育落后又会进一步加剧农村贫困。

(一) 我国农村贫困的根本症结

我国农村贫困的根本症结,除了前面所述的农村知识贫困外,还有以下原因。

1. 城乡二元结构使农村发展处于不利地位

中国科学院国情分析研究小组对我国国情的研究得出结论:

其一,城乡矛盾是我国社会的基本矛盾之一。这一基本矛盾突出表现为城乡居民两大利益集团的矛盾,城乡社会存在明显的差异性和不平等性。

其二,城乡分割造成的城市化滞后、现代化受阻和农村贫困化等多种

---

① 李薇薇,李菲."十一五":社会和谐发展需要解决"四大矛盾"[DB/OL].新华网,2005－10－30.

危害。发达国家完成从城乡二元社会向工业社会结构的转化,都是以教育为动力的人力资本投入来提高农业生产率和农村城市化水平,使越来越多的农村人口城市化。

对城乡分割造成的城市化滞后和农村贫困化等多种危害,我们过去缺乏必要的认识。① 从建设社会主义和谐社会,促进城乡协调发展的角度来看,农村发展无疑需要大量的人才,而实际情况是,现有的农村教育将农村优秀的人才筛选出来再送往城市,农村人才的流失极严重。要从根本上加快农村发展的步伐,就必须重视农村人才的开发和利用。

2. 我国低素质的劳动力绝大多数留在农村

我国农村遇到最为严峻的问题,莫过于提高 5 亿农村劳动力的素质,实现传统农村向农村现代化转变,逐步将农业剩余劳动力有序地转移到第二、第三产业,从而稳步持续地提高农村人口收入。

目前,我国低素质的劳动力绝大多数留在农村,形成农村庞大的剩余劳动力市场,供过于求的现状将长期存在,这是我国农村将长期面临的人才资源的基本态势。

如何把农村丰富的人力资源转化为雄厚的人才资源,是农村发展的根本问题。② 因此,21 世纪不容回避的紧迫问题是,将农村丰富的人力资源"深度开发"成人才资源,促进农村经济和社会的全面发展。

（二）国际视野:农村教育要为农村发展服务

在河北保定召开的"2003 年国际农村教育研讨会"上,与会的专家、学者提出:农村教育要为农村发展服务。这主要基于以下原因:③

---

① 刘尧. 农村知识贫困与农村高等教育[J]. 清华大学教育研究,2002(4):51 - 56.
② 刘尧. 治"贫"与"愚":农村高等教育的目标[J]. 中国农业教育,2002(2):3 - 5.
③ 翟海魂,孙志河. 教育为农村发展服务的再思考[DB/OL]. http://202.206.100.3/chu/hbzjs/2004 - 01 - 22.

1. 农村社会转型与农村发展要求改革农村教育

20 世纪以来,伴随科学技术进步和城市经济向农村的延伸,世界各发展中国家的农村正经历着由传统的以农业为主的农村向多样化的现代农村的转型。

其突出表现是:农业生产效率提高,大批农业劳动力从土地中解放出来,转而流向与农业农村相关的加工和服务业以及城市。农村城市化和农村经济的多样化是这一时期农村发展的重要特征。

农村发展是经济和社会发展指标的增长,但考虑到农村转型期的特殊性,农村发展强调的是在发展过程中应有积极的观念、态度和行为,迎接农村转型所带来的新机遇,积极地推进农村发展的进程。

如果农村被动地接受转型带来的各种变化,将会导致城乡差距的进一步扩大,农村人口的无序流动和农民观念上的不适应还会带来诸多社会问题。

解决问题的根本途径是:在研究农村转型期教育需要的基础上,改革农村教育,提高其为农村发展服务的能力。

2. 农村教育是实施全民教育的重中之重

1990 年 3 月在泰国宗滴恩召开的世界全民教育大会,将"满足所有人的基本学习需要"作为全球教育发展的战略任务。

在 2000 年 9 月纽约召开的联合国新千年峰会以及 2001 年 8 月北京的九个人口大国教育部长会议上,与会的各国领导人和教育部长们重申了"满足所有人的基本学习需要"的庄严承诺,并将普及义务的初等教育列为重要的发展目标之一。目前全球尚有 8.6 亿文盲和 1.1 亿失学儿童,他们集中分布在农村地区。全民教育所涉及的大多数人口在农村,工作的难点也在农村。

全面改善为农村发展服务的农村教育,为农村人口提供平等受教育机会和高质量的教育,是实施全民教育的重中之重。

（三）农村高等教育概念的界定

2002 年 1 月 5 日，笔者在《中国教育报》发表的《应发展面向农村的高等教育》一文认为，制约中国农村发展的主要因素之一是，缺乏热爱农村并了解农村、农民和农业的高级专门人才。而现有高等教育培养的高级专门人才很难通往农村，致使中国农村成为被推动人类文明的高等教育遗忘的角落。因此，提出要彻底改革农村教育，发展农村高等教育，尤其要建立农村高等教育体系。[①]

1. 农村教育

在 1992 年山东泰安召开的第一次农村教育国际研讨会上，有学者首次使用了"农村教育（rural education）"这一概念，并将其定义为"由扫盲教育、基础教育、职业和技术教育、成人继续教育所组成的为农村发展服务的综合化教育体系"。2003 年在河北保定召开的"国际农村教育研讨会"上，有学者对这一概念的内涵进行了补充和完善，把"农村教育"定义为"由包括扫盲、基础教育、职业和技术教育、成人继续教育以及有关高等教育在内的为农村发展服务的综合化教育体系"。本次会议强调指出：在 21 世纪"全球化"的世界中，农村发展对农村教育提出了超出农村传统问题的新任务。这些任务包括：增加小学以后教育和初中教育机会；建立行业与职业技能开发机制，以满足农村不断变化的需求；重新确立高等教育发展方向，优先发展与农村有关的高等教育；根据 21 世纪国家和农村发展的重点调整教育的目的及内容；弥合城乡之间的数字鸿沟，利用信息通讯技术来缩小城乡之间在教育方面的差距等。[②] 简而言之，农村教育是为农村发展服务的各种形式、类别、层次教育的总和。

---

① 刘尧. 应发展面向农村的高等教育[N]. 中国教育报, 2002 - 01 - 05(4).
② 翟海魂, 孙志河. 教育为农村发展服务的再思考[DB/OL]. http://202.206.100.3/chu/hbzjs/2004 - 01 - 22.

2. 农村高等教育

高等教育属于教育的一个层次,以服务地域为标准,高等教育也可以划分为农村高等教育和城市高等教育。农村高等教育属于农村教育的最高层次,它是以服务农村为目的,统筹利用城乡各类教育资源,通过多种信息媒体,主要对农村人口实施的中等教育后的专门知识和技能教育。农村高等教育包括以下类型:学历教育与非学历教育,普通教育与职业教育,全日制教育与业余教育,社区教育与成人教育,等等。

考察我国实际,农村高等教育已客观存在,主要形式有各类高等院校面向农村举办的各类高等教育、县级社区学院、农村函授高等教育、农村高等教育自学考试、农村广播电视教育、农村网络教育和农村职业高中"3 + 2"教学班等。未来农村高等教育的主要载体是以县级社区学院为主体,多种高等教育机构共同参与的高等教育。

3. 农村高等教育体系

农村高等教育体系是以科教兴农方针和高等教育大众化理念为指导,以普通高等院校为依托,以地(市)高等院校(主要是电大)为龙头,以县级社区学院为主体,面向农村社区(县域)经济社会发展需要的,由中央政府提供政策和部分资金支持、地方政府统筹下的农科教等部门共同实施的,由县(市)基础教育、职业教育、成人教育、社区教育、高等教育等多种教育统筹结合的,采取多种教育手段和方式的,能够提供多种、多次学习机会和满足学习者多方面、多层次学习需求的高等教育制度和学习体系。

一个完整的农村高等教育体系,应该具有如下特性:

第一,目的性。依据农村人口接受高等教育和多方面发展的需要,为农村培养适用人才和搭建农村教育全面发展的"立交桥"。

第二,适应性。致力于使学习者具有适应农村发展需要的知识和技能,为农村培养多方面多层次的留得住、用得上的适用人才。

第三,分散性。以普通高等院校为依托,以地市高等院校(主要是电大)为龙头的,以县级社区学院为主体,形成辐射乡镇的分散性网状结构。

第四,灵活性。实施学历与非学历教育相结合;全日制与半工半读相结合;理论与实践课程相结合;课堂教学与生产劳动相结合;全面发展与一技之长相结合;职前教育与职后培训相结合;通识教育与学以致用相结合;等等。[①]

(四) 建立农村高等教育体系是促进农村发展的 必要途径

1. 建立农村高等教育体系是落实科教兴农战略的重要措施

农业、农村和农民问题始终是我国建设和谐社会中的重大问题。我国是一个农业资源相对贫乏、农业生产和技术水平相对落后的国家。我国农业科技对生产的贡献率约为 40%,只相当发达国家的一半。要使我国农业科技和生产力实现质的飞跃,并在若干领域取得突破,能够在 21 世纪激烈的国际竞争中站稳脚跟,关键是要提高农村人口素质,加快农村人才资源的深度开发和利用,走科教兴农的道路。没有农村人口素质的全面提高,就没有国民素质的提高,就没有综合国力的提高,就不可能在国际竞争中取得主动权。

从总体上看,我国农业仍处于粗放经营的状态。要解决上述农业发展中存在的问题,最根本的就是要狠抓科教兴农,把农业发展转到依靠科技进步和提高农村劳动者素质的轨道上来,努力提高科技在农业增长中的贡献份额。因此,积极建立农村高等教育体系,大幅度提高农村劳动者掌握运用科学技术的能力,用高新技术改造传统农业,是新世纪我国农业跟上时代步伐的希望所在。

2. 建立农村高等教育体系是发展农村生产力的必要条件

我国是个农业大国,也是个教育大国。全国 80 多万所中小学绝大部

---

① 刘尧,傅宝英.关于建立县(市)农村社区发展学院的思考[J].职业技术教育,2004(7):52-55.

分分布在农村,两亿多中小学生绝大多数在农村。促进农村教育与农村经济结合,推动农村教育为当地经济建设服务,是农村发展的强大动力,也是我国农村教育改革的必由之路。西方人力资本理论通过大量的实证研究证明,凝聚在劳动者身上的知识、技能及其所表现出来的能力,对生产起促进作用,是生产增长的主要因素,是具有经济价值的一种资本。与此相联系,该理论充分肯定教育对人力资本的形成以及对经济增长的作用。教育通过提高人的生产能力促进劳动生产率提高,促进国民经济增长,具有较大的社会经济效益和个人经济效益。美国经济学家米凯·吉瑟研究证明,在农村地区,教育水平提高 10% ,将多引导 6% ~ 7% 的农民迁出农业,按照净效应看,它将把农民工资提高 5% 。① 由此可见,为农村人口提供高质量高水平的教育,是确保农业劳动力转移的一个有效措施,建立农村高等教育体系是发展农村生产力的必要条件。

3. 建立农村高等教育体系是农村可持续发展的需要

要提高我国农村生产力水平,促进农村的可持续发展,必须建立能够为农村劳动者提供学习机会的、能够促使农村人口素质和生产力水平不断提高的农村高等教育体系。农村高等教育体系的建立,旨在探索一条从我国农村经济和社会发展的需要出发,优化农村教育体系,满足农村劳动者学习需要,使农村教育得到超常发展和农村劳动者整体素质得到迅速提高,进而促进农村经济社会的可持续发展的途径。在我国,建立农村高等教育体系是党和政府实施科教兴国与可持续发展战略的要求。高等教育大众化思想已经得到了党和政府的高度重视,建立和完善有利于全民(包括农民)的高等教育体系已经成为我国教育改革与发展的重要目标。② 国务院批转的教育部《面向 21 世纪教育振兴行动计划》明确提出:"高等职业教育必须面向地区经济建设和社会发展……主动培养农村现代化需要的各类人才。"农村高等教育体系的建立,将从制度上和条件上保证农村劳

---

① 刘尧. 发展农村高等教育:振兴中国农村经济[J]. 现代大学教育,2002(6):34-38.
② 刘尧. 农村人力资源开发呼唤农村高等教育[J]. 职业技术教育,2003(19):36-41.

动者接受高等教育机会的实现,激励并引导农村劳动者不断提高自身的素质,对于促进农村的可持续发展有着深远的现实意义。

4. 建立农村高等教育体系是促进农村城市化的动力

农村城市化是指随着农村的发展,农村人口的生活方式从农村生活向城镇生活的升级转化过程。农村城市化既是农村人口向城镇集聚的过程,也是农村资源深度开发利用、产业结构演进、生产布局更加合理、经济发展形成新格局和农民市民化过程。不论是哪一方面,城市化都离不开人的素质的全面提高,都有赖于各级各类人才的支撑。在现代生产和市场经济条件下,农村教育是提高农村劳动者素质,开发人力资源和推动科学技术发展的主要途径。它对农村人口素质的提高和农村发展起着全局性、先导性和基础性作用,是农村发展的基础性产业。邓小平预言"将来农业问题的出路,最终要由生物工程来解决,要靠尖端技术",这充分说明在农业领域科技不仅是生产力的一个要素,而且是第一生产力,人才是第一资源,教育是基础。农村城市化首先要解决农业劳动力的转移问题,要解决这一问题,离不开农民的转岗培训、职业教育和高等教育。[①] 农村城市化也不是简单的工业化,农村环境保护、居民生活、文化、教育建设同样被人们所关注和重视,因此,做好农村城市化中的人力资源开发,关键是正确把握农村城市化的发展趋势以及农村发展的新特点,并选择与之相适应的农村教育,尤其要发展农村高等教育。

(五) 建立农村高等教育体系的实践基础与存在问题

1. 建立农村高等教育体系的条件基本成熟

建立农村高等教育体系的条件已基本具备,除了我国综合国力增强,

---

① 刘尧.农村城市化:解决"三农"问题的根本出路[J].南阳师范学院学报:社会科学版,2004(7):68-71.

高等教育已经实现大众化外,还有如下标志:

第一,有政策可依。党和政府制定了科教兴国战略和科教兴农方针。这些都为农村高等教育体系的建立提供了政策保证。

第二,有指导思想和理论基础。教育优先发展战略思想、教育要为经济和社会发展服务的思想,以及农村教育理论、终身教育理论和高等教育大众化理论,这些思想和理论为农村高等教育体系的建立奠定了思想和理论基础。

第三,有实践探索。以往农村教育综合改革的成果,为农村高等教育体系的建立奠定了良好的实践基础;农民大学和高等教育通往农村的多种实践探索,为农村高等教育体系的建立积累了经验。

第四,有制度和技术支持。高等教育大众化(尤其是高等职业教育面向农村的办学方向),使职业教育制度、成人教育制度、自学考试制度等现代教育制度纷纷建立,使现代远程教育技术、网络教育相继发展,这为农村高等教育体系的建立和发展提供了必要的制度和技术支持。

第五,有市场前景。农业产业化、农村现代化和农村城市化使农村人口接受各类高层次培训的高等教育需求迅速增长,为农村高等教育体系的建立提供了广阔的市场前景。①

2. 我国发展农村高等教育方面的有益探索

我国在发展农村高等教育方面,进行了一些有益的探索。

第一,自学考试面向农村。1997 年 3 月,国家自学考试委员会与农业部联合发出了《关于推进自学考试面向农村工作的意见》,此后,在不少省市,农村考生已占相当大的比例。

第二,高等农林院校主动服务"三农"的意识增强。比如,河北农业大学长期坚持不懈地面向农村经济主战场,通过人才培养、技术推广、农业综合技术承包和建立服务机构等途径,为农村经济发展服务;湖南农业大学通过实施"现代农业新技术示范推广工程",依托农村职业教育和成人教

---

① 刘尧. 关于建立农村高等教育体系的思考[J]. 云南教育:高教研究,2002(24):9 – 14.

育体系,把农业科技辐射到广大乡村,等等。

第三,许多理工大学和综合性大学也发挥学科优势,积极拓展为农村服务的渠道,支持乡镇企业的技术改造和产品的更新换代。

第四,高等教育重要组成部分的高等职业教育,按照全教会的要求,大力发展面向农村的高等职业教育。

第五,为贯彻落实党的十六大和中央农村工作会议精神,落实《国务院关于进一步加强农村教育工作的决定》,2004 年,教育部启动了"一村一名大学生计划",这是发展农村高等教育的一项新的举措,通过现代远程开放教育方式,为新农村培养一批"留得住、用得上"的技术和管理人才。[①]

3. 建立农村高等教育体系工作中有待探讨的问题

农村高等教育是农村人才资源建设的基础,是农村整体性人才资源开发的核心。

虽然,我国在发展农村高等教育方面进行了有益的实践探索,但依据农村高等教育体系的设想,还有如下问题有待探讨:

其一,在农村教育投入相对不足,而且农村教育体系仍然在一定程度上存在着为城市培养人才的偏差的情况下,如何筹措立足于农村发展需要,为农村培养高级专门人才的农村高等教育的经费?

其二,如何积极规划发展地(市)高等职业院校,与地(市)原有的电大、高等教育自学考试和位于地(市)的普通高等院校形成地方高等教育的新格局,带动县(市)社区学院的发展?

其三,如何改变城乡教育条件和观念上存在巨大差别,从教育理念的导向和教育政策的制订上,统筹城乡教育尤其是高等教育的发展?

其四,如何使农村高等教育切实转变到主要为新农村建设服务上来,顺应新农村发展的需要,设置城乡高等教育的双重标准?

---

① 刘尧. 建立农村高等教育体系的可能性[J]. 江苏高教,2002(5):58 - 61.

4. 影响农村高等教育发展的若干问题

影响农村高等教育发展的问题主要有以下几个：

一是观念滞后。对教育的先导性、基础性、全局性认识不足，对新农村建设所产生的高等教育需求估计不充分，忽视教育对经济社会发展的反作用，将发展农村高等教育完全等同于办大学，等同于学历教育，将发展农村"职、成、普"教育与发展农村高等教育对立起来，对农村需要人才的多层次性、多种类性缺乏全面的认识。

二是投入不足，且条块分割。现实中发展农村高等教育还没有在政府层面和全社会范围内达成共识，因此投入不足，缺乏具备相当规模和条件的办学实体的支撑。

三是统筹缺位。既缺乏对农村现有"职、成、普"等教育资源在发展农村高等教育上的统筹利用，又缺乏对已延伸到农村的各类高等教育形式的统筹整合，更缺乏对农村高等教育发展的统筹规划、政策引导、体制创新。

四是目标离农。现有农村高等教育的培养目标，基本上是参照普通高等院校的培养目标，停留在学科教育和学历教育上，缺乏对满足新农村发展需求的针对性。①

(六) 建立农村高等教育体系的若干策略

1. 全面发展农村高等教育的综合性系统策略

农村高等教育发展的问题，应采取高等教育为新农村发展服务的综合性系统策略。

其一，强化国家在农村高等教育发展中的政治义务。为保证农民的受高等教育权，国家应科学规划农村高等教育。

---

① 葛为民.浙江"三农"问题与农村高等教育[J].浙江社会科学,2004(4):110-115.

其二,加强政府组织、非政府组织和国际机构以及社会各界在农村高等教育领域的合作,积极构建面向农村的高等教育体系。

其三,要研究农村高等教育的内容和方式。要开发多样化的教学内容和灵活的教育方式,使教学内容和受教育者的健康生活及收入的增加结合起来。

其四,要刺激和引导农村的高等教育需求,提高农村人口对高等教育的自觉参与度。

其五,重视并发动各类高等教育机构开展为新农村建设服务活动,更有效地满足新农村建设对劳动者素质提高的要求。

其六,要千方百计提高农村高等教育质量。要实行有效的教师培训政策,建立社会各界广泛参与的农村高等教育监督机制。

其七,推进农村高等教育信息化进程,提高农村高等教育的信息化水平。

其八,扩大农村高等教育的国际交流与合作,借鉴国际经验,促进农村高等教育的发展。

2. 调整城乡高等教育布局结构

我国高等教育已经实现了大众化。但是,我国农村的高等教育大众化进程和发展水平还远远不够,绝大多数农村地区处于高等教育缺位状态。据统计分析,城市青年上大学的机会比农村青年高出 12 倍。因此,要以科学发展观为指导,站在城乡和谐发展的高度,进行城乡高等教育的布局结构调整,解决农村高等教育缺位的问题。改革我国现行的集中在地级以上城市办高等院校的发展战略和以省级政府为主的办学管理体制,进一步分权,对地级甚至县(市)政府赋予办学管理权。国家应允许并鼓励高等院校到县(市)办分校或设置独立学院。借鉴美国发展社区学院的经验,从制度管理和财政政策方面积极创造条件,允许并支持有财力、物力条件的县(市)政府在本地创办高校。积极发展以地(市)高等职业院校为龙头,以县级社区学院为主体,整合县(市)原有的电大、高等教育自学考试和位于县(市)的各级各类中高等学校形成农村高等教育体系,[①]积极推进农村高等教育大众化。

3. 建立农村高等教育体系要考虑的问题

当前,建立农村高等教育体系要考虑以下几个问题:

第一,策略与步骤。以农村普教、职教、成教三教统筹结合为基础,逐步建立具有学历教育、非学历教育、继续教育、职业技术培训等多种功能的地、县、镇三级农村高等教育体系。

第二,目标与内容。以农村实用技术培训为主,逐步建立满足学习者多方面、多层次需要的学习内容体系,致力于农村人口创业精神的培养和全面素质的提高。

第三,途径和方式。针对传统农村教育的弊端,农村高等教育要加强学习的实践环节,重视应用性、探究性、创造性和综合性的学习,注重各种学习途径和学习方式的结合。

第四,考试与评价。在改革吸收普通高等教育考试制度的基础上,通过引进各类技术资格证书和其他职业资格证书制度。

第五,管理体制。地方政府统筹,以教育行政部门为主,农科教等各相关部门共同参与管理。目前,宜实行地、县两级统筹管理。

第六,保障机制。从政策法规、教育投入和师资培训等方面入手,建立推进农村高等教育发展的各类保障机制。[②]

4. 创办县级社区学院

县级社区学院是农村高等教育的主要载体。如何创办县级社区学院?

其一,政府主导与市场调节结合。政府要充分发挥主导功能,加大统筹力度,主要解决统筹规划、合理布局、制定政策、必要投入、资源整合。与

---

① 刘尧,傅宝英. 关于建立县(市)农村社区发展学院的思考[J]. 职业技术教育,2004(7):52-55.

② 刘尧. 农村人力资源开发中的农村高等教育[J]. 西北农林科技大学学报:社会科学版,2004(4):3-8.

此同时,发挥市场的资源配置作用,在政府的政策调控和市场机制的双重作用下,形成与本县(市)发展相适应的办学格局。

其二,建设以县(市)为主、辐射乡镇的县级社区学院,可走联建之路:政府与投资方联建;现有的各种农村高等教育形式整合联建;多个投资方联建。

其三,采取多样化的办学模式。[①] 例如:"学院 + 基地(公司、专业产业协会) + 农户"的办学模式;产、学、研一体化的办学模式;县、乡、村网络化办学模式;就业培训兼升学教育的办学模式;三教统筹的办学模式;等等。

总之,建立农村高等教育体系是一个渐进的过程。当前,各地应从实际出发,依据新农村建设的需要,建立农村高等教育体系。我们相信,农村高等教育体系的建立,将成为我国实现"高等教育大众化"、"教育机会均等"和"全民教育"理念的实际行动,它必定会推进我国农村人口素质的不断提高,促进我国新农村的可持续发展。

三、新农村人力资源开发与
县级社区学院发展

《中国教育与人力资源问题报告》指出,中国如果能够在全面建设小康社会的历史机遇期中全面强化人力资本投资,全面提高国民能力,就有可能把中国从人口大国转变为人力资源大国。党的十六届五中全会提出,新农村建设要培育有文化、懂技术、会经营的新型农民,充分发挥农民的主体作用。新农村建设的主体是广大农民,农民的素质不提高,就不可能真正实现新农村建设的目标。从人口分布看,我国农村人口占全国总人口72% ,约8.6亿。在我国劳动力中,农村劳动力占全国总劳动力73% ,劳动

---

① 刘尧.农村现代化与农村高等教育[M].北京:群言出版社,2005:129 - 145.

力资源是我国农村巨大的宝库,这一宝库开发运用得好,将是我国新农村建设的强大动力。否则,就会成为我国社会潜藏着的巨大危机。[1] 基于此,我们在对农村人力资源及其开发现状分析的基础上,提出改革并完善农村教育体系,建立县级社区学院,发展农村高等教育问题。

(一)农村人力资源的现状举隅

据统计,2004 年我国农村人口平均受教育年限只有 7.6 年,相当于初中二年级的水平。全国近 5 亿农村劳动力中初中以下的占到 88%。

根据国家统计局农村调查总队的调查,2001 年我国农村劳动力为 4.82 亿人,占全国劳动力总量的比重约为 70%。其中,初中及初中以下文化程度劳动力的比重依然高达 87.8%。农村劳动力文化程度的具体结构分布是:文盲或半文盲劳动力占 7.4%,小学程度者占 31.1%,初中程度者占 49.3%,高中程度者占 9.7%,中专程度者占 2%,大专及以上程度者占 0.5%。在农村劳动力中,受过专业技能培训者仅占 13.6%。农村劳动力素质的低下既制约了农村劳动力创业的规模和速度,也制约了农村劳动力向较高层次的转移。[2]

从文化素质看,我国已转移的农村劳动力仅有 20% 左右具备高中以上文化程度。其中,文盲劳动力占 1.5%,小学文化程度的劳动力占 16.5%,初中文化程度的劳动力占 61.7%,高中文化程度的劳动力占 13.6%,中专及以上文化程度的劳动力占 6.7%。而且,这些劳动力中 85% 以上没有接受过专业技能培训。

农村转移出去的劳动力,文化素质低,又不具备专业技能,因此就业的空间狭小,只能选择从事一些简单的体力劳动。从 2003 年调查的情况看,

---

① 刘尧,傅宝英. 新农村人力资源开发与县级社区学院发展[J]. 教育与现代化,2007(2):48 – 54.

② 农调总队. 农村全面小康建设的难点和对策[DB/OL]. 三农数据网,2004 – 03 – 22.

因找不到工作而返回农业的劳动力占返回农业劳动力的 16%。①

另据抽样调查资料显示,在 2001 年当年转移的农村劳动力中,小学以下文化程度者占当年转移总量的比重为 23.5%,初中文化程度者的比重为 62.9%,高中和中专文化程度者的比重为 10.2%,大专文化程度以上者的比重为 0.7%,经过专业培训的劳动力的比重为 12.7%。这样素质的人员难以进入较高层次的产业,而且从长远看,随着经济发展水平的提高和高新技术产业的兴起,农村低素质劳动力的转移领域会越来越窄。②

据抽样调查,我国经济发达的浙江省,2002 年农村劳动力平均受教育年限为 7.9 年,而且文盲、半文盲占劳动力总数的 6.5%,小学文化者占 34.4%,初中文化者占 44.2%,高中文化者占 11.7%,中专及以上者仅占 3.1%。农村劳动力的技能素质也偏低,浙江省接受过专业培训的农村劳动力只有 15.2%。农村劳动力普遍缺乏专业技能,这加剧了农村劳动力的转移难度。目前,浙江许多企业招工时明确规定,必须经过严格的专业培训方能报名,有的企业只招收熟练工,而应招的农民绝大部分身强体壮,但没有经过专门的培训。③ 第五次人口普查结果表明,浙江省农村人口的文化素质非常低,12 岁及 12 岁以上人口中小学及小学以下文化程度者占了 56%。农村人口的受教育程度与城镇的相比差距非常明显。2000 年农村人口中初中及初中以上文化程度者的比例是 37.3%,比城镇人口的 58% 低 20.7 个百分点,其中高中及高中以上文化程度者占农村人口仅有 5.8%,其水平大大低于城镇人口 22.7%;而小学及小学以下文化程度者占农村人口的 56.2%,大大高于城镇人口 36.4% 的水平。特别是浙江省从事农、林、牧、渔业的劳动力文化程度更低,基本上为初中及以下文化程度,素质明显低于其他行业。据统计,农、林、牧、渔业从业人员平均受教育年限仅为 6.2 年,小学及以下文化程度者占 67.6%,初中文化程度者占

① 佚名.当前我国农村劳动力转移面临的主要问题与对策建议[J].调研世界,2004(5): 3 - 4.

② 陈柳钦.农村剩余劳动力转移与农村城镇化[DB/OL].农业部信息中心,2004 - 04 - 26.

③ 佚名.加快浙江农村劳动力转移 拓展农村经济发展空间[J].中国经贸导刊,2004(7): 24 - 25.

28.7%,两者合计达 96.3%。① 2005 年调查显示:浙江省金华市农民平均受教育年限只有 7.16 年,大专以上文化水平者占 0.82%,高中文化水平者占 13.97%,初中文化水平者占 51.32%,小学文化水平者占 26.92%,不识字或识字很少者占 6.99%。②

　　从以上全国和东南沿海经济发达的浙江省的数据可以看出,我国低素质的劳动力绝大多数留在农村,形成农村庞大的剩余劳动力市场,供过于求的现状将长期存在。农民受教育水平偏低,是我国农村经济社会发展在人力资源层面需要解决的一个根本性问题,也是我国新农村建设要面对的人力资源基本态势。

(二) 农村人力资源开发现状举隅

　　我国农村人力资源开发的主要依靠农村教育和农村各类培训。中国是个农业大国,也是个教育大国。全国 80 多万所中小学校绝大部分分布在农村,两亿多中小学生绝大多数在农村。江泽民同志指出,农业、农村和农民问题,是关系我国改革开放和社会主义现代化建设全局的重大问题。农村教育最贴近于"三农",是提高全民思想道德和科学文化水平的最直接力量。然而,我国农村教育目标突出表现为单一应试性、城市性、离农性。俗话说,未考上大学的农村青年是"种田不如老子,喂猪不如嫂子",考上大学的是"鲤鱼跳农门"。经过现行农村教育优选出的高级专门人才进了城,而淘汰下来的众多人力资源留在了农村,数量供给充裕的农村劳动力大军往往伴随着低素质。换句话说,现行农村教育从根本上讲是"在农村"为城市培养高级专门人才,培养离开农村、农民和农业的人才。农村教育目标的一元化问题,使农村教育与农民生产生活脱节,造成农村教育在育人、促进经济社会全面进步的功能得不到充分发挥,影响了广大农民参与教育的积极性。其最终结果

---

　　① 佚名. 浙江农村剩余劳动力转移问题研究[DB/OL]. 中国统计信息网,2005 – 10 – 21.
　　② 斯克良. 深入开展农民教育,加快推进社会主义新农村建设[C]. 金华政协五届二次会议发言,2006 – 02 – 25.

是农民素质偏低,高级、中级、初级专门技术人才偏少,农村经济吸收和运用科学技术的能力较弱,影响了农业产业化和农村现代化的进程。[①] 因此说,新农村建设不容回避的紧迫问题是重建新农村教育,进而把农村丰富的人力资源深度开发成农村人才资源,促进农村经济社会的全面发展。

自 20 世纪 80 年代末我国开始实施推广绿色证书的农民培训,至今已历经十余年。到 2004 年,全国有 2 000 多个县开展了此项工作,覆盖率达到 70% 以上。根据 2004 年 5 月统计,培训农民 1 600 万名,887 多万人获得绿色证书。进入 21 世纪,继绿色证书农民培训后,各级政府农业、教育部门又先后开展了青年农民、农民工和农村初中绿色证书教育,逐步建立了较为系统的、开放的农民培训体系和机制,取得了更大的社会经济效益。[②] 农业部制订了《2003—2010 年全国新型农民科技培训计划》,在全国实施培训农民的五大工程:

一是面向广大农民的绿色证书培训工程,按农业生产岗位规范要求,开展专项技术培训,培养骨干农民。

二是新世纪青年农民科技培训工程。主要是对农村优秀青年开展以科技为主的综合性培训,培养农村致富带头人和建设社会主义新农村的中坚力量。

三是新型农民创业培植工程。主要是从参加前两大工程培训的学员中,选拔能开展规模化生产和具有创业能力的优秀学员,通过政策引导、信息服务、创业资金扶持和后援技术支持,将其培植成规模化和专业化生产经营的农场主和农民企业家。

四是农村富余劳动力转移就业培训工程。主要是对农村富余劳动力转移就业进行引导性和示范性培训,提高农民进城务工就业素质和技能,促进农村富余劳动力合理有序流动。

五是农业远程培训工程。主要是运用现代教育技术手段,加大传播覆盖面,快捷有效地向广大农民提供技术、信息和咨询服务,使农业科技成果

---

① 刘尧.农村教育目标的一元化与多元化[J].职业技术教育,2004(4):52－55.
② 佚名.我国农民绿色证书教育的现状、问题和对策[DB/OL].http://www.nmjyzx.com,2005－03－01.

迅速走进千家万户。[①]

我国农民培训工程的实施,提高了骨干农民的科技文化素质,促进了科技成果的转化,加快了农村社会化服务体系的建设进程,促进了农业产业化的发展和农村两个文明建设。但是,我们也应该看到,这些与学校教育脱节而由多部门实施多头管理的培训工程,也只能是农村人力资源开发的权宜之计。

(三) 农村人力资源开发呼唤改革和完善农村教育体系

促进农村教育与农民培训结合,农村教育和培训与农村经济结合,推动农村教育为农村经济建设服务,是农村经济发展的强大动力,也是农村教育改革发展的必由之路。美国经济学家米凯·吉瑟研究证明,在农村地区教育水平提高10%,将多诱导6%~7%的农民迁出农业,按照净效应,它将使农民工资提高5%。农村人口从农业向非农产业转移,从而形成生产要素的集聚,并产生辐射作用,其根本动力是经济发展,特别是经济增长方式由粗放型向集约型转变。因此,为农村人口提供高质量、高水平的教育,是确保农业劳动力转移的一个有效措施。西方人力资本理论通过大量的实证研究证明,凝聚在劳动者身上的知识、技能及其所表现出来的能力,对生产起促进作用,是生产增长的主要因素,是具有经济价值的一种资本。[②] 与此相联系,该理论充分肯定教育对人力资本的形成以及对经济增长的作用。教育通过提高人的生产能力促进劳动生产率提高,促进国民经济增长,具有较大的社会经济效益和个人经济效益。世界银行《1991年世界发展报告》指出:劳动力受教育的平均时间增加1年,GDP就会增加9%。可见,农村经济和社会的可持续发展,关键在于农村人口素质的不断提高。要开发农村人力资源,必须建

---

① 佚名.加强农民科技培训加快农村劳动力转移就业步伐[J].山东农业,2003(11):10-11.

② 刘尧.简评教育发达是经济发展的前提吗:与常宗虎博士共鸣[J].教育与经济,1996(4):5-8.

立能够为农村劳动者提供学习机会的、促使农村人口素质和生产力水平不断提高的新农村教育体系。新农村教育体系从新农村建设需要出发,优化整合农村教育资源,满足农村劳动者终身学习需要,包括普通教育、职业教育、高等教育、成人教育、社区教育一体化的农村教育体系。发展农村高等教育是完善农村教育体系的重要任务,是保证农村劳动者接受高等教育机会实现和农村人力资源开发的有效途径。

如何发展农村高等教育,美国大学的农业推广制度对我国有很大启发。19 世纪 50 年代至 60 年代,美国的教育很落后,绝大多数美国人只能接受几年中小学教育,仅有 2% 的人能完成 12 年教育。J·B·特纳积极投身于在每个州建立一所为劳动人民子女提供更高教育的大学的立法工作。他提出了三个目标:

其一,创立大学并以最低费用为劳动人民子女提供教育援助。

其二,改进课程设置,增加为劳动者阶层利益服务的实践指导和职业教育。

其三,向大学赠与联邦政府拥有的土地,以资助这种特殊大学的创立。①

这一思想在当时影响极为广泛,类似的立法努力不断出现。1862 年通过的《土地赠与法案》是以土地赠与为基础创立大学,并强调必须为农民提供教育,特别是迅速提高农民和农村贫穷家庭子女的受教育程度。1887 年,美国又通过了《Hatch 法案》,该法案规定,每年为每所"土地赠与大学"提供 1.5 万美元经费,用以建立农业实验基地。《土地赠与法案》为普通人接受更高教育创造了条件,为农业推广服务制度的发展奠定了基础。《Hatch 法案》使美国农业真正日益走向科学,比如,推动大学在农业、畜牧业等方面的各种实验基地、实验室、实验田迅速发展,良种、化肥、农药、土壤改良、种植和饲养方法、排灌系统、环境保护等一系列农业科学技术和应用成果大量涌现,并推动农牧业科学和与其相关的学科相继诞生并蓬勃发展。20 世纪初,《Smith-Lever 法案》通过,美国大学的农业推广制度开始进入县一级农业推广机构。该法案明确规定"推广体系"必须以大学

---

① 林凌,等.高等教育要更好地为农村发展服务[J].理论前沿,2000(16):12-14.

为基础,是"土地赠与大学"不可分割的一部分,同时,在每一个县建立了农业推广办公室,从而形成了以大学为基础覆盖美国每一个县的农业合作推广服务体系,使推广制度变为现实。

(四) 农村人力资源开发需要创建县级社区学院

新农村建设迫切需要农村教育培养出与新农村建设要求相适应的,数以亿计的农村劳动力和数以千万计的农村高级、中级专门人才。这些人才应当具有热爱祖国、热爱农村、建设农村的思想,具有良好的道德品质和高度的社会责任感,应当有文化、懂技术、能经营、会管理,能够承担起新农村建设的重任。就是说,农村教育要彻底摒弃以应试教育为目的、单纯教人学知识的偏颇做法,更重要的是要最大限度地强化农村人才的培养意识,坚持教育与经济发展的一体化战略,从解放与发展农村社会生产力的实际需要出发,把农村沉重的人口负担转化成雄厚的人力资源。为此,我国政府要借鉴美国大学的农业推广制度和建立乡村社区学院的经验,在实施农村基础教育、职业教育、高等教育、社区教育和成人教育"五教"统筹的基础上,给予政策、资金支持与倾斜,鼓励县(市)通过有效的方式,从本地经济发展与社会进步的实际需要出发,创办有地方特色的县级社区学院,发展农村高等教育,培养和造就一批留得住、用得上,能为农村脱贫致富尽心竭力的中高级人才,从根本上解决农村高级、中级人才进不来、留不住、长期青黄不接的严重问题。

借鉴美国乡村社区学院的经验,创建我国县级社区学院,其主要特点是面向和服务本县市,使本县(市)内没有机会和能力到外地高校求学的学生接受高等教育,为本地培养实用型和应用型人才,为本县(市)经济社会发展服务。在我国发展县级社区学院,符合我国农村和农村教育的实际。[①]

---

① 申培轩.社区学院是农村教育的最佳模式[DB/OL].中国教育先锋网,2003-07-27.

第一,县级社区学院具有开放性和经济性,有利于缓解新农村基础教育的升学压力。

第二,县级社区学院具有针对性,为县市经济社会发展服务,使农村教育与新农村建设融为一体。

第三,县级社区学院以自身的科学技术优势,为新农村建设服务。

第四,县级社区学院对新农村的文化辐射,有利于促进新农村文化建设。

第五,县级社区学院的发展以县(市)发展的需要为前提,在教学过程中则体现为适应本地实际情况。

第六,县级社区学院能实现基础教育、职业教育、高等教育、社区教育和成人教育"五教"统筹,有利于提高教育资源的利用率,而且在农村教育体系中发挥"五教"统筹中心的龙头作用,能带动县(市)内"五教"在内容、方法、经验以及教师、设备、场地等方面的进一步沟通与协调。

(五) 我国发展农村高等教育的新探索

近年来,我国高等教育实现了大众化,对于发展农村高等教育,在前面提到一系列有益探索的基础上,许多有识之士从新农村建设所需人才的实际出发进行了一些新探索。

中国社会科学院 2007 年发布的《2007 年人才发展报告》建议,政府实行高等教育的"双线制",通过"高等职业教育前移"建立县(市)级大学,从而缓解普通高中饱和难消化与基层实用人才匮乏的双重矛盾,破解教育资源不均衡的冲突。1984 年 7 月,我国第一所县(市)级公办大学——沙洲职业工学院在江苏省张家港市建立。其后 20 年间,山东、福建和江西等省又相继成立了 8 所类似的"农民大学"。

著名学者温铁军等主张弘扬晏阳初乡村建设精神,重建和创建晏阳初乡村建设学院。2003 年 7 月,《晏阳初乡村建设学院教学大纲》(修订草案)拟就。该大纲规定的培养目标是:"培养具有独立精神和奉献精神的乡村建设工作者,他们作为桥梁,将现代意识和科学精神引入农村。"培养对象是:"农村知识分子(初高中毕业后回到农村的青年)、农民精英、赤脚医生、农技人员、大学毕业生等。"教师由来自不同学科领域的专家和志愿者组成。2003年7月19日,晏阳初乡村建设学院在河北定州市东亭镇翟城村成立。2006年12月7日,石屋农村社区大学在儋州市那大镇石屋村成立。

2002年以来,笔者提倡建立以服务农村的县级社区学院为主体,多种高等教育机构共同参与的农村高等教育。县级社区学院主要是指面向农村经济社会发展需要,解决农村人口全面发展问题,由县级政府主办,县域多种教育统筹整合,农科教等部门共同参与,采取多种教育手段和方式提供便利的学习机会和满足学习者多方面学习需求的新型农村高等教育机构。县级社区学院一般设立于县(市)内,由县(市)教育行政机构认可并接受其督导,整合教育、社会、文化、休闲活动于一体,以推进县(市)物质文明、精神文明和政治文明建设和提高农村人口整体素质为根本宗旨。县级社区学院是我国农村高等教育的主要载体,具备立足于县市、面向大众、费用较低、形式灵活、内容实用、交通便利等一些基本特点。经过网上搜索和调查统计,截至2009年3月,浙江省90个县(市、区)中有58个成立了社区学院,占64%;正在筹建的有7所,占8%;待建的有25所,占28%。

四、高等教育自学考试适农性探讨

我国高等教育已经实现了大众化。但是,高等教育资源与农村人口接受高等教育的需求之间有较大的距离。因此,我国正在探索农村高等教育大众化的多种形式,其中高等教育自学考试向农村延伸,便是适宜农村高等教育大众化的有效途径之一。[①]

(一) 高等教育自学考试面向农村的必然性

在知识经济时代,农村人口的学历教育和学力被提到议事日程中,并已成为农村人口的一个强劲需要。由于农村人口分散,农民的学习条件不及城镇,农村高等教育资源的匮乏,就注定了农村人口接受高一层次教育与培训的机会大大减少。从 1981 年开始进行的国家高等教育自学考试,一定程度上满足了农村人口对高等教育的需求。从 20 世纪 90 年代开始自学考试面向农村以来,农村人口以强劲的势头接受并参加了自学考试,成为自学考试的主要生源。自学考试这种高等教育形式在农村落户,使农村千军万马过独木桥的高考状况得到了一定的缓解,减轻了国家的负担,也顺应了高等教育大众化的形势。20 多年来自学考试为农村输送了一批又一批学有所获且身怀技艺的新型知识农民,对改变农村传统的生产、生活方式起到了积极的作用。

在我国全面建设小康社会的进程中,农村的小康是国家全面实现小康的根本标志。我国农业比重大,农村人口占国民的大多数,农村人口的素质对小康社会的实现至关重要。农村高等教育的发展正是顺应了这一社会发展要求,而高等教育自学考试则是农村高等教育中切合农村实情的一种形式,它对于无力进入全日制高等院校但想自立自强、提高自身素质的广大农民来说是一种便捷途径。因为自学考试学习形式灵活、专业设置多样、收费低廉、管理规范、社会信誉好、教育形式多样、层次分明,农村人口可以根据自己实际学力和时间选择学习。所以说,它是农村人口接受高等教育的较好形式。因此,大力发展农村高等教育自学考试,将进一步促使农村人提高自身素质、摆脱愚昧落后的状况,走向文明、富裕的境地。

高等教育大众化是我国高等教育发展的必然趋势,其难点在农村。高

---

① 傅宝英. 高等教育自学考试适农性探讨[J]. 职业技术教育,2004(19):49 - 51.

等教育自学考试推向农村,对我国高等教育大众化进程产生重要而深远的影响。自学考试作为普通高等教育形式的补充,已成为我国高等教育的有机组成部分,尤其是在我国广大农村,其优势更是普通高等教育形式所无法替代的。各级政府已经从"科教兴国"的战略高度出发,制订激励农村自学考试工作发展的具体策略,实现城市和农村"两手抓",充分发挥高等教育自学考试的传播知识、提高学历、增长学力的作用。[①] 早在2002年初,农村考生参加自学考试的人数已超过城市,浙江达68%,江苏逾50%。由此可见,自学考试已经成为农村人口接受高等教育的有效方式。

(二) 农村高等教育自学考试存在的问题

高等教育自学考试已成为我国规模最大的、开放的高等教育形式。虽然农村自学考试蓬勃地开展起来了,但由于其专业设置、课程内容、考评方式等都是面向城市的职业需要,以知识的记诵为主,难以照顾到所学知识的适用性及其应用,面向农村的自考定位不准确,难以满足农村人对适农性知识技能的需求。这种农村自考与农村脱节,很大程度上限制了自考生在农村发挥积极作用,也给自考在农村的进一步拓展带来了困难。如何在更大程度上通过面向农村的自学考试,提升农村人口的文化程度、职业技能,增强农村考生改变农村的能力和信心,是今日的自学考试应关注的关键问题。

高等教育自学考试在面向农村的过程中,存在的主要问题有:

第一,自学考试在面向农村的主导思想上有偏差。城乡自学考试要求一刀切,使农村考生在获得书本知识的同时依然缺乏农村所需的知识技能,特别是与地域乡村的传统与资源优势相衔接与配套的职业技能。

第二,农村特色不明显。面向农村的自学考试,应突出培养适农性职业能力与职业素质,突出专业技术应用能力和学习创新能力的训练。

---

① 佚名.管窥农村自考发展的途径[DB/OL].http://www.gd-edu.com,2004-01-20.

第三,面向农村的自学考试目的单一。自学考试的目的很少与乡村实际的生活相联系,是以城市为取向而不是为了乡村育人。可见,面向农村的自学考试不是以农村发展为目的。

第四,课程设置、教育内容的离农性。千校一面、万人一书是中国城乡教育的通病,自学考试中亦如此。而最终结果是学生就业无门、致富无术,对新农村建设无益。目前专业设置、教学计划、课程开设均效仿普通高等院校同专业的相同课程,没有体现出农村的特色。

第五,组织管理上的零散性,难以保证农村自考生坚持到底。开始热情很高,自学考试的自为性、机动性确实使许多农村考生很是欣喜,但由于助学、资料、考试难度等原因,半途停考的学生很多,毕业率只有十分之一。

第六,自考专业结构与二元城乡结构相背离。自学考试做到了标准化、规范化,却难保证多样化和灵活性。

(三)高等教育自学考试适农性改革对策

自学考试面向农村中存在的种种问题,已经引起了有关部门的高度重视。早在 1999 年,江苏省率先设立农村自学考试实验区,开设适农专业。自此,全国各省市的自学考试格局、政策、要求、内容、考核方式都发生了变化。近年来,自学考试充分发挥自身教育方式的优势,通过改变自学考试面向农村过程中存在的问题,诸如课程内容、专业设置、考评方式、层次结构等不能完全适应农村社会发展等亟待改善的问题,以促进农村高等教育自学考试的健康发展。

1. 做好自考专业调整与建设,增强其适农性

根据终身教育的要求,专业设置上侧重满足社会对提高职业能力的需求,以培养应用文科和应用技术人才为主,同时根据社会需求开设一些有助于提高农村人口科学文化素质和生活质量的专业。根据农村产业结构和农村经济发展需要,体现开考专业的适农性。如江苏省率先开考的适农

专业有种植类、养殖类、管理类、加工类、机电工程类专业,并根据培养目标设置课程模块,优化课程结构和学习内容,有利于农村考生根据当地产业结构和农业传统选择就读。自考开考专业也要考虑农村乡镇企业和城镇化发展以及农民进城务工经商的各种需求。自学考试要加强与部门行业的合作,积极开考社会急需的、符合行业特点的学历证书和非学历职业证书考试。如河北省自考实现了"三通":与行业、与农广校、与电大和普通高校的三沟通;江苏自考实验区试行了毕业证书、专业证书、职业资格证书等多种证书制度。

2. 课程内容要考虑其乡土性和实用性,教材编排要有利于考生自学

从 2002 年始,全国自学考试已经全部按新的专业考试计划执行,编写发行使用有利于考生学习的教材和大纲,对统考课程的命题提高标准,既注重对知识的考查,又突出学以致用、理论联系实际的问题。各省存在地域差异,经济文化结构、乡风民情迥异,各地自考课程计划应体现出对内容要求的因地制宜,调整课程结构与内容,以理论够用为度,突出实践技能的培养。构建职业型专业课程体系,突破学科型大纲教材体系,组织一线技师、工程师和学校专业课教师共同拟订新大纲与教材。浙江省采用课程学习包的形式以提高考生学习的便利性,同时改变自考标准偏高的状况,科学合理把握课程合格标准,加强对课程内容乡土性的挖掘与考核,扩大兼容性和教育内容上的开放性,积极实施职业教育课程,加快发展各类非学历证书教育,调整课程体系及时更新课程内容,实现自学考试制度的兼容性和形式开放与内容开放的统一。

对教材的建设与使用,改变一课一纲一本的现状,实现一课一纲多本的目标,运用音响、CD、ROM、DVD 媒体材料,以起到"交互"效果。自学考试课程内容改革以课程内容的自学媒体建设为中心,做好教学媒体的出版、供应工作,对于每年参加考试的成千上万开放教育的考生,教育者对受教育者的作用不是或较少通过口头的面对面交流,而是把教育者的经验通过一定的方式物化,使教学过程社会化,教育者是一个专家系统,课程大

纲、教材、自学书甚至实验都可以看作是教育者的物化。精心编制大纲、教材和教学媒体为考生提供一套可读性强、应用性高、学习效率明显的学习材料。①

3. 命题上力求其应用性和理论性的融合

前述提到的课程学习包形式,就是一个结合的有力佐证。注重学历教育是自学考试前期大部分人的一个目标,而在农村,学历并不像城市那样可以作为评聘的必备条件,农村人口更多的是以实际本领与一技之长获取为价值取向,文凭是次要的。近几年来,全国自考办对统考课程的命题工作相当重视,不断深入研究考试形式和内容改革方案。对农村考生来讲,突出为当地发展用得上的职业技能是他们所盼望的,而当前的命题与考试较难满足和测量出这方面的技能。为此,应在命题指导思想、考核内容、分数制度、主观题评卷、命题队伍建设、实验实习考核等方面改进工作,改变以本为本的命题现象,探讨适合农村需要的开考模式,做好适农专业的开考工作。②

4. 考核方式上要有弹性

考试方式按课程内容的特点和要求,可采用闭卷、开卷、实践考核、口试等多种形式,自学考试实行教考分离——自学考试行政系统负责命题、考试、毕业审定,学校负责招生和学习辅导与实践环节考核。如果命题者能把本本主义与强调应用统筹兼顾,就必须在考核方式上作些调整:

一是鉴定学生不以一卷定结果,要体现一定的弹性,不同的专业在考试科目的设置与要求方面要兼顾评价田间地头的技术,知识的物化是很重要的一个标准。

二是开考专业要坚持自身的标准,不能因其应用性而降低其评价标准,要保证学历文凭、非学历证书的含金量。

① 葛为民. 21 世纪自考发展对策[DB/OL]. http://www.edu.cn,2001 – 08 – 23.
② 佚名. 我国当前自考所面临的形势及任务[DB/OL]. http://www.chinaedu.edu.cn, 2004 – 01 – 23.

三是自学考试系统与行业部门合作,改变单一的考试模式,按经济发展过程、职业类型和岗位结构变化、开发适合部门行业需要的岗位职业证书和技能水平证书。

1985 年以来,高等教育自学考试与行业部门共同设计专业计划,通过部门行业办学,自学考试主管部门组织考试的形式使自考系统与社会行业联系更为密切,培养的人才社会适应性更强。①

5. 组织管理的服务性

农村自考生比例已达 65% 以上的浙江、江苏等省,建立了自学考试联络站,从组织管理上落实自考工作的服务性。比如,乡镇中建立自考联络站、自考学习室、自考助学中心等机构,对自考生提供信息、资料、考试等方面的服务。自考的地方组织管理机构负有助学、技术培训等任务,使自考生的学用结合方面有一个落实的基点。在农村,自考形式的高等教育真正用周全的服务,让更多的农村人有了享受高等教育的机会。湖南加强农村自考机构和队伍建设,依托农村教育机构,建立乡镇自学考试工作站,把县、乡农民文化技术学校办成自学考试的助学基地,为组织更多农村人口参加高等自学考试,湖南自考系统进行了三项改革:

一是采取提前报名,延长报名时间,由乡镇自考工作站上门报名的办法,方便农村考生报名,有效增加报名量。

二是采取提前 5 个月由自考机构统一供应教材,送教材上门等办法,保证"学者有其书"。

三是实行教师、辅导员下乡或到考生比较集中的村上辅导课、释疑解惑,将助学工作落到实处。②

6. 培养模式的多样性

面向农村的自学考试要突破传统的人才培养模式,突出实践技能的培

① 刘德强.自学考试向农村延伸的探索与思考[J].中国成人教育,2002(3):25-27.
② 李让恒.满足农村人口读大学的需求[N].中国教育报,2002-06-24(1).

训与考核,推出一批适应农村经济和社会发展需要的应用性强的专业和专业证书。自学考试通过专业和课程设置、命题方式、考评方式等方面的改革,满足农村对人才的多样化需求。课程设置要依据职业岗位群的特点和需要,体现实用性和适农性;考试大纲在考查基本理论和基本知识的基础上,要重点考查应用能力;考试方式按课程内容特点和要求采用纸化考试(开卷、闭卷、论文)和无纸化考试(口试、实践环节、多媒体)等形式。根据公众对文化和学术课程、职业技术和技能课程、适农性课程、丰富生活和陶冶性情课程的需求,形成专业管理与课程、技术模块管理相结合的、学习者可任意选择的"教育超市",搭建专业证书考试、职业资格考试、农业绿色证书考试的"立交桥"。[①] 同时,农村自学考试工作要结合农村城镇化建设、劳动力就业、农业产业结构调整等农村经济和社会发展的需要,使农村自学考试工作与农村综合改革相结合,推出一批适用于农村经济和社会发展的多样化培养模式。

　　当自学考试之路铺向农村而给广大农村人口带来高等教育的机会时,我们深切感到"为一方土地育一方人才"的重要性。新农村建设越来越多地依托有文化的农村人口。面向新农村的自学考试要突出农村特色,做足农村文章,为农村高等教育发展尽自己的一份力量。

【新闻图片链接】

第二次全国农业普查揭晓

农村劳动力受教育现状堪忧

　　2008 年,国务院第二次全国农业普查领导小组办公室、国家统计局公布了第二次全国农业普查数据。2006 年末,我国农村劳动力资源总量约

---

　　① 于信凤. 自学考试在终身学习体系中的作用 [DB/OL]. http://www. 2198. net, 2003 – 12 – 03.

5.3 亿人,其中文盲约 3 593 万人,占 6.8%;小学文化程度者约 1.73 亿人,占 32.7%;初中文化程度者约 2.6 亿人,占 49.5%;高中文化程度者约 5 215 万人,占 9.8%;大专及以上文化程度者约 648 万人,占 1.2%。农村外出从业劳动力约 1.3 亿人,其中文盲占 1.2%,小学文化程度者占 18.7%,初中文化程度者占 70.1%,高中文化程度者占 8.7%,大专及以上文化程度者占 1.3%。农业技术人员约 207 万人,按职称分,高级、中级、初级农业技术人员分别约为 12 万人、46 万人和 149 万人。

全国 10.8% 的乡镇有职业技术学校。87.6% 的村在 3 千米范围内有小学,69.4% 的村在 5 千米范围内有中学,30.2% 的村有幼儿园、托儿所,10.7% 的村有体育健身场所,13.4% 的村有图书室、文化站,15.1% 的村有农民业余文化组织。

(本文见《中国教育报》2008 年 3 月 8 日第 3 版)

2006 年 12 月 7 日上午,在那大镇石屋村委会隆重举行揭牌仪式暨首期农民培训班开班典礼。

第 3 篇

中国县级社区学院发展背景研究

⊙城乡高等教育协调发展中的县级社区学院
⊙政协提案中的社区大学(学院)创建构想
⊙县级社区学院的办学经费来源分析
⊙城乡和谐发展中的教育公平问题探讨

县级社区学院主要是指面向农村经济和社会发展需要,解决农村人口全面发展问题,由县级政府主办,县域基础教育、职业教育、成人教育、社区教育、高等教育等多种教育统筹整合,农科教等部门共同参与,采取多种教育手段和方式提供便利的学习机会和满足学习者多方面学习需求的农村高等教育机构。县级社区学院一般设立于县(市)内,由县(市)教育行政机构认可并接受其督导,以推进县(市)物质文明、精神文明和政治文明建设和提高农村人口整体素质为根本宗旨。它具备立足于县市、面向大众、花费较低、形式灵活、内容实用、交通便利等特点。县级社区学院是我国农村高等教育体系的主要载体,是建在农村、为了农村,以开展农村高等教育为主要职能的农村高等教育机构。创建县级社区学院,是实现城乡高等教育协调发展、开发农村人力资源、全面建设小康社会、推进城乡教育公平和新农村建设的重要举措。经过近几年的探索,浙江省社区大学(学院)有了长足的发展。在浙江省社区大学(学院)发展过程中,政协委员以提案的形式提出了有效的建议,对社区大学(学院)的快速发展具有积极的推动作用。

一、城乡高等教育协调发展中的 县级社区学院[①]

　　社区学院最早出现于欧美,亦称"民众学院"、"村庄学院"。在美国,社区学院主要是实施高中后职业教育、大学转学教育、补偿教育、社区教育和人文素质教育的新型高等教育机构。我国的县级社区学院主要是指面向新农村建设需要,解决农村人口全面发展问题,由县(市)政府主办,县域基础教育、职业教育、成人教育、社区教育、高等教育等多种教育统筹整合,农科教等部门共同参与,采取多种教育手段和方式提供便利的学习机会和满足学习者多方面学习需求的新型农村高等教育机构。它是我国农村高等教育体系的主要载体,具备立足于县(市)、面向大众、花费较低、形式灵活、内容实用、交通便利等特点。

(一)我国城乡二元经济结构存在的长期性

1. 我国城乡人口分布现状与发展趋势

　　20世纪90年代以来,尤其是进入21世纪以来,我国城市建设开始进入一个快速起飞期,城市化率逐年攀高,1990年全国的城市化率只有26%,1995年为29%,1999年为31%,2005年则达到了42.99%,建制

---

① 刘尧,冯洁. 县级社区学院与城乡高等教育协调发展[J]. 教育与现代化,2008(2): 65－75.

市共有 661 个,其中上海市的城市化率最高,达到84.09%。① 按国家统计局 2007 年公布的数据,早在 2006 年底,我国城镇化率已经达到43.9%,全国人口131 448 万,其中,城市人口为 57 705.672 万,农村人口为73 742.328 万。②

我国的城市化水平增速加快,其经验与世界其他国家城市化历史所得到的经验基本一致,即当城市化水平达到或超过30%之后,这个国家会进入快速城市化时期。1996 年,我国城市化增速率达到了 1.44%,1997 年为1.43%,1998 年为 1.44%。在此之后一直稳定增长,每年都保持在 1.44%左右。直到 2004 年和 2005 年,增长速度才逐渐减缓,但年增速率仍然保持在 1.23%。③ 我们以 1978 年为起点,直到 2000 年,将历年的城乡人口的比例进行推算,就可得到未来农村人口数。我们假设 1998 年人口的增幅为 0,进而推算出农村人口占总人口年递减的比例大约为 1.97%。再根据灰色系统模型测算出我国未来 15 年人口数量的变化情况,④我们就可以推算出未来 15 年农村人口数(如表 3-1):⑤

表 3-1　2005 年—2020 年农村人口数

年　份	2005 年	2006 年	2007 年	2008 年	2009 年	2010 年	2015 年	2020 年
总人口(万人)	130 551	131 146	131 697	132 206	132 676	133 110	134 831	135 989
自然增长率(‰)	4.97	4.56	4.20	3.86	3.56	3.27	2.17	1.45
农村人口比重(%)	51.13	50.11	49.12	48.15	47.20	46.27	41.89	37.92
农村人口(万人)	66 751	65 717	64 690	66 657	62 623	61 590	56 481	51 567

两院院士、中国城市规划学会及中国城市科学研究会理事长周干峙,在 2006 年福州召开的中国城市规划建设与发展国际论坛上提出:"中国城

---

① 中国政务景气监测中心.2005 年中国城市化率达到42.99%[DB/OL].中国政务信息网,2006 - 04 - 24.

② 国家统计局.2006 年各地区人口变动情况[DB/OL]. http://www.cpirc.org.cn/tjsj/,2007 - 05 - 31.

③ 张翼.我国人口结构的若干重要新变化[N].中国社会科学院院报,2006 - 12 - 29.

④ 门可佩,等.中国未来 50 年人口发展预测研究[J].数量经济技术经济研究,2004(3):23 - 26.

⑤ 赵岚.中国农村适龄人口人均预期受教育年限展望[J].教育科学,2006(2):52 - 55.

市化率不必太高,也不能太高,保持年增长1%就可以了,至2020年达到60%多一点,大体就可以了。"他指出,城市化不应只是城市人口增长和生活水平的提高,还要考虑农村人口的生活状况,要使农村人口的基本生活水平接近城市生活的水平。①

2. 我国城乡人口收入差距拉大

从2003年以来的统计数据可以看出,随着我国经济的快速发展,城乡人口都得到更多实惠。2006年农村人口人均纯收入和城镇人口人均可支配收入分别实际增长7.4%和10.4%。但城乡人口人均纯收入实际增长相差3个百分点。城镇人口人均可支配收入(11 759元)是农村人口人均纯收入(3 587元)的3.28倍,城乡人口的收入差距依然很大。② 具体情形见图3-1、图3-2。

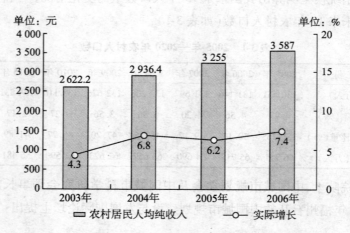

图 3-1　2003 年以来农村居民人均纯收入及其增长情况

---

① 杨建平. 中国城市化率不宜太高[N]. 中国经济时报,2006 – 06 – 15(7).
② 国家发改委. 关于 2006 年国民经济和社会发展计划执行情况[DB/OL]. http://www. cpirc. org. cn,2007 – 03 – 19.

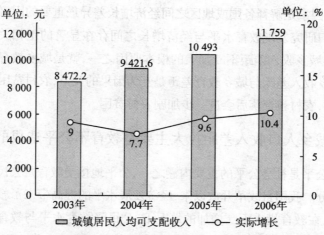

图 3-2　2003 年以来城镇居民人均可支配收入及其增长情况

（二）我国城乡人口收入差距拉大的教育学分析

改革开放以来,我国农村经济发展取得了巨大成绩。但是,仍然存在一些明显的误区,人们通常把农村人口贫困与其收入增长缓慢划上等号,解决的对策也多是千方百计增加农村人口的收入,这就给全面建设小康社会和新农村建设带来了阻力。

1. 我国农村人口贫困的主要原因是知识贫困

如前面所述,根据诺贝尔经济学奖获得者阿玛蒂亚·森的定义,所谓贫困是指对人类基本能力和权利的剥夺,而不仅仅是收入缺乏。贫困至少有三类:一是传统的收入贫困,即收入水平极其低下,不能维持基本生活。二是人类贫困,指缺乏基本的人类能力,如不识字、营养不良、较短的预期寿命、母婴健康水平低下和可预防性疾病的危害等。三是知识贫困,指教育水平低下,以及获取、吸收和交流知识能力的匮乏或者途径的缺乏。[①] 大量的国际研究

---

① 胡鞍钢,李春波. 新世纪的新贫困:知识贫困[J]. 中国社会科学,2001(3):70-81.

表明,知识因素是解释各国或地区之间经济增长差异最重要的因素。通过跨国数据回归研究发现教育水平与经济增长之间存在显著的正相关关系。所以说,我国城乡收入差距不断加大的根本原因之一,就是城乡教育差距不断加大。城乡收入差距与城乡教育差距是互为因果的关系,农村贫困导致教育落后;反之,农村教育落后会进一步加剧农村贫困。

2. 我国城乡人口收入差距拉大主要是教育不公平造成的

教育公平是社会公平的重要内涵之一,公平地接受教育是公民权利的重要组成部分。我国自改革开放以来,经济发展水平的提高带来了教育事业的快速发展,在教育投入不断增加的情况下,公民受教育水平与教育质量不断提高。早在 2004 年底,全国普及九年制义务教育地区人口覆盖率已达 93.6%。高中阶段毛入学率为 47.55%。高等教育毛入学率达到 19%。[1] 6 岁及以上人口平均受教育年限达到 8.01 年,比 1990 年提高了 1.75 年,比 2000 年提高了 0.39 年。2004 年我国人口变动抽样调查显示,全国 16 岁及以上人口(劳动力)平均受教育年限达到 8.20 年,接近初中毕业水平。[2] 具体情况见图 3-3。

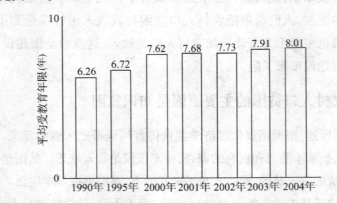

图 3-3 1990 年—2004 年全国 6 岁及以上人口平均受教育年限

(资料来源:根据人口普查、1% 人口抽样调查和人口变动情况抽样调查资料计算。)

① 刘宛晨,罗中秀.经济学视角下的教育公平探讨[N].光明日报,2007-08-21(10).
② 段成荣.中国人口受教育状况分析[J].人口研究,2006(1):93-96.

尽管我国人口的受教育水平得到不断提升,但内生于我国城乡二元经济发展路径的教育资源分配的非均衡性也尤为突出。我国城乡教育不论在规模上还是在质量上都存在较大的差距。在义务教育不合理的筹资机制下,农村义务教育投入远远少于城市中小学教育的投入,城乡教育资源分配呈现非均衡状态。2004 年一项对全国 37 所不同层次高校的调查显示,城乡之间获得高等教育的机会整体差距为 5.8 倍,在全国重点院校中则达到 8.8 倍,即便在地方高校中也有 3.4 倍,超过了城乡人口经济收入 3.23 倍的差距。① 据新华网 2006 年 11 月 4 日报道,我国 92% 的文盲、半文盲在农村,特别是在 4.9 亿农村劳动力中,高中以上文化程度者仅占 13%,初中文化程度者占 48%,小学文化程度者占 39%,其中文盲、半文盲占 7.6%。② 这就从总体上决定了农村人口的低素质,而素质上的差异必将带来收入获取能力上的差别。从总体上看,农村人口受教育的程度比城市人口低很多,这种情况与城乡人口收入差距的扩大是一致的。

3. 建设社会主义新农村需要农村经济知识化

改革开放以来,为解决城乡二元经济结构问题,我国农村经济出现了三个有决定意义的变化:

一是农村土地制度和农业经营方式变革,建立了家庭联产承包责任制。

二是乡镇企业的崛起。

三是农村劳动力的大流动。

这三大变化极大地促进了农业发展、农村进步和农民富裕,但都没有从根本上改变二元经济结构状态,而且在我国生产力进一步发展、市场化进一步深化之时,不同程度上面临着要素、制度和市场的约束,难以再有大的作为。党的十六届五中全会指出,社会主义新农村建设是我国现代化进程的重大历史任务,并具体提出了新农村"生产发展、生活宽裕、乡风文明、村容整

① 李薇薇,李菲."十一五":社会和谐发展需要解决"四大矛盾"[DB/OL]. 新华网. 2005 - 10 - 30.

② 沈时伯,郝倩. 发挥教育调节居民收入差距的作用[N]. 光明日报,2007 - 08 - 19(7).

洁、管理民主"建设的 20 字方针,指明了今后一个时期农村工作的努力方向。建设社会主义新农村,必须培养新型农民,实行农村经济知识化,为农村经济发展提供新动力。农村经济发展的四种动力模式比较如表 3-2:①

表 3-2   农村经济发展的四种动力模式比较

特征描述	家庭联产承包责任制	农村工业化	人口流动	农村经济知识化
时代特征	起飞准备时期	起飞阶段	成熟阶段	高额群众消费阶段和追求生活质量阶段
经济特征	农业技术获得局部改良,生产率大幅提高,出现农业剩余和劳动力剩余	农村经济结构发生改变,乡镇企业兴起	城市工业发展加快,劳动力由农村流入城市,就业结构出现变化	人均收入提高迅速,消费结构变化明显,对生活质量的关注加强
主导产业	农业	轻工业和农业	工业	重工业和第三产业
产业特征	劳动力密集型	劳动力密集型	资本密集型	知识密集型
经济组织特征	以家庭为单位分散生产	家族制企业	个人决策,自主流动	农民协会集体决策或公司化生产
资本类型	人力资源和自然资本	物质资本	人力资源	人力资本和社会资本
主要驱动力	制度	市场	市场	知识
发展目标	寻求发展资源	寻求发展空间	寻求发展空间	寻求发展动力和公平
城乡、工农相互支持情况	农村支持城市、农业支持工业	农业支持工业	农村支持城市	工业反哺农业,城市支持农村
城乡交流	商品交流为主	商品交流为主	要素交流为主	知识、文化交流为主
城乡差距	缩小	缩小	扩大	缩小
发展结果	经济增长	经济增长、环境破坏	收入提高、贫困化减弱	经济、社会、自然协调发展

在我国农村经济知识化的过程中,原先收入相近、在社会结构中地位类似的农民,由于社会经济结构变革、区位差异、个体差异等各方面的因素,逐渐形成职业、收入、社会地位、声誉等方面有较明显差异而且相对稳

① 蔡立雄.农村经济知识化:基于比较意义上的优化选择[J].西北农林科技大学学报:社会科学版,2007(1):52−56.

定的不同的群体。这些不同群体的知识水平与收入水平是正相关的。具体情形参见图3-4。①

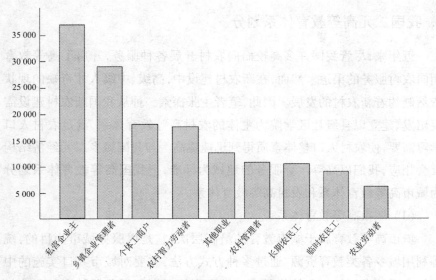

图3-4　农民职业收入排行

（三）我国城乡二元经济结构需要建立二元高等教育

　　教育在调节城乡人口收入差距中起着重要作用。英国经济学家米德指出,教育是影响人们获得收入能力的一种重要的投资形式,它可以间接地对财产的分配产生深远的影响。总的来讲,教育可以从两个方面调节收入差距:

　　首先,通过提高受教育者的素质和能力来直接影响其收入水平。

　　其次,通过合理配置教育资源来影响未来收入分配的状况。②

　　由此可见,积极发展农村高等教育,培养和造就"有文化、懂技术、会经

① 林坚,马彦丽.同一个"农民"称呼的不同内涵[N].浙江日报,2006－08－3(14).
② 沈时伯,郝倩.发挥教育调节居民收入差距的作用[N].光明日报,2007－08－19(7).

营"的新型农民,大幅度提高农村劳动者掌握运用科学技术的能力,是全面建设小康社会和新农村建设取得成功的根本保证。

1. 我国二元高等教育体系划分

近年来,尽管我国许多高校面向农村开展各种服务,开启了高等教育面向农村服务的渠道。然而,在新农村建设中,高级、中级人才奇缺的现状依然制约着新农村的发展。因此,笔者主张探索一种从我国新农村建设需要出发、建立以县级社区学院为主体的农村高等教育体系,满足农村人口学习需要,使农村人口整体素质得到迅速提高。与我国城乡二元经济结构社会相应,我们以高等教育服务的地域为标准,把我国高等教育体系划分为城市高等教育体系和农村高等教育体系。

(1) 城市高等教育体系

城市高等教育属于城市教育的最高层次,它是以服务城市为目的,统筹利用城乡各类教育资源,通过多种方式方法,主要对城市人口实施的中等教育后的专门知识和技能教育。城市高等教育包括普通教育与职业教育,学历教育与非学历教育,全日制教育与业余教育,社区教育与成人教育,等等。考察我国实际,城市高等教育是我国高等教育的主体,是农村高等教育的母体和依托,主要形式有各种学术类、职技类和社区类高等教育,以及函授、自学考试、广播电视教育、网络教育等非正规高等教育。城市高等教育体系是以服务于城市的各种学术类高校为主体,职技类高校和社区类高校为补充的多种高等教育机构共同参与的高等教育体系。

(2) 农村高等教育体系

农村高等教育属于农村教育的最高层次,它是以服务农村为目的,统筹利用城乡各类教育资源,通过多种方式方法,主要对农村人口实施的中等教育后的专门知识和技能教育。农村高等教育包括学历教育与非学历教育,全日制教育与业余教育,社区教育与成人教育,普通教育与职业教育,等等。[①] 考察我国实际,农村高等教育已客观存在,其主要形式

---

① 刘尧. 城乡和谐发展中的农村高等教育研究[J]. 教育与现代化,2006(2):73-80.

有县级社区学院、各类高校面向农村举办的各类高等教育、农村函授高等教育、农村高等教育自学考试、农村广播电视教育、农村网络教育和农村职业高中"3＋2"教学班等。未来我们建成的农村高等教育体系是以服务于农村的县级社区学院为主体,多种高等教育机构共同参与的高等教育体系。

2. 国内外以大学为依托的农业推广体系

下面借鉴有关学者的研究成果,例举国内外以大学为依托的农业推广体系,① 对我国大学服务新农村建设有借鉴意义。

(1) 乔治亚州立大学的农业推广体系

图 3-5 是美国乔治亚州立大学(The University of Georgia)农业与环境学院(agricultural & environmental sciences)按照合作推广法设立的农业推广体系。该农业推广体系的内容涵盖了家政、青年培训(青年四健会)以及

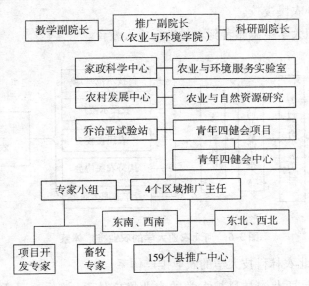

图 3-5　乔治亚州立大学的农业推广体系

---

① 刘光哲. 以大学为依托的农业推广体系的构建[J]. 西北农林科技大学学报:社会科学版,2007(1):35－39.

农村发展和自然资源管理等方面。各县的推广中心直接由大学管理。大学在农业推广体系中起着主导作用。

（2）河北农业大学的农业推广体系

河北农业大学从 1979 年开始承担河北省太行山区综合开发研究课题,课题的目的是改变山区的生态环境,探索帮助农民快速脱贫的途径。其农业推广体系(见图 3-6)采取的具体措施有以下几条:

① 全面的资源调查。

② 确定山区开发的总体战略。

③ 建立项目的保障体系(包括组织、学科、人员)。

④ 实用技术传播和推广。

⑤ 培植通过学习致富的示范户。

⑥ 科技成果示范基地(即教学、科研、推广三结合基地)。

⑦ 扶持建立农民技术协会。

⑧ 举办农民夜校。

⑨ 组织大学生志愿者到农村进行成人教育。

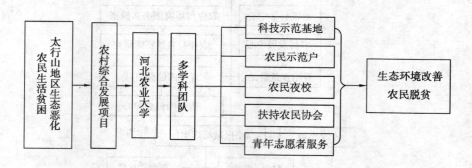

图 3-6　河北农业大学的农业推广体系

（3）西北农林科技大学的农业推广体系

图 3-7 是西北农林科技大学的农业推广体系,该体系最重要的特征是:农民和专家以及技术人员建立了直通车,快捷、简洁地实现了专家和农民的融合、专家和问题的对接、农业和农村的实际与科教机构的直接挂钩。

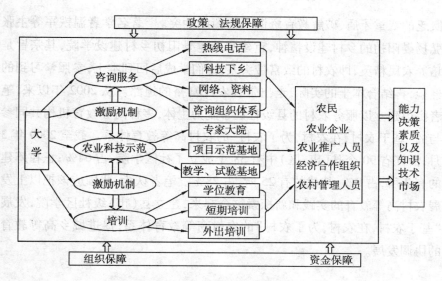

图 3-7　西北农林科技大学的农业推广体系

3. 我国发展农村高等教育的实践评析

近年来,我国综合国力增强,高等教育实现了大众化,在发展农村高等教育方面,也进行了一系列有益的探索。

如前面所述,农林高等院校主动服务"三农"的意识增强;包括 985、211 工程大学在内的理工大学和综合性大学发挥学科优势,积极拓展为农村服务的渠道;高职院校按照全教会的要求,大力发展面向农村的高等职业教育;高等教育自学考试已经通往农村;中央电大一村一名大学生计划的实施;等等。

这些积极的探索,虽然为农村高等教育体系的建立奠定了基础,但还没有解决"基于农村,在农村,为了农村"的农村高等教育体系的主体问题。

农村高等教育体系的主要载体应该是谁呢? 许多有识之士进行了有益的新探索。如前面所述,中国社会科学院 2007 年发布的《2007 年人才发展报告》建议,政府实行高等教育的"双线制",通过"高等职业教育前移"建立县(市)级大学,从而缓解普通高中饱和而难消化与基层实用人才匮乏的双重矛盾,破解教育资源不均衡的冲突。[1] 著名学者温铁军等主张弘扬晏阳初的乡村建设精神,重建和创建晏阳初乡村建设学院,其宗旨是培养农民精英,即农村的致富带头人,他们学成后回到本土,参照学习到的经验,再结合本土的实际,走出带领农民富裕的道路。从 2002 年以来,笔者提倡建立以服务农村的县级社区学院为主体,多种高等教育机构共同参与的"基于农村,在农村,为了农村"的农村高等教育体系。截至 2009 年 3 月,浙江省 90 个县(市、区)中有 58 个成立了社区学院,占 64%;正在筹建的有 7 所,占 8%;待建的有 25 所,占 28%。笔者认为,我国应该把以上发展农村高等教育的实践和新探索整合起来,建立县(市)级社区学院,发展"基于农村,在农村,为了农村"的农村高等教育体系,促进城乡高等教育的协调发展。

二、政协提案中的社区大学(学院)创建构想[2]

经过近几年的探索,浙江省社区大学(学院)有了长足的发展。在浙江省社区大学(学院)发展过程中,政协委员以提案的形式提出了有效的建议,对社区大学(学院)的快速发展起到了推动作用。例如:

2003 年,金华市政协四届四次会议上,刘尧委员提出的第 127 号提案是《关于开发金华市农村人力资源,在区县创办农村社区发展学院的建议》;

2004 年,金华市政协四届五次会议上,刘尧委员提出的第 9 号提案是

① 董伟.把职业院校从大中城市推到县市去[N].中国青年报,2007 – 06 – 12(9).
② 刘尧.政协提案中的社区大学(学院)创建构想[J].荆门职业技术学院学报,2007(10):5 – 8.

《关于建立和完善金华市高等教育体系的建议》;

2005年,金华市政协五届一次会议上,刘尧委员提出的第96号提案是《关于发展金华社区高等教育的建议》;

2006年,湖州市政协五届四次会议上,童少颖委员提出的第158号提案是《关于创办湖州社区大学的建议》;

绍兴市政协五届四次会议上,林文彪委员提出的第304号提案是《建立绍兴社区大学(学院),构建终身教育体系》;

温州市政协八届四次会议上,蔡钒委员提出的第180号提案是《关于创建温州社区大学的建议》;

温州瓯海区政协六届四次会议上,九三学社瓯海支社吴才火委员提出的第102号提案是《大力发展职业教育的几点建议》。

这些提案对创建社区大学(学院)的意义、可行性进行了论证,并对创建社区大学(学院)提出了切实的构想。因此,这些提案均被政府采纳,发挥了应有的作用。

(一) 创建社区大学(学院)的意义

国务院前副总理李岚清在1994年访问美国期间,专程访问了芝加哥市郊杜培郡社区学院,回国后即向北京市有关领导作出"试办社区学院"的指示,我国社区学院由此建立而发展起来。1999年,国务院批转教育部的《面向21世纪教育振兴行动计划》,提出:"开展社区教育试验工作,逐步建立和完善终身教育体系,努力提高全民素质。"在2001年度教育工作会议上,时任教育部部长的陈至立同志强调指出:今后高等教育要大力发展地区性高等职业教育和社区学院,使高等教育的区域性更加合理,培养当地留得住、用得上的人才。

1. 创建社区大学(学院),对全面开发人力资源有重要意义

《中国教育与人力资源问题报告》指出,中国如果能够在全面建设小

康社会的历史机遇中,全面强化人力资本投资,全面提高人的能力,就有可能把中国从人口大国转变为人力资源大国。全面开发人力资源是中国经济增长的重要源泉,是人民提高生活水平的基本目标和重要手段,因而是中国富民强国大战略的重要基础,应当成为全面建设小康社会的第一目标。21世纪不容回避的紧迫问题是将丰富的人口资源深度开发为高水平的人力资源,促进经济社会的全面发展(见刘尧委员提出的第127号提案,2003年)。

近年来,温州市劳动力市场技能型人才奇缺,给温州市的经济发展带来了严重的影响。2005年,温州市教育部门仅对95个企业进行了调查,就发现所调查的企业共需技术工人295 131人,而当年在岗的只有260 757人,缺口34 374人。九三学社瓯海支社对瓯海产值有4个亿的冠盛汽车零部件制造有限公司董事长周家儒进行咨询,周家儒说,当前厂里最缺的就是制造业高级技师技工。他举了一个实例:同样生产一个汽车传动轴,德国精密制造,日本标准制造,中国粗制滥造,德国500美元可用3年,中国50美元只用3个月。如果我们培养不出自己的制造业高级技师和技工,不久的将来,我们就得关门。年产值有2.7个亿的新机电器公司董事长水寿松也为奇缺制造业高级技师和技工而感慨不已。可见,技能型人才的培养已是迫切任务。随着新一轮产业结构升级调整和技能型民工荒的出现,瓯海区向现代化滨海城区的迈进,工业化、城市化进程的加快,面临着农民变居民、农村变城市的蜕变,农村劳动力转移培训任务更为艰巨(见吴才火委员提出的第102号提案,2006年)。创建社区大学(学院),发展社区教育,可以为社区居民提供多层次规模、门类齐全的教育服务,为社会培养和输出各种类型的应用型人才(见蔡钒委员提出的第180号提案,2006年)。

2. 创建社区大学(学院),对全面建设和谐社会有重要意义

创建社区大学(学院),是落实科教兴农战略的重要措施,是发展农村生产力的必要条件,是促进农村经济形态转变的重要手段,是缩小城乡差距的必由之路,是农村可持续发展的需要。创建社区大学(学院),能满足城乡居民不断增长的高等教育需求,能满足乡镇企业蓬勃发展的专门人才

需求,能满足农村产业转变对农村人才质量的要求,能满足农村城市化、城乡一体化后农村剩余劳动力向非农产业转移的要求。创建社区大学(学院),可以大大缓解各县(市)农村基础教育中的升学压力;可以因地制宜、灵活发展,始终植根并服务于本县(市);可以发挥自身的技术、人才等方面的优势,直接参与县(市)农村综合改革与发展过程;可以促进本县(市)文化建设,提高县(市)的精神文明程度;可以统筹县(市)内农村普教、职教和成教"三教"的发展,协调"三教"在内容、方法、经验以及教师、设备、场地等方面的相互沟通,从而提高农村教育投资效益和教育资源利用率。可以说,目前创建这种花费少、距离近、见效快的辐射城乡的社区高等教育体系,是有广阔的发展前景的(见刘尧委员提出的第9号提案,2004年)。社区教育是新型社区建设的重要内容,具有基础性、功能性、先导性作用。创建社区大学(学院),发展社区教育,对于全面提高社区居民科学文化、思想道德、心理身体素质和精神文明水平,促进社区形成健康向上、文明和谐的氛围,全面建设和谐社会具有重要意义(见蔡钒委员提出的第180号提案,2006年)。

3. 创建社区大学(学院),对构建终身教育体系有重要意义

党的十六大报告提出要"形成全民学习,终身学习的学习型社会,促进人的全面发展"。当前,学习型社会以一种全新的生存方式和价值理念,成为现代文明社会新的重要内涵之一。创建社区大学(学院),是深入贯彻党的十六大精神、全面落实科学发展观、实现学习型社会建设发展目标的重要途径。创建社区大学(学院),是构建终身教育体系、推进社区教育、建立学习型社会的需要。促进人的全面发展,建立学习型社会是当今社会发展的必然趋势,也是新世纪阶段教育改革和发展的目标。当前,一次性终结式的学校教育已不能满足社会成员不断更新知识的迫切需要。创建社区大学(学院),有利于开展不同类型、层次的职前、职后和转岗培训,拓展与更新知识、增长才干、提高城乡素质(见蔡钒委员提出的第180号提案,2006年)。社区大学(学院)是一所没有围墙、没有年龄限制、以城乡居民为教育对象的全员、全程、全方位的终身学习机构。社区大学(学院)与

学习型机关对接,可以作为机关干部常规培训和学科技、学电脑、学外语的一个重要基地;与企业对接,能为提高职工思想素质、科学文化素质、专业技术素质、岗位职业技能和创新能力提供场所;与社区对接,能为普遍提高城乡居民的综合素质、生活质量和文明程度服务;与家庭对接,能优化家庭生活质量,提高家庭道德情操,增强家庭文化底蕴(见童少颖委员提出的第158号提案,2006年)。

(二) 创建社区大学(学院)的可行性

在美国、加拿大、德国、日本等国家,社区大学(学院)具有相当大的规模,发挥着很好的作用。在国内,依托电大创办社区大学(学院)有许多成功范例,青岛、上海、合肥等大中城市已做了成功的尝试,在探索中积累了宝贵的经验,受到了群众的欢迎,得到了社会的认可。青岛社区大学依托青岛市电大组建运行,还受到党和国家领导人的重视和充分肯定(见童少颖委员提出的第158号提案,2006年)。

2003年1月,杭州市以杭州电大为依托,率先成立杭州社区大学,这是全国省会城市首家社区大学。它是一所以培养各类成人应用型人才和提供多层次、多规格、多形式的高等学历教育、非学历继续教育及各类培训的现代化开放大学,被杭州市政府确立为"杭州市远程教育中心"、"杭州终身教育基地"。根据杭州社区大学的办学模式,2004年9月29日,台州社区大学在台州电大挂牌成立。该校以"立足社区,服务社区"为原则,主要依托电大的教学条件,整合社会各类教学资源,成为台州现代远程教育中心、成人教育中心、岗位培训中心、对外合作办学中心和社区教育中心(见林文彪委员提出的第304号提案,2006年)。

2006年,浙江省已有50%的城市建立了社区大学,包括杭州社区大学、台州社区大学、衢州社区大学、金华社区大学等。这些社区大学都是以当地的电大为依托,充分利用其网络手段,适应不同层次、不同年龄者的教育需要,并积极拓展对外合作办学,利用国内外教育资源,逐步建立和完善终身教育体系,努力提高城乡居民整体素质。这些社区大学在建设学习型社会的活动中已初见成效,取得了良好的成绩,得到了广大城乡居民的认可(见蔡钒委员提出的第 180 号提案,2006 年)。

温州电大良好的办学条件为建立温州社区大学创造了条件。温州电大至今已投资了 1 000 多万元,建成具有全省一流水平的网络中心、电教中心、多媒体网络教室等硬件设施,是浙江电大宽带专用网温州主节点,开通了电信公网、浙江大学远程教育网和国家级奥鹏远程教育网,构建了四网合一的现代化远程教育高速平台。这为方便社区居民的学习以及优质教育资源的整合与共享提供了有利条件。温州电大丰富的成人教育经验为建立温州社区大学奠定了基础。温州电大始终坚持面向地方、面向基层、面向农村,多层次、多形式、多规格、多功能办学的方针,已为地方建设培养了一大批留得住、用得起的人才。温州电大 20 多年的办学历史,积累了丰富的成人教育、业余教育和非学历教育的工作经验,这为顺利开展社区教育工作奠定了基础。温州电大较强的师资队伍为办好社区大学提供了保障。近年来,温州电大十分重视师资队伍建设,采用外引内培的办法建立了一支熟悉远程教育、成人教育和业余教育的特点和规律,了解学习者需求,具有较强服务意识的师资队伍。学校高级教师及研究生以上学历的教师占专职教师的 30%,此外学校还拥有一支相对稳定的兼职师资队伍(见蔡钒委员提出的第 180 号提案,2006 年)。

(三)　创建社区大学(学院)的构想

在"形成全民学习,终身学习的学习型社会,促进人的全面发展"的背景下,主要是通过农科教统筹和三教结合,优化地(市)和县(市)现有教育资源,依托电大,整合各县(市)教师进修学校、职教中心、技工学校等教育资源,创建地(市)和县(市)创建社区大学(学院)(见刘尧委员提出的第 9 号提案,2004 年)。

1. 创建社区大学(学院)的指导思想

深入贯彻落实"三个代表"重要思想,以实现人的全面发展为目标,积极构筑城乡居民终身教育体系,形成覆盖广、多层次、开放式的社区教育网络,满足广大城乡居民的学习需求,努力形成有浙江特色的社区大学(学院)办学模式(见蔡钒委员提出的第180号提案,2006年)。

2. 社区大学(学院)的办学思路

社区大学(学院)是一所新型的、面向全体城乡居民的社会化、开放式学校。它主要依托电大的办学条件,整合社会的各类教学资源,建立现代远程教育中心、成人教育中心、岗位培训中心(对企事业单位和各行各业的岗位培训提供指导和服务,举行残疾人、老年人等公益培训,举行外语、计算机等专业技能培训,社区管理干部培训)、对外合作办学中心(开展与中外教育机构的教育合作项目)等四大中心,并形成统一管理的地(市)、县(市)、乡镇(街道)、社区(村)四级办学的教育网络(即大学—学院—学校—班,见蔡钒委员提出的第180号提案,2006年)。

3. 社区大学(学院)的创建策略与步骤

创建社区大学(学院),应从县(市)实际出发,充分利用城乡普通中小学教育比较完备的优势,促使中小学真正成为城乡教育、科技、文化的中心,并以此为基础利用县(市)内电大、农业技校、职业学校、成人学校、教师进修学校等现有教育资源,对其资源进行整合创建普教、职教、成教"三教"统筹结合的县级社区学院,使其具有学历教育、非学历教育、继续教育、职业技术培训、社区咨询服务和科技开发推广等多种功能(见刘尧委员提出的第127号提案,2003年)。

4. 社区大学(学院)的教育目标与内容

依据县级社区学院要致力于城乡居民实用知识、创业精神、实践能力的培养和全面素质的提高,着重发展学习者的生存与发展潜能。根据城乡经济社会发展和提高城乡居民整体素质的现实需要,增强课程、教材与当地经济社会发展的适应性,建立以普通教育与实用技术培训相结合,以实用技术培训为主,能够满足学习者多方面多层次需要的学习内容体系(见刘尧委员提出的第 127 号提案,2003 年)。

5. 社区大学(学院)的办学形式

县级社区学院,应具有多样性、灵活性、实用性等特征——实施学历教育与非学历教育相结合,以非学历教育为主;全日制教育与半工半读相结合,以半工半读为主;理论课程与实践课程相结合,以实践课程为主;课堂教学与生产劳动相结合,以生产劳动为主;全面发展与一技之长相结合,以一技之长为主;职前教育与职后培训相结合,以职后培训为主;通识教育与学以致用相结合,以学以致用为主;等等(见刘尧委员提出的第 127 号提案,2003 年)。

6. 社区大学(学院)的教育途径和方式

县级社区学院,在教育模式上应因地制宜,不能照搬照抄其他普通高校教育模式。根据提高城乡居民整体素质和培养适用人才的需要,采取能够适应学习者学习与发展需要以及能够发挥学习者自主性和创造性的教育途径和方式。

针对传统教育的弊端,县级社区学院的教育途径与方式要加强学习的实践环节,重视应用性、探究性、创造性和综合性的学习,注重各种教育途径和方式的结合(见刘尧委员提出的第 127 号提案,2003 年)。

7. 社区大学(学院)的教学与评价

县级社区学院,在教学内容上要选择有地方特色的项目;在教学组织方面要有弹性,灵活机动地把长短期培训、学历和非学历教育结合起来;在招生录取上可适当降低门槛,并取消年龄、学历、种族、性别等方面的限制,以吸引更多的生源。

在改革普通高等教育考试制度的基础上,通过引进各类技术资格证书

(绿色证书)和其他职业资格证书制度,创建县级社区学院的教学与评价制度(见刘尧委员提出的第 127 号提案,2003 年)。

8. 社区大学(学院)的管理体制

创建县(市)政府统筹下的以教育行政部门为主,农科教等各相关部门共同参与的县级社区学院管理体制。根据目前县(市)经济、文化、教育发展的实际,实行地(市)、县(市)两级政府统筹管理。地(市)根据县(市)情况进行审批和指导,县(市)组织建设的社区学院。在学院内部管理体制上,可实行董事会监督下的校长负责制,董事会由县(市)内各界人士组成,内部机构设置和管理可以根据县(市)的实际进行制度创新(见刘尧委员提出的第 96 号提案,2005 年)。

9. 社区大学(学院)的保障机制

县(市)政府要从建立法规、增加教育投入和师资培训等方面入手,建立推进县级社区学院建设的各类保障机制。在投资体制上,要实现投资渠道多元化,既要争取国家拨款和县(市)政府的资助,又要争取县内外团体和个人的投资,同时还要收取学生少量的学费。在师资方面,可实行兼职教师为主,专职教师为辅的方式,这样一则可减轻学院的负担,二则可为县(市)内各行业优秀人才提供用武之地,使更多的有识之士投身于县级社区学院的发展和建设上来(见刘尧委员提出的第 96 号提案,2005 年)。

10. 社区大学(学院)的主要职能

社区大学(学院)以"构建终身教育体系,创建学习型城市"为发展目标,以提高城乡居民综合素质和文化水平为基本任务,本着"立足社区,服务社区"的原则,为社区居民提供教育服务,为社区精神文明、物质文明和政治文明建设和提高社区居民的素质服务,为社区发展培养用得上、留得住的应用性人才(见蔡钒委员提出的第 180 号提案,2006 年)。

三、县级社区学院的办学
经费来源分析[①]

　　欧美一些先进国家的有识之士,为了使成人得以充实新知、发展潜能、提升技术,引导成人获得更高层次的发展,进而使其在行为态度上产生改变,大力推动成人有系统、有组织的学习活动,社区学院(community college)则是最早在欧美应运而生的成人高教机构。社区学院亦称"民众高等学校"、"民众学院"或"社区成人教育中心",在英国则称之为"村庄学院"。不同国家和地区的社区学院称谓有所不同,但其本质没有太大差异。德国"民众高等学校"与美国社区学院起步较早,发展迄今已成为世界公认的成人教育模式的典范。虽然中国台湾社区大学发展历史不长,但在10多年的发展过程中,积累了许多成功的经验。因此,我们以美国、德国和中国台湾地区的社区高教机构的经费来源为参考,提出我国县级社区学院经费筹措的建议。

(一) 社区学院发展概要

1. 美国社区学院发展概况

　　19世纪中后期,美国许多高中毕业的青年因受家庭经济与自身资质限制,或不愿远离家乡出外求学,而无法继续接受高等教育,引起了一些高等学校领导的关注,希望为上述未受高等教育的对象提供接受大学前两年

---

①　刘尧. 县级社区学院的办学经费来源及启示[J]. 世界教育信息,2007(11):17-21.

之基础高等教育的机会,倡议创立"社区学院"(community college)。1901年在美国共成立了 8 所二年制的社区学院,发展至 1992 年已增至 1 469 所,学生人数已达 572 万余人。社区学院除了为青年提供正式高等教育外,也为社区成人提供非正规之职业技能、语言课程等,增加了社区居民的学习机会。社区学院创设至今为美国培育了为数可观的人才,成为美国社区成人教育的特色之一。美国社区学院中乡村社区学院约占 50%,公立的约占近 90%,美国约有 44% 的大学生在社区学院就读。① 在今日的美国,社区学院已经成为主要实施高中后各类教育的,具有社区特征的,整合教育、社会、文化、休闲活动于一体的新型高教机构,其主要职能是高等职业技术教育、大学转学教育、补偿教育、社区教育和人文素质教育。② 社区学院集中体现了社区与教育、社区教育与高等教育的互动与结合。

2. 德国社区学院发展概况

在德国,社区学院被称为"民众高等学校",它是德国政府于第二次世界大战后,立法并提供经费而设立的一种大学推广教育机构。它由地方政府管理与监督,目的是促使民众陶冶休闲生活、提高精神生活以完成公民教育,在日间、夜间及假日提供继续教育课程供全体国民学习。黄宁的研究数据显示,德国民众高等学校依机构归属上分,有公共机构与私人机构;就法律的观点则可分为六类:一是乡镇民众高等学校(Gemei-VHS);二是县立民众高等学校(Kreies-VHS);三是联立民众高等学校(Zweckverband-VHS);四是私立民众高等学校(E. V-VHS);五是市立民众高等学校(VHS in stadtstaat);六是其他类型民众高等学校。各类型中除第四类、第六类为私人经营之民众高等学校外(此类型较少,约占 35%),其余均为各不同层级公立的民众高等学校(占大部分,约占 65%)。③

① 鲍博·克立安.美国社区学院模式[DB/OL]. http://www.bhjy.net/thsq/2003 – 04 – 11.
② 季东亮.社区学院:构建终身教育体系的有效载体[DB/OL]. http://www.hljy.cn/ 2005 – 09 – 19.
③ 黄宁.德国民众高等学校作为终生教育机构之研究[D].淡江大学欧洲研究所硕士班硕士论文,1999.

3. 中国台湾地区社区大学发展概况

中国台湾地区把社区学院称为社区大学,它是在正规教育体制外,由直辖市、县(市)主管机关自行或委托办理,提供社区居民终身学习活动的教育机构。台湾社区大学的办理形式有:①公办公营的形式,由各地方政府自行编列预算并由其所属的教育主管部门经营;公办民营的形式,由地方政府编列预算,通过一定的程序委托非营利组织经营;民间办理地方政府补助的形式,如台北县各社区大学即是此种形态。台湾社区大学的理念是:开展公共领域,发展民脉;重塑生活形态,引领社会价值;培养批判思考能力,进行社会内在反省;解放知识,重构经验知识;结合教育改革与社会改革,提升地区的整体文化。

4. 中国大陆社区学院发展概况

中国大陆的社区学院是适应大陆社区体制改革和社区建设需要,以高职高专为主,集高等学历教育、非学历教育、社会文化生活教育于一体,具有职业性、社区性和综合性的高教机构。它是终身教育的载体和依托,它的目标是为社区经济建设和社会发展培养应用型人才,提高社区居民的文化和文明素质。大陆社区学院有两种起源:一种是 20 世纪 90 年代中期由成人高校和专科院校与地方结合办起的社区学院;另一种起源是在《面向21 世纪教育振兴行动计划》明确提出"开展社区教育试验工作,逐步建立和完善终身教育体系,努力提高全民素质"之后,在教育部发动的社区教育实验中,主要以建立终身教育体系为宗旨,把教育深入到街道、社区、乡村。② 大陆社区学院主要是由地方政府主办,社区各方参与,以推进社区物质文明、精神文明和政治文明建设和提高社区成员整体素质为根本宗旨的、多功能的高等教育机构。比如,早在 2006 年,浙江省电大系统之中的

---

① 黄荣村. 我国社区大学之现况与未来定位项目报告[DB/OL]. http://www. edu. tw/2006 –07 – 17.

② 佚名. 中国社区学院的定位与发展前景分析[DB/OL]. http://jdsqjy. ijd. cn/articleview/2006 – 03 – 17.

杭州、台州、金华、嘉兴、衢州、丽水、温州等7个地市电大、30余个县级电大,已经挂牌成立社区大学和社区学院,为当地社区教育的开展提供了载体和平台。①

(二)社区学院办学经费来源分析

1. 美国社区学院之经费来源分析

美国社区学院的经费来源大部分来自联邦政府资金、州政府与地方政府租税及学费,小部分来自私人捐赠及附属服务收入(见表3-3)。

表3-3　美国社区学院各年资金来源表②

资金来源	1959年	1965年	1975年	1986年
学费	11	13	15	16
联邦补助	1	4	8	10
州补助	29	34	45	47
地方补助	44	33	24	17
私人捐赠	0	3	1	1
附属服务	12	6	6	6
其他	2	7	1	3

表3清楚显示,美国社区学院历年来源于政府的经费补助(包含联邦、州及地方)皆超过七成,此乃符合社区学院公共服务性之取向及公益非营利之精神。再者,学员学费之收入有逐年增加趋势,这和成人教育所倡导的"使用者付费原则"相吻合。此外,地方政府之补助逐年递减、州政府之补助逐年增加,这意味着州政府主导社区学院营运的态势趋于明显。比如,北西雅图社区学院经费预算以1996年而言,为26 035 225美元,经费

---

① 佚名.浙江电大向乡镇延伸,成为构建农村终身教育体系重要力量[DB/OL].中央电大时讯网,2006 – 07 – 23.

② 参见 Cohen & Brawer, 1989.

来源主要为州政府占 39% ,联邦政府及社区工商界定期补助占 21% ,学生学费及学杂费占 36% ,募款占 10% ,其他自筹款部分占 4% 。韦克技术学院,主要经费来自州政府的补助,以 1994 年—1995 年而言,总运作经费为26 252 435 美元,其中 73.1% 来自州政府,19.4% 来自地方政府,2.8% 来自建教合作方案,4.7% 来自于学生财力资助的补助。综上所述,美国社区学院的经费主要来源于联邦、州及地方的税收,其中又以州及地方的税收为主要来源。[①]

2. 德国民众高等学校之经费来源分析

德国民众高等学校的经费来源除了地方政府资金、联邦和各邦政府的补助外,还包括学员学费的收入。通常学员学费收入约占 40% ,政府的补助约占 60% ,如表 3-4:[②]

表 3-4　德国 1996 年民众高等学校经费来源总额

单位:千马克

经费种类	旧　邦	新　邦	总　额
学员学费	543 880(37.3%)	43 595(34.3%)	587 475(37.1%)
地方政府补助金额	670 770(46%)	62 733(49.4%)	733 503(46.1%)
劳动促进法(AFG)补助金	128 159(8.8%)	10 632(8.4%)	138 791(8.8%)
联邦政府补助金额	24 608(1.7%)	2 190(1.7%)	26 798(1.7%)
欧盟补助金额	26 766(1.8%)	4 290(3.4%)	31 056(2.0%)
其他	63 917(4.4%)	3 550(2.8%)	67 467(4.3%)
合计	1 458 100(100%)	126 990(100%)	1 585 090(100%)

德国民众高等学校之经费,因受各邦之法律保障,在经费来源无忧的状况下运作,乃得到稳当发展。例如,巴伐亚邦(Bayern)于 1974 年 7 月 24

① 林振春,刘子利. 台北市社区大学经费运用之调查分析[DB/OL]. http://163. 21. 249. 205/Download /Word/2004 - 12 - 12.

② 黄宁. 德国民众高等学校作为终生教育机构之研究[D]. 淡江大学欧洲研究所硕士班硕士论文,1999.

日,通过《成人教育法》,此法第139条规定:"成人教育通过民众高等学校和其他同受政府经费补助的机构来推动。"再者,德国各级政府对成人教育经费之补助负有不同义务。其联邦政府的补助项目为成人教育示范措施及教育方案计划;邦政府及地方政府的补助项目为成人教育措施与机构单位。[①]

3. 中国台湾地区社区大学之经费来源分析

中国台湾地区社区大学的经费来源目前约有下列几项:

① 学费。为学员选修课程所缴交的学分费,每学分收取800元至1 000元。

② 政府补助。由台湾教育部门及各市、县当局编列预算,经审议通过后,依各自所订立的办法,补助各县市当局所认可之社区大学所属之承办机构或单位。

③ 项目计划收入。由各社区大学依自己的条件或能力参加各级当局的项目相关规定,提出项目计划,向当局申请,通过当局相关机构及程序补助社区大学。

④ 捐款。由社会各机关团体予以赞助。

中国台湾社区大学的经费比例大约是:[②]学分费的收入,大概占65%;当局的经费补助,包括地方当局与台湾教育部门的经费,大概占25%;剩下的10%,经费来源变异较大,有来自向其他有关部门申请的项目经费,有来自基金会的经费支持,有来自社会人士的捐献,有些则靠办活动的经费盈余。

中国台湾各县市情况有所不同。以台北市2003年度为例,社区大学的经费主要来自四个方面:首先,社区大学营运经费,主要来源为向学员收取的学杂费,占68%;其次,为台北市当局教育部门提供之经费,占19%;

---

① 林振春,刘子利. 台北市社区大学经费运用之调查分析[DB/OL]. http://163. 21. 249. 205/Download /Word/2004 – 12 – 12.

② 佚名. 台湾社区大学成立之理念[DB/OL]. http://jia. cersp. com/JSB/ZJZX/200505/173. html,2005 – 05 – 14.

再者,为台湾教育部门的补助及奖励经费,占 5% ;最后,是其他部门的补助款,占 6% 。①

4. 中国大陆县级社区学院之经费来源分析

我国大陆县级社区学院是我国农村高等教育体系的主要载体,是建在农村社区,开展农村社区教育,尤其以开展农村高等教育为主要职能的农村高教机构。

目前,我国县级社区学院基本分两种类型:

一是以县级电大为龙头整合县域高等教育资源,建成辐射乡镇村的社区教育综合立体网。

二是在县级成人学校的基础上建立的,辐射乡镇村的社区教育综合立体网。

我国无论是依托电大还是成人学校创立的县级社区学院,其经费主要来自政府部门的拨款、学校董事单位的捐资、学生的学费。比如,浙江省建德市社区学院基本费用由县级政府筹措,2006 年先期的学院筹建经费已拨给 10 万元,以后社区学院运作经费按全市人口每人每年 1 元的标准给予财政拨款。

鼓励社会各方面捐资支持社区学院,学院开展学历教育、职业技术教育等方面的培训,可以按照国家规定适当收取费用。②

大连市甘井子区为本区社区学院投资 1 000 万元,对校舍进行改造;区政府每年安排 50 万元专项经费,从 2004 年起,又按照人均不少于 3 元把社区教育经费列入财政预算。社区教育是一项公益性事业,需要财政给予一定的经费支持。

尽管教育部在《关于推进社区教育工作的若干意见》中已经明确了政府投入社区教育专项经费的标准,但从浙江省调研情况看,除下城区、义乌

---

① 杨碧云. 台北市社区大学营运现况与未来发展[DB/OL]. http://www. tpcc. tp. edu. tw/ 2004 - 12 - 17.

② 建德市社区学院. 建德市社区学院评估验收汇报提纲[DB/OL]. http://www. jdtvu. com/ shequ/2006 - 11 - 15.

市等少数县(市、区)和温岭市太平街道等少数街道能按常住人口标准予以落实外,其他多数县(市、区)及街道(乡镇)都难以落实。[①]

(三) 美国、德国和中国台湾地区社区学院的经费来源对中国大陆地区的启示

从上述研究显示,美国社区学院的经费来自联邦及州政府的补助约占三分之二,来自外界捐款及学员学费约占三分之一。德国民众高等学校的经费则60%来自政府补助,40%来自学员学费收入。中国台湾社区大学的经费主要来自学员的学费收入和台湾当局的经费补助。学者 Gleazer 对美国社区学院的一般性研究表明:当局对社区学院的支持强度反应在财务的支持上,主要体现在建筑物与经费两个方面;社区学院要获得政府经费补助,必须保障教育质量和保证教育机会平等;社区学院经费中有20%为学生所负担,30.5%由当地负担,而有54%由州政府来承担。[②] 可见,美国、德国及中国台湾地区对社区成人教育均注入大部份的经费,使其正常发展。

由此,我国可以获得政府对社区学院经费补助的三点启示:

第一,社区学院的经费来源,必须以政府或当局方面为主,兼顾社会和个人。

第二,社区学院经费用于维护教育机会均等和为社区服务等。

第三,国家与地方政府所承担的经费应有一定的比例。[③]

我国县级社区学院发展刚起步,各地政府对县级社区学院的经费支持力度不同,我们可以借鉴美国、德国和中国台湾地区的经验,结合我国的实

---

① 林振春,刘子利. 台北市社区大学经费运用之调查分析[DB/OL]. http://163.21.249.205/Download/Word/2004 - 12 - 12.

② Gleazer, E. J. The community college: Values, Vision and vitality[M]. Washington, D. C: American Association of Community and Junior College. 1980.

③ 浙江电大全省社区教育工作调研组. 浙江省社区教育现状及对策研究的调研报告[DB/OL]. http://video. tztvu. zj. cn/shequdaxue2006 - 09 - 25.

际,找到适合我国社区学院发展的经费来源渠道。

按照《教育部关于推进社区教育工作的若干意见》精神,开展社区教育要充分发挥政府扶持和市场机制的双重作用,采取"政府拨一点,社会筹一点,单位出一点,个人拿一点"的办法,建立以政府投入为主、多渠道投入的社区教育经费保障机制。①

1. 把社区学院的经费纳入各级政府财政预算

社区教育公益性的特征十分明显,社区教育的开展,特别是硬件建设需要经济实力作为支撑,因此社区学院的经费来源要以政府投入为主。

第一,各级政府要设立社区教育经常性经费。各级政府应落实《教育部关于推进社区教育工作的若干意见》"各地要保障必要的社区教育经费,并列入到经常性财政开支"以及"国家和省级社区教育实验区应努力按照社区常住人口人均不少于 1 元的标准,落实社区教育经费。经济发达地区,要在此基础上进一步增加社区教育的经费投入"的建议,作为各地发展社区学院的经常性经费。经常性经费主要用于社区学院各项教学工作和活动开展、网络平台运行。

第二,各级政府要设立专项经费。中央政府的社区教育专项经费,主要以财政转移支付的形式,用于支持欠发达县市的社区学院发展,以及以基金的形式支持某些专门社区教育项目。省级政府社区教育专项经费,主要用于支持省内社区教育教学资源建设、社区教育干部与师资培训、网络平台运行。各市、县(市、区)政府的社区教育经费专项经费用于本级社区学院、社区学校、社区教学点的基础设施的建设。

2. 多种渠道筹集社区学院的经费

在政府投入为主的前提下,可以采取以下四种渠道筹集经费,为社区学院的发展提供保证:

---

① 浙江电大全省社区教育工作调研组. 浙江省社区教育现状及对策研究的调研报告[DB/OL]. http://video. tztvu. zj. cn/shequdaxue2006 - 09 - 25.

第一,足额提取社区各类成人教育培训经费。比如,浙江省可以按照省政府《关于大力推进职业教育改革与发展的意见》(浙政发[2006]41号)关于认真落实职工教育经费提取、使用的有关规定,企业应按职工工资总额的1.5%~2.5%足额提取教育培训经费,用于职工培训,企业职工教育经费必须用于企业职工特别是一线工人的教育与培训。对于社区内各类企业,也可以仿照"教育事业费附加"的方式,由社区从企业提取部分职工培训经费,企业职工通过社区教育进行培训。

第二,适当收费。按照教育部的《意见》,对学习者个人回报率较高的培训,可以由社区学院、社区学校按照国家的有关规定收费。

第三,募捐。企事业单位和个人捐资社区教育的,可以抵扣相应的应纳税所得额。

第四,社区学院也可以开展一些有偿的培训项目。

四、城乡和谐发展中的教育
公平问题探讨

教育公平是涉及多学科、多层面、多因素的复杂问题:

从伦理学角度来看,教育公平更多地被理解为公正、正义,被用作评价教育制度的一种道德标准,被看作教育制度的重要价值。

从经济学角度来说,教育公平是与教育资源的分配和享受紧密联系在一起的。

从法学角度来看,教育公平就是受教育权利的普遍化问题,是一个基本人权问题。

教育部部长周济曾经表示,教育公平是一个非常重要的问题,要把怎么样处理好教育的快速发展和教育公平之间的统筹和协调作为一项非常重要的任务来抓。

　　教育公平问题何以受到如此重视？何以深入人心？是因为教育公平
被各国政府作为教育改革的基本出发点和共同目标,它始终左右着教育改
革的方向并最终决定着教育改革的成败。[①] 追求城乡教育公平是个人、社
会和政府的共同愿望,是我国建设社会主义和谐社会一项重要的目标。这
是因为,推进城乡教育公平是国家稳定的需要,推进城乡教育公平是实现
社会公平的需要,推进城乡教育公平是教育发展的需要。

（一）城乡教育不公平现象举隅

　　有学者探讨了不同社会阶层教育机会的差异后认为,我国当前教育不
公平现象主要表现之一是因城乡居民生活条件的差异而形成的教育机会
不均。[②] 国家教育科学"十五"规划《我国高等教育公平问题研究》课题组
的调查报告《高等教育入学机会:改善中的差距》显示:我国城乡教育差距
悬殊,高考招生录取中,考卷一样,录取分数线却不一样,城市尤其是大城
市考生的录取分数低于农村,农民子女的平均分数要高出干部子女 22 分,
高出工人子女 18 分。调查还显示,城市考生更多集中在优势高校,而农村
考生则更多集中于一般院校。在专业选择方面,农村考生偏向于农学、军
事学、教育学等较为冷门的、收费较低的学科,而城市考生更倾向于法学、
经济学、管理学等热门学科。[③] 清华大学在 1998 年—2000 年三年录取的
新生中,农村生源的比例从 1998 年的 20.8% 下降到 2000 年的 17.6% ;在
北京师范大学录取的新生中,农村生源比例也从 1998 年的 30.9% 下降到
2002 年的 22.3% 。[④] 2004 年一项对全国 37 所不同层次高校的调查显示,
城乡之间获得高等教育的机会整体差距为 5.8 倍,在全国重点院校中则达

　　① 傅宝英. 城乡和谐发展中的教育公平问题与对策[J]. 浙江师范大学学报:社会科学版,
2007(4):112－115.
　　② 郑淮. 略论我国的社会分层变化及其对教育公平的影响[J]. 华南师范大学学报:社会科
学版,1999(2):50－56.
　　③ 杨东平. 对我国教育公平问题的认识和思考[J]. 教育发展研究,2000(8):5－8.
　　④ 李斌. 农村教育盛世危言[DB/OL]. http://www.new－class.cn,2005－01－19.

到 8.8 倍,即便在地方高校中也有 3.4 倍,超过了城乡居民经济收入 3.23 倍的差距。① 这些现象表明,高等教育入学机会的城乡差距,从表面的、总量的、宏观的不均衡,转变为隐性的、更深层次的城乡教育差距。

我国从 1980 年起建设重点中学,从 1995 年起又建设示范高中,优质教育资源逐步向城市集中。2002 年全年全社会各项教育投资为 5 800 多亿元,而占总人口 60% 以上的农村却只获得其中的 23%。1998 年至 2002 年,我国城市和县镇的普通中学的数量分别增长了 0.6 个百分点和 6.4 个百分点,而农村普通中学的数量却在逐年减少,降低了 7 个百分点。② 2000 年,我国对已实现"双基"(基本普及九年义务教育、基本扫除青壮年文盲)的地区,目标指向高等教育与职业教育(其中农村地区仍在巩固"双基"成果);对于未实现"双基"的中西部农村,还在为实现"双基"打攻坚战。③ 总体上看,城市教育发展目标是高等教育与高等职业技术教育,而农村教育发展目标在较长时间内仍是提高义务教育质量,巩固基础教育,发展中级、初级职业技术教育。这种多年累积下来的城乡教育差距,近年来伴随城乡社会经济发展还有进一步拉大的趋势。

(二) 城乡教育不公平的制度性成因分析

我国当前存在的种种城乡教育不公平现象,主要是历史形成的,只能通过城乡经济发展和社会进步逐步加以解决。值得重视的是导致城乡教育不公平的制度性原因。政府公共政策的不同取向或偏差,往往会加剧现实中的城乡教育不公平。当前城乡教育不公平的制度性不公平主要表现是教育政策中的"城市导向"、资源配置失衡和教育决策失误的局面仍未彻底改变。

---

① 李薇薇,李菲."十一五":社会和谐发展需要解决"四大矛盾"[DB/OL].新华网,2005 – 10 – 30.

② 陆学艺.当代中国社会流动[M].北京:社会科学文献出版社,2004.

③ 杨东平.教育公平理论在我国的实践[DB/OL]. http://www.fon.org.cn,2002 – 10 – 09.

1. 教育政策中的"城市导向"

　　长期以来,在城乡二元结构、高度集中的计划体制下,形成了一种忽视城乡差别的"城市中心"的价值取向:无视城乡在教育环境、教育资源上的巨大区别,主要以城市学生的学力为依据制定的全国统一大纲、统一教材和统一标准,这对农村的学生无疑是很不公平的。多项调查表明,导致农村学生流失或辍学居第二位的重要原因(仅次于经济负担)是由于教学难度过高,致使许多学生成为学业的失败者。[1] 国家教育投入体制不公平,人为地造成教育资金向城市倾斜,由此导致最好的设施、教师、管理等公共教育资源向城市流动和集中;而农村得到国家的教育投资相对较少,使农民在基础教育上负担过重,使其子女的入学率、升学率和受教育程度远远低于城市。民工子弟进城上学,处处受到不公平待遇,民工子弟学校则在夹缝中步履维艰,客观上制造了城里孩子和民工子弟受教育权上的不公平。

2. 资源配置失衡

　　20 世纪 80 年代以来,随着九年制义务教育的逐渐普及,尤其是基础教育管理权的下放,基础教育面临这一选择:是优先满足大多数儿童的教育需求,使所有儿童受到必要的教育,还是通过强烈的竞争和筛选,使一小部分人受到较好的教育? 我们事实上选择了走培养"尖子生"的精英教育路线。层层设置的重点学校制度,加剧了基础教育领域内部资源配置的失衡,导致城乡学校之间差距的拉大,甚至人为地制造差距,造成了一大批基础薄弱的学校。这种把学校、学生分为不同等级,为了选拔少数"尖子",而使多数儿童的利益受损、强烈竞争性的教育,违背了义务教育的性质和宗旨,加剧了城乡之间的教育不公平。[2] 长期以来,我国有限的资金和高素质教师向城市的"重点学校"流动,造成校际师资水平、办学条件、教育

---

①　杨东平. 教育公平理论在我国的实践[DB/OL]. http://www.fon.org.cn,2002 - 10 - 09.

②　杨东平. 对我国教育公平问题的认识和思考[J]. 教育发展研究,2000(8):5 - 8.

质量等方面的差距越来越大。

3. 教育决策失误

我国出台的许多教育决策,其出发点是好的,但实施的结果却有失教育公平,甚至造成较大的负面影响。如我国现行的高考制度,虽然具备了形式上的公平——分数面前人人平等,但由于实际录取学生时采取划线录取的办法,各省的录取定额并不是按学生数量平均分布,而是优先照顾城市考生,出现了同一份考卷、同一所高校在录取分数线上的巨大差异,从而加大了原本已经存在的城乡教育差距。国家投资建设的重点高校在城乡之间分布不均,城市尤其是大城市比农村过多地享用了高等教育资源。招生名额分配的地区差异,也使农村和城市之间的竞争失去公平。对教育乱收费与腐败问题惩治不彻底、对教育行政权力缺乏监督等,导致教育政策、法规、制度、管理行为、经费分配、师资调配等不公平,影响了城乡教育公平的实现。

(三) 推进城乡教育公平的几点建议

新中国成立以来,我国政府就努力把实现城乡教育公平作为自觉追求的目标之一。近几年来,国家对农村教育发展的财政转移支付制度等重大举措的实施,为实现城乡教育公平奠定了基础。在建设社会主义和谐社会的实践中,为逐步推进城乡教育公平,当前迫切需要在以下四个方面有所作为。

1. 缩小城乡贫富差距,促进城乡教育公平

邓小平同志曾经指出:"中国有百分之八十的人口在农村。中国社会是不是安定,中国经济能不能发展,首先要看农村能不能发展,农民生活是不是好起来。翻两番,很重要的是这百分之八十的人口能不能达到。"[①]在

---

① 中共中央文献编辑委员会. 邓小平文选(第三卷)[M]. 北京:人民出版社,1993.

整个社会主义初级阶段,都要强调"中国有百分之八十的人口在农村"这个国情。教育发展战略应强调农村教育能不能发展,教育发展目标要看这百分之八十的人口能不能达到。各级政府要继续加大改革力度,通过一系列的政策、法规来调整城乡之间的收入分配,逐步缩小城乡贫富差距,推进社会公平,为教育公平创造良好的客观环境。因为,离开社会公平的教育公平是不存在的。因此,各级政府要通过教育决策,最大限度地整合、平衡各种不同的利益要求,形成一种有效的利益平衡机制,保证城乡居民的需要和利益在教育政策中得到全面反映,以实现城乡教育公平。

2. 维护教育制度公平,促进城乡教育公平

《中华人民共和国宪法》第 19 条规定"发展社会主义的教育事业,提高全国人民的科学文化水平"是国家责任;第 46 条"中华人民共和国公民有受教育的权利和义务",给每个公民以同等教育权,意在防止忽视农民等弱势群体的教育权益。任何教育制度都必须"面向全体城乡居民",把城乡教育公平作为教育资源制度性配置的重要准则。政府作为维护和促进城乡教育公平的主体,其行为的底线至少是不能人为地制造城乡教育差距和扩大不公平。许多不公平问题本身就是制度缺失或不健全所造成的,所以问题最终还是要通过制度创新进行调节。政府在进行城乡教育公平价值判断时,要正确处理公平与效益、公平与差异之间的关系,把握好公平与效益、竞争与合作的适宜度,在事实判断的基础上进行价值判断。在义务教育中,资源分配重心逐步上移,过渡到县级统筹、省级统筹,同时制订最低受教育标准,采取补助的办法确保所有城乡居民达标。在非义务教育中,可以实施以政府投资为主的多元化投资体制。为实现城乡教育公平,当前要调整国民收入分配与财政支出结构,扩大政府宏观调控下的市场参与,强化政府在农村教育资源配置中的调节作用。

3. 城乡教育共同发展,促进城乡教育公平

近年来,中央为维护城乡教育公平采取了一些举措:30 亿元专项资金建设农村寄宿学校;义务教育阶段学校全部实行"一费制";7 亿元补助全

国特困大学生伙食,平均每人每天4元;8.7亿元补助中西部2 400万贫困生享受免费教科书;对592个贫困县的贫困生免除杂费,并提供部分生活费;等等。这些举措对因城乡教育不公平问题带来的矛盾起到了一定的缓解作用。但按照科学发展观的要求,要从根本上解决城乡占有教育资源严重不平等问题,还需要从制度层面上寻找出路。比如,废止重点学校制度,取消政府认可重点学校的制度,尽可能为所有同类学校创造公平的竞争条件,使各种教育资源都人尽其能、物尽其用。教育发展目标中确定"城乡教育共同发展"的内涵,明确维护农民子女教育权益的使命,实现城乡之间教育权利的公正与公平,从根本上消除农村教育发展水平落后于城市教育发展的不平衡现象,使城乡教育共同发展。各级政府在支持和帮助农村发展经济的同时,要在人力、物力和财力上积极扶持农村发展教育事业,改善教育资源分配不公平的状况,从根本上改变农村教育的面貌,实现城乡之间教育发展无显著性差异。

4. 发展农村高等教育,促进城乡教育公平

国务院批转的教育部《面向21世纪教育振兴行动计划》明确提出:"高等职业教育必须面向地区经济建设和社会发展……主动培养农村现代化需要的各类人才。"在新农村建设中,要提高我国农村生产力水平,促进农村的可持续发展,必须建立能够为农村劳动者提供学习机会的、能够促使农村居民素质不断提高的农村高等教育体系。建立县级社区学院,完善农村高等教育体系,旨在探索一条从我国新农村建设的需要出发,满足农村劳动者学习需要,使农村教育得到超常发展和农村劳动者整体素质得到迅速提高,进而促进城乡社会教育公平的途径。在我国已经实现高等教育大众化的今天,农村高等教育已受到了党和政府的高度重视,建立县级社区学院,完善有利于城乡社会和谐发展的农村高等教育体系,必将成为我国高等教育改革与发展的重要目标。[1] 县级社区学院的建立,从制度上和条件上保证农村劳动者接受高等教育机会的实现,激励并引导农村劳动者

---

① 刘尧.农村人力资源开发呼唤农村高等教育[J].职业技术教育,2003(19):36－41.

不断提高自身的素质,对于促进新农村建设和城乡高等教育公平有着深远的现实意义。

【新闻图片链接】

浙江台州市县县都有社区学院

近 5 年来累计培训超过 10 万人次

本报讯(记者:汪瑞林)　"截至 2007 年 10 月,台州市已建成 1 所社区大学,9 所社区学院,50 余所社区学校,基本形成了'大学(市级)—学院(县级)—学校(乡镇、街道)—班(村、居委会)'四级办学网络。"日前,在浙江台州市举行的"2007 社区教育国际论坛"上,台州市长陈铁雄对外宣布。

"打造以社区教育为重点的终身教育体系,是台州教育发展的一大亮点。"台州社区大学校长潘先考说。2004 年,台州社区大学正式成立,在市政府的支持和扶助下,台州社区大学将工作重点由学历教育转向非学历教育,最近 3 年,非学历教育人数以每年 30% 的速度递增,同时依托电大系统和远程教育优势,建立起延伸至乡镇、街道的办学网络。在台州社区大学这一龙头的带动下,台州 9 个县、市、区各建立了一所社区学院,一些条件较好的社区建立了社区学校,近 5 年来累计培训超过 10 万人次。

依托行业组织开展行业技能培训、走进社区开展市民素质教育、开展农村劳动力培训是台州社区教育的主要内容。台州天台县的天成社区学校,探索出"完全订单式"的农民培训模式,在成立不到 3 年的时间内为上海、杭州、嘉兴等地中外企业培训 5 000 多名学员,其成功经验受到国内同行重视。台州温岭市还于 2006 年被评为全国社区教育实验区。

(本文见《中国教育报》2007 年 12 月 7 日第 2 版)

　　2006 年 4 月 10 日,椒江社区学院成立大会暨开学典礼在椒江建联学校隆重举行。

　　2004 年 10 月,象山县社区学院成立。

第 4 篇

中国县级社区学院发展现状研究

⊙社区学院在国内外的发展现状
⊙中国发展社区学院的必要性与可行性
⊙中国社区学院发展的问题与对策
⊙依托现代远程教育发展县级社区学院

社区学院是最早在欧美应运而生的成人高等教育机构,其主要职能是高等职业教育、大学转学教育、补偿教育、社区教育和人文素质教育。20世纪90年代中期以来,我国许多省、市、区主要依托电大相继成立了社区学院,并取得了良好的社会效益。近年来,在我国创建学习型社会、构建终身教育体系的过程中,社区学院发展遇到观念、定位、管理等许多问题,必须通过加大宣传、加强管理等策略加以解决。现代远程教育是随着现代信息技术的发展而产生的一种新型教育形式,是构筑知识经济时代人们终身学习体系的主要手段。在我国众多实施现代远程教育的机构中,遍布全国的广播电视大学具有无可比拟的优势。以县级广播电视大学为基础建立县级社区学院,可以更好地利用现代远程教育优势,整合县域各类教育资源,对农村高等教育发展具有积极的推动作用。

一、社区学院在国内外的发展现状[①]

　　社区学院是最早在欧美应运而生的成人高等教育机构。社区学院亦称"民众高等学校"、"民众学院"或"社区成人教育中心",在英国被称为"村庄学院"。不同国家和地区的社区学院称谓有所不同,但其本质没有太大差异。

　　社区学院(community college)作为一种面向社区且为社区建设提供多种类型教育的机构,在国外已有了较长的发展历史,尽管社区学院在各个国家发展的起因不同,但都基于以下两个共同点:

　　第一,经济迅猛发展;

　　第二,高等教育需求旺盛。

　　社区学院在我国的发展与在国外的发展有着相似的背景。1994 年,我国第一所社区学院——金山社区学院在上海正式成立,标志着社区学院在我国发展的起步。

(一) 社区学院在国外的发展现状

　　德国民众高等学校与美国社区学院起步较早,迄今都已成为世界公认的成人教育模式的典范。以社区学院的创始国美国为例,19 世纪末 20 世纪初,一方面,美国工业迅速发展,大量采用新技术,对于专业人才的需求增大;另一方面,1870 年至 1900 年,美国人口几乎增长一倍,美国高等学校

---

　　① 刘尧. 我国社区学院发展现状、问题与对策[J]. 复旦教育论坛,2008(2):42 - 47.

的入学人数增长 4.5 倍,高等教育供不应求。① 在此背景下,美国社区学院受到普遍欢迎。至 20 世纪末,美国社区学院的总数已占到全美高等学校的三分之一,在校学生人数几乎占全美大学生人数的一半,美国各社区都建有社区学院。在过去的一个世纪里,社区学院为数以万计的人,特别是失学青年和弱势群体,提供了接受高等教育、职业教育等各种教育机会,对美国教育发展,尤其是对高等教育大众化和普及化作出了不可磨灭的贡献,也对美国社会的文明与进步发挥了超乎寻常的作用。

　　社区学院在民众中广受欢迎并迅速发展,与社区学院的大众化、民主化的性质和灵活、多功能、实用性的特点分不开的。社区学院有"人人学院"之称,它面向社会,以服务社区民众为宗旨,立足于提高社区民众的知识水平,以满足他们的各项学习需求和社会对各类人才的需求。在美国,社区学院已经成为主要实施高中后各类教育的、具有社区特征的,整合教育、社会、文化、休闲活动于一体的新型高等教育机构,其主要职能是高等职业教育、大学转学教育、补偿教育、社区教育和人文素质教育。② 社区学院集中体现了社区与教育、社区教育与高等教育的互动与结合。社区学院在美国取得良好发展之后,世界各地竞相借鉴,在 20 世纪 50 年代至 90 年代,许多国家都建立了类似于社区学院的教育机构,如澳大利亚的城市或地区学院,日本的短期大学和专修学校等,都是以服务社区为主要导向的具有多种功能的教育机构。

(二) 社区学院在国内的发展现状

　　早在 1994 年,国务院前副总理李岚清在访问美国期间,专程访问了芝加哥市郊杜培郡社区学院,回国后即向北京市有关领导作出"试办社区学

---

① 张剑秋.我国社区学院的发展及其现状分析[J].云南教育: 高教研究,2002(20): 23 – 26.

② 季东亮.社区学院:构建终身教育体系的有效载体[DB/OL]. http://www.hljy.cn/2005 – 09 – 19.

院"的指示。

在 2001 年度教育工作会议上,时任教育部部长的陈至立强调指出:今后高等教育要大力发展地区性高等职业教育和社区学院,使高等教育的区域性更加合理,培养当地留得住、用得上的人才。

20 世纪 90 年代中期以来,我国许多省、市、区都在积极创建社区学院,如上海、北京、沈阳、南京等地都相继成立了社区学院,并取得了较好的社会效益。

我国社区学院有两种起源:

一种是 20 世纪 90 年代中期,由成人高校和专科院校与地方结合办起的社区学院。

早在 2000 年,全国就有 6 所社区学院正式挂牌,它们是:北京的朝阳社区学院,南京的秦淮社区大学,上海的南市社区学院、闸北社区学院、长宁社区学院和金山社区学院。这些社区学院是适应高等教育体制改革和社区建设需要,以高职高专为主,集高等学历教育、非学历教育、社会文化生活教育于一体,具有职业性、社区性和综合性的高等教育机构。

另一种是在《面向 21 世纪教育振兴行动计划》明确提出"开展社区教育试验工作,逐步建立和完善终身教育体系,努力提高全民素质"之后,在教育部发动的社区教育实验中,主要以建立终身教育体系为宗旨,把教育深入街道、社区、乡村。①

近几年来,青岛、大连、苏州、无锡、杭州、宁波等地都相继创建了社区学院,这些社区学院大多是在电大、成人高校的基础上,整合相关教育资源,由政府拨款而创办的,不具备颁发学历文凭资格的新型的教育机构。

目前,我国社区学院主要是终身教育的载体和依托,由地方政府主办,社区各方参与,以推进社区物质文明、精神文明和政治文明建设和提高社区成员整体素质为根本宗旨的多功能教育机构。

---

① 佚名. 中国社区学院的定位与发展前景分析[DB/OL]. http://jdsqjy. ijd. cn/articleview/2006 – 03 – 17.

社区学院的创建培养了社区所需的人才,促进了社区的发展。比如,经过近几年的探索,浙江省社区大学(学院)有了长足的发展。经过网上搜索和调查统计,截至 2009 年 3 月,浙江省 90 个县(市、区)中有 58 个成立了社区学院,占 64%;正在筹建的有 7 所,占 8%;待建的有 25 所,占 28%。这些社区大学(学院),为当地社区教育的开展提供了载体和平台。

(三) 社区学院的一般职能与基本特点

从我国社区学院 10 余年的发展历程来看,它是借鉴美国社区学院的发展经验,结合我国社区教育实际的产物。我国社区学院是设立于地(市)和县(市),由地方政府投资兴办,教育行政机构主管并加以督导,主要为所在县(市)社区居民提供高等教育、职业教育和社区文化生活教育等方面服务的教育培训机构。

它的一般职能与基本特点如下:

1. 社区学院的一般职能①

第一,转学教育。在美国,转学教育是社区学院的基本职能,为中学毕业生提供高等学校前两年的教育。而在我国,目前这项职能主要是依托电大、自学考试和普通大学成人教育来实现的。

第二,职业教育。这是社区学院的一项主要职能。其目的在于使学生学到某种专门技能和知识,毕业后能有就业机会。同时,依据社区发展需要,为工业、商业及其他行业培养实用性的人才。

第三,补偿教育。通过设置综合性教育项目,开设各种文化课程补习班,使未达到中学毕业文化程度的青年和成人提高读、写、算的能力。

---

① 张剑秋. 我国社区学院的发展及其现状分析[J]. 云南教育: 高教研究,2002(20): 23-26.

第四,社区教育。这在社区学院的各类教育中占了很大比重,主要是指社区学院利用其人力和物力资源,为所在地区的全体居民提供知识文化教育、娱乐以及咨询等服务。

第五,素质教育。社区素质教育的目标是培养现代公民,赋予人们在现代社会生活中必须具备的法律、道德、科学等各种知识和修养。

2. 社区学院的基本特点

第一,社区性。社区学院是社区的重要组成部分,从学院的设立、管理到课程编制、教学活动的开展都与社区有着密不可分的联系。社区学院承担了多种教育职能,具有综合性的办学目标。一切工作以社区为中心是社区学院不同于其他类型教育机构的最根本特点。

第二,普及性。社区学院学员不分年龄、性别、学历、社会背景、目的、兴趣及学习能力,社区学院大门对任何人敞开,向所有社区居民提供均等的教育条件和入学机会。同时,还根据社区居民特点和个人差异,采用灵活多样的教学方式和学制,使不同背景的社区居民都有机会进入社区学院接受教育。

第三,实用性。社区学院的课程设置以社区人群的需要为出发点,不仅范围广泛,而且多为应用学科,具有很强的实用性。转学类课程,尽可能考虑学员获得大学学历的学习需要;职业教育类课程,密切结合社区和学员发展的要求;社会文化生活类课程,紧密结合社区居民日常文化生活,学用结合。

第四,灵活性。社区学院的专业、课程、教学组织形式、教学方法都较灵活实用。社区学院开设有各种培训、补习、研修课程,教学形式有课堂教学、远距离教学和现场教学等。双休日、假期、晚上都适当安排一些课程,学生可以根据自己的时间和精力安排学习。

第五,经济性。社区学院学费低廉,除象征性地收取一点学费外,办学经费主要由各级政府的资助。社区学院设在社区内,相当一批学生不用住校,在吃、住和交通方面可以节省不少钱。灵活的教学安排,使一部分在职学员的收入不致因上学而受太大影响,从而间接地降低了求学成本。

（四）我国社区学院的主要特征①

1. 服务社区，与社区建设发展的大环境相适应

社区学院办学目的就是为区域经济和社会发展服务，它是区域经济和社会发展的风向标，直接贴近区域经济社会的发展和改革，反应敏感迅速，受传统教育的束缚较少，专业设置实用、有针对性。北京西城区社区学院结合区域现状，继"室内艺术设计"专业被北京市教委评为特色专业之后，又接连推出"电子商务"和"社会工作"专业，深得好评。北京朝阳社区学院针对朝阳区是涉外区的特点，改进过去的会计专业，加大涉外财会、财会英语等内容，使该专业成为北京市特色专业；根据社区建设的需要开设的社区管理专业，也越来越受到社区人群的认可和欢迎。上海黄浦区社区学院根据当地社会和经济发展新需求开设的"电子商务"、"物流管理"、"电脑绘画"、"社会经纪"等新专业深得学生欢迎，且在读生大多数都是黄浦区在职职工。社区学院的课程设置，大多数都贴近区域经济和社会的发展需要。现在正在试办的多家社区学院都已经培养出一大批管理、生产和服务在第一线的应用型专门人才。

2. 依托社区，整合社区教育资源，优化社区教育资源配置

社区学院组建模式多种多样，但大多数主要由地区业余大学、职工大学、电大（分校）工作站、各类职业中专等合并而成，是区域教育资源的重组。北京西城社区学院是在原职工大学和经济科技大学的基础上的强强联合。朝阳社区学院是在原朝阳区职工大学、电大工作站和朝阳师范高等专科学校的基础上形成的。丰台社区学院是在丰台职工大学的基础上，合

---

① 佚名. 中国社区学院的定位与发展前景分析［DB/OL］. http://jdsqjy.ijd.cn/articleview，2006－03－17.

并丰台区电大、电视中专、东铁匠营职工学校、长辛店职工学校而建成。石景山社区学院是由原区属电大分校、职工中专、师范学校、幼儿师范学校和卫生学校等合并组成。天津河北社区学院由河北职工大学、河北商校、王串场中学和河北区职工中专组成。南开社区学院由南开职工大学、立达职专、南开商业职专、职工中专组成;新华社区学院由职工大学、中华职专等组成。上海各社区学院基本由区业余大学、区教育学院、区职工(电视)中专、区业余高中以及各区的相关培训中心等组成。通过整合,能充分发挥政府的宏观调控和统筹协调作用,区域教育资源能得到充分优化和合理利用,充分利用区域社会教育资源的优势,促进教育与社区经济和社会发展的紧密结合。社区教育资源的整合和优化,使社区学院深深扎根于社区,具备了其他高校不具备的优势,拓展了发展的空间。

3. 适应社区,实行灵活多样的教育机制

社区学院的教育机制既反映社区综合教育机构的特点,也满足了地区对教育的需求。许多社区学院高等学历教育在办学种类上,基本上形成了高职高专、电大远程教育和高教自考三足鼎立、相互沟通的格局。北京市教委总结试办了几年的社区学院的经验,归纳出其特色:开放性(满足所有求学者的需求)、多样性(以高中后教育为主,学历教育和非学历教育并举,办学形式多样化)、职业性(职业教育和技能培训是社区学院突出的特色之一)、社区性(社区学院教育区别于普通高等教育的主要特性,它指的是社区学院在区域的教育辐射功能)、综合性(社区学院参与区域社会经济发展,参与社区文化与精神文明建设,面向社区开展多层次、多类别的社区教育服务,承担着在社区开展理论研究、咨询服务等功能,满足社区单位和个人对教育的多样化需求)。

4. 面向社区,办学特色突出

普通高等教育是以学科为基准设置专业,以学科知识结构的需要建立专业课程体系,以培养理论研究型和理论应用型的人才为目标。高等职业教育则是以职业或行业为基准设置专业,以职业或行业行为结构的需要建

立课程体系,以培养实践操作型的人才为目标。职业性是高等职业教育区别于普通高等教育的重要内容。社区性是社区学院区别于普通高校和高等职业技术学院的最主要的特点。社区学院既尊重教育教学规律,又有高度的灵活性,各社区学院都拥有一支专兼职结合的教师队伍。课程设置尽可能地适应社区各种人群对教育的需要,满足全员、全程、全方位的教育需求。社区学院的准确定位,特色课程的设置,灵活的办学方式,全新的人才培养模式,适应了社会发展的需要,也适应了教育自身发展的需要,满足了社会高等教育大众化的需求。社区学院植根于社区,服务于社区,使社区的终身教育体系得到充分的发展和完善。社区学院在构建终身教育体系中有不可替代的基础性作用。

5. 立足社区,对外联合

社区学院办学虽然大多数以政府主导为主,社会多方参与,但几乎所有的社区学院都着力于加强与高校和科研机构的联系,依托高校和科研机构,使社区学院不仅能满足区域社会对各级各类人才的需求,还能担当起参与社区建设、进行理论研究、开展各类咨询服务的功能,体现社区学院构建终身教育体系、建设学习化社会的终极目标。这种合作使社区学院拓展了自己办学的层次,利用高校和科研机构的知识资源提高自己的办学质量和教学质量,而办学渠道的拓展,学生生源扩大,又使社区学院不断壮大。同时,现在比较成功的一些社区学院都注重学习国外社区学院的先进经验,跟国外教育机构互相交流与合作的积极性较高。

二、中国发展社区学院的
必要性与可行性

社区学院作为职业教育、成人教育、普通教育的"立交桥",是高等教育大众化的重要力量。发展社区学院,既适应了当前我国经济发展和高等教育发展的要求,也符合社区教育促进人的全面发展、提升整体国民素质和创建学习型社会的时代要求。

(一) 我国发展社区学院的政策背景[①]

1. 政治经济体制改革

20 世纪 80 年代,我国政府大力提倡和推广社区服务,并把它作为支持改革、提高人民生活质量的手段。同时,劳动人事制度改革及许多单位后勤福利社会化,人们从业已习惯的单位人逐渐向社会人、社区人过渡,这为社区教育发展提供了契机。改革开放以来,政府一方面保留对行政性资源的控制,同时逐渐把社会资源的部分控制权分解给社会。因此,政府行政权利的主动分流和社会化权利的逐渐发展,促成了目前社区非行政性资源的获取、配置与应用空间的放大。随着社会多元化转变,人们从业选择和生活方式日益多元化,社区居民对教育的需求也相应呈现多元化发展的态势。这些为社区教育的产生提供了基础。

2. 职业教育举步维艰,急需寻找新的生长点

20 世纪 90 年代中后期,职业教育发展面临严峻挑战。随着国家产业结构的调整,资本和技术密集型产业的大量出现,以信息、金融为主导的新兴第三产业飞速发展,社会对专门人才的需求与过去有了明显变化。普遍高校和普通高中扩招后,中等职业教育出现结构性供大于求的现象,招生数逐年减少。中等职业教育缺乏继续深造的渠道。在高等职业教育方面,办学仅限于专科层次,学生后续发展的余地很小。这些都严重制约了职业教育的发展,因此寻求新的发展点成为迫切的要求。社区学院的出现带来

---

① 王良娟. 我国社区学院发展的政策分析[J]. 开放教育研究,2003(2):21 - 23.

了新的转机。

3. 国际终身教育思潮及国际机构的影响

终身教育从 20 世纪 60 年代提出以来,已被越来越多的国家所接受。1995 年,我国《教育法》明确规定要"建立和完善终身教育体系",1999 年教育部颁发的《面向 21 世纪教育振兴行动计划》中提出:到 2010 年,基本建立起终身学习体系。时任总理的朱镕基在 2001 年《政府工作报告》中强调了建立终身教育制度的重要性。因此终身教育思想在我国为越来越多的人所接受。容纳各种教育形式的社区学院集中地体现出了终身教育的理念。另外,20 世纪 90 年代,美中教育基金会在我国推进社区学院的活动,让更多的人了解并接受了社区学院教育,同时促进了我国社区学院的发展。

(二)我国发展社区学院的政策例举

20 世纪 90 年代以来,影响我国社区学院发展的相关政策主要有:1994 年,国务院前副总理李岚清在访问美国期间,专程访问了芝加哥市郊杜培郡社区学院,回国后即向北京市有关领导作出"试办社区学院"的指示。1996 年 6 月,江泽民同志在全国第三次教育工作会议讲话中提出了发展社区性的高等职业教育的设想。他指出:"根据需要和可能,采取多种形式积极发展高等教育,特别是社区性的高等职业教育,扩大现有普通高校和成人高校的招生规模,尽可能满足人民群众接受高等教育的要求。"原国家教委成人教育司在 1998 年 5 月召开的新时期成人培训暨再就业培训研讨会上,对北京市、上海市、河南许昌市进行社区学院试点以及天津市和平区、北京朝阳区、西城区、石景山区以及上海闸北区等开展的社区教育工作予以了很高的评价。1999 年,国务院批转教育部的《面向 21 世纪教育振兴行动计划》,明确提出:"开展社区教育的实验工作,逐步建立和完善终身教育体系,努力提高全民素质。"

2000 年,中共中央办公厅、国务院办公厅转发的《民政部关于在全国推进城市社区建设的意见》指出:"实践证明,大力开展社区教育,引导居民爱祖国、爱城市、爱社区,可以形成崇尚先进,团结互助,扶正祛邪,积极向上的社区道德风尚。"

2000 年 4 月,教育部职成教司下发了《关于在部分地区开展社区教育实验工作的通知》,决定以北京市朝阳区等 8 个大中城市的城区作为社区教育实验区,开展社区教育实验工作。在 2001 年度教育工作会议上,时任教育部部长的陈至立强调指出:今后高等教育要大力发展地区性高等职业教育和社区学院,使高等教育的区域性更加合理,培养当地留得住、用得上的人才。

2002 年,江泽民同志在中国共产党第十六次全国代表大会上作《全面建设小康社会,开创中国特色社会主义事业新局面》报告,当中谈到全面建设小康社会的目标:"形成全民学习、终身学习的学习型社会,促进人的全面发展。"建设学习型城市、学习型组织、学习型社区、学习型家庭的活动,已在我国一些发达地区广泛兴起。

在这些政策的指导下,社区学院陆续在一些城市试点,一些相应的政策也相继出台。以北京市为例,北京市从 1994 年开始开展社区学院试点。1994 年,北京市委、市政府在《关于进一步改革和发展成人教育的若干意见》中指出,城区社区教育的重点是发展各种形式的职业教育。在北京市 2001 年的工作要点中,政府明确要求:"加快发展社区学院,满足市民多样化的教育需要。"在《民政部关于在全国推进城市社区建设的意见》中指出,社区建设是指在党和政府的领导下,依靠社区力量,利用社区资源,强化社区功能,解决社区问题,促进社区政治、经济、文化、环境协调和健康发展,不断提高社区成员生活水平和生活质量的过程。

社区建设是一项新的工作,大力推进社区建设,是我国城市经济和社会发展到一定阶段的必然要求,是面向新世纪我国城市现代化建设的重要途径。虽然民政部门并没有直接参与社区学院发展的具体工作,但其对社区的强调及理念的普及具有深远影响。因此,其对社区学院政策的间接影响不可低估。

（三）我国发展社区学院的必要性

1. 发展社区学院是建设学习型社会，实现全面小康社会的需要

随着我国产业结构的调整，在全面建设小康社会进程中，人力资源的开发利用，面临着四个方面的严峻挑战：①劳动力供给高峰到来，加剧了劳动力供求总量的矛盾；深化国有企业改革，加大了城市就业压力；推进城镇化进程中，创造大量非农业岗位，也产生了大量文化素质较低的剩余劳动力；大量低素质的劳动力，难以满足激烈竞争对高素质人才的需要。诸多的挑战，把学习型社会建设摆上了重要位置。学习型社会建设，从本质上讲，就是学习社会化、终身化，就是在全社会营造良好的学习氛围，全面提高城乡居民的文明素养。搞好学习型社会建设，能激发城乡居民学习的自觉性和主动性；能引导城乡居民把学习纳入日常工作和生活之中，努力掌握全面建设小康社会所需要的各种知识；能排斥低俗文化对城乡居民的影响，从而形成健康向上的城乡居民文化生活，全面推进社会文明与进步。一些地区的试点经验表明，社区学院是学习型社会建设的良好平台，正是实现社会文明与进步的有效载体。

2. 发展社区学院是构建和谐社会，建设社会主义新农村的需要②

从构建和谐社会、逐步缩小城乡差距、建设新农村的角度来看，农村发展无疑需要较多的高级、中级人才。而实际情况是，现有的农村教育将农村优秀的人才筛选出来并送往城市，农村人才的流失最为严重，这从根本上阻碍了新农村发展的步伐。党的十六届五中全会提出，新农村建设要培

---

① 李新中. 依托电视大学创建社区大学的思考与建议[J]. 淮海工学院学报：人文社科版，2004（2）：21－24.
② 刘尧，傅宝英. 新农村人力资源开发与县级社区学院发展[J]. 教育与现代化，2007（2）：48－54.

育有文化、懂技术、会经营的新型农民,充分发挥农民的主体作用。新农村建设的主体是广大农民,农民的素质不提高,就不可能真正实现新农村建设目标,就会影响农业和农村的现代化乃至整个国家的现代化进程。怎样提高农民的素质,需要我们在农村教育发展中探求答案。教育通过提高人的生产能力,促进劳动生产率提高,促进国民经济增长,具有较大的社会经济效益和个人经济效益。由此可见,积极发展社区学院,大幅度提高农村劳动者掌握与运用科学技术的能力,培养和造就适应现代农业和农村发展要求的新型农民,是新农村建设取得成功的根本保证。

3. 发展社区学院是整合教育资源,构建终身教育体系的需要

一次性的学校教育已经不能满足人们不断更新知识的需要,终身教育是当今社会发展的必然趋势。终身教育体系包括职前与职后教育、正规与非正规教育、职业教育与生活教育。建立和完善终身教育体系,已是我国教育改革和发展的基本目标。实现这个基本目标,社区教育有其独特的不可替代的作用。社区学院作为社区教育与高等教育互动结合的产物,是建设中国特色学习型社会的重要载体。现在,我国依托电大等教育机构创办社区学院,可以使闲置的教育资源得到有效开发和充分利用,校际之间分工更加合理,不同类型的教育资源可以得到进一步整合,促进教育体制进一步改革,创新办学模式,拓宽办学渠道,扩大教育市场,提高办学的经济效益和社会效益。社区学院可以为社区居民创造学习的机会,提供学习的场所,满足社区成员多样化的学习需求。社区学院是构建终身教育体系、建设学习型社会的基础性工作,是实现终身教育的重要组织形式。

(四)我国发展社区学院的可行性

社区学院主要是从事高等职业教育、大学转学教育、补偿教育、社区教育以及素质教育的社区高等教育机构,是我国高等教育事业的重要组成部分。

1. 我国经济和高等教育发展,为创建社区学院提供了坚实的基础

如前面所述,尽管世界各国社区学院发展的起因不同,但都基于以下两个共同点:

第一,经济迅猛发展。

第二,高等教育需求旺盛。

20世纪80年代以来,我国经济高速发展,产业结构不断调整,高新技术的广泛采用迫切需要一批既掌握系统技术理论又有现场操作技能的高级应用型人才。同时,我国高等教育有了高速的发展,逐步实现了大众化。尽管如此,我国现有高等学府还不能满足学习需求。在这种情况下,就催生了我国的社区学院。

2. 我国社区功能的强化,为创建社区学院提供了广阔的平台

随着社会主义市场经济的发展,在我国城乡,单位的功能迅速外移,城乡居民正由"单位人"向"社区人"转移。

在计划经济体制下,单位一般都是公有制或集体所有制,具有类似社会性的功能,它包揽了单位人的就业、教育、劳保、福利、住房、医疗、生育甚至子女上学等。单位对个人有着全面的决定性意义,个人对单位有着不可替代的依赖感和归属感。同时,政府对城乡居民的管理主要也是通过单位实行的。

随着市场经济体制的完善,改变了单位办社会的状况,单位将自己承担的社会事务剥离出去,移向社会,主要是移向社区。由"单位人"向"社区人"过渡,这就要求社区的功能不断丰富、强化,要求社区替代由过去单位所承担的教育功能、后勤服务功能、文化娱乐功能、医疗保健功能、交往功能等。与此同时,出现了大量的单位以外的群体,如私营企业、个体工商户、外资企业、合资企业、自由职业者、进城经商人员和打工人员等。这些非传统单位的人员,将纳入社区,使社区成员的异质性成分扩大,社区成员的素质状态呈现多样化,对以提高社区成员素质为目的的社区教育提出了新的需求。社区成为具体实施终身教育的主要环境,社区教育的作用日益凸显。[①] 创

---

① 厉以贤.终身学习视野中的社区教育[DB/OL].http://www.hie.edu.cn,2007-07-04.

建社区学院,满足城乡居民日益增长的文化教育需要已经成为可能。

3. 电大的社区教育实践,为创建社区学院提供了成功的经验

2000 年 12 月,教育部鼓励在全国各个城市建立社区学院。青岛市率先作了大胆的尝试,由政府牵头,依托青岛电大建立青岛社区大学,在各区、市建立社区学院,在街道(乡镇)建立社区学校,在社区(村)设立教学班,有效地整合了社区教育资源,为依托电大建设社区学院树立了比较成功的范例。从目前办学情况来看,电大已具备了各层次学历教育、继续教育、短期培训等多种功能。① 具备举办各种层次教育的教学基地、实践基地、实验设施、图书资料,拥有一支能胜任教学工作、结构合理、专兼结合、相对稳定的师资队伍,高级教师、"双师型"教师达到一定比例。电大以"天网、地网、人网"三网合一为依托的现代远程教学传输技术平台初具规模,为创建社区学院提供了有力的技术支持。电大办学层次齐全,专业设置覆盖面广,教学方式灵活多样,实现了正规与非正规、普通与职业、学历与非学历教育的相互整合,可以为实现家庭网络化、社会中心化、学校联动化和社会学习化的大教育格局服务。电大的教育资源和社区教育实践,为创建社区学院营造了最佳教育环境。

三、中国社区学院发展的问题与对策

近年来,在我国创建学习型社会,构建终身教育体系的过程中,社区学院发展遇到观念、定位、管理等许多方面的问题,必须通过加大宣传、加强管理等策略加以解决。

---

① 李新中. 依托电视大学创建社区大学的思考与建议[J]. 淮海工学院学报: 人文社会科学版,2004(2):21-24.

（一）我国社区学院发展的主要问题

1．思想观念问题

尽管我国高等教育已经进入大众化发展阶段,但长期以来盘踞在国人意识中的"精英教育"思想根深蒂固,大部分人把接受高等教育视为"天之骄子"的一种特权:

第一,重视普通高等教育,鄙视职业类社区高等教育。

第二,不认为接受高等教育是大众的基本生活需要和工作需要。

因此,大众性的社区学院缺乏群众基础。

另外,由于社区学院本身以"学生为本",为社区提供"教育服务"的观念尚未建立起来,也影响了社区学院的发展。

2．管理体制问题

我国目前尚无关于社区学院建设与管理的专门法规,这就使社区学院从创建到管理都无章可循、无法可依。比如:不具备建立社区学院的实力,也勉强建院;管理队伍和教师队伍的整体素质不高,以及名称混乱,有的称社区学院,有的称社区教育学院,有的称社区大学或别的名称。另外,社区学院的管理体制一般是由政府教育行政机构领导,但究竟是高教部门、职教部门、成教部门还是别的其他部门进行管理,还不明确。

3．职能定位问题

我国社区学院主要从事高等职业教育、大学转学教育、补偿教育、社区教育以及素质教育。这样的定位过于宽泛,涉及各种中等与高等学历教育、职业教育和社区教育。例如,有些社区学院以高等职业教育为分界,教育层次向两头延伸,上有本科和研究生教育,下有中专、高中教育,以及市民教育和职业培训。社区学院这种"小而全"的定位本意在于吸引更多的生源,满足更多的受教育需求,但与普通高等学校教育雷同,失去社区学院立足于社区发展的特色。

4. 课程问题

按原国家教委有关规定,社区学院学生只有参加并通过部门规定的基础课程的高等教育学历文凭考试,才能取得国家承认的高等学历。[①] 虽然基础课程是提高理论水平,培养各方面能力,增强适应性的基础,但由于这些课程的通过率标志着学校的教学水平,决定着学生能否取得高等学历,这不仅会导致应试教育的强化,迫使学校和学生把大部分精力花在这几门课上,忽视应用性强的专业课、技术课,而且也会大大削弱社区学院的职业性。

5. 与社区联系问题

发达国家的社区学院与社区已处于互利互助的良性循环中。以美国来说,社区为社区学院提供生源和场所,社区学院利用其所有的人力和物力资源为所在地区的全体居民提供教育和服务,成为社区的知识文化中心,为社区的建设作出积极贡献。而我国的社区学院总体来说,社区认可度不高,与社区的联系较少;社区学院自身也缺乏与社区积极、主动的沟通,如没有充分利用社区资源,所设置的专业课程没有体现出社区的特色,所开发的社区服务项目不到位等。

6. 经费问题

我国社区学院的经费投入,国家尚无投资法规,地方财政往往偏重于其他公益事业的发展,很难抽出经费用于发展社区学院。由于经费问题的困扰,社区学院不得不向学生收取较高的学费,以增强其造血功能,寻求自我发展的道路。这样,经费问题成为制约社区学院生源、设备和师资等方面生存与发展的主要因素。不少地区因资金无法落实而未能建立或扩展社区学院。如何解决经费,这成了社区学院生存发展的一个关键问题。

---

① 郭必裕. 我国社区学院发展的主要问题和解决思路[J]. 教育与现代化,2000(4):18-22.

（二）我国社区学院发展对策

1. 加大宣传力度

　　社区学院发展不仅决定于经济和高等教育的发展水平,还受制于人们对社区学院的认识与接受程度。一百多年前,丹麦教育家科隆威在一个叫罗亭的乡村,创立了世人公认的第一所社区教育学校,其作用和意义逐渐得到普遍承认,但竞相效仿却是 12 年以后的事。[①] 今天,我国创建社区学院的经济发展条件和社会发展条件已经具备,社区教育正在党和政府的高度重视下健康发展。但是,对于创建社区学院的必要性与紧迫性认识不够,阻碍了社区学院的发展,所以,要加大宣传力度,尽快在全社会形成人人都来关心和参与社区学院建设的风尚。

2. 加快立法进程

　　社区学院的建立和发展离不开法律的保障。美国各州都制定有完善的社区学院法律法规,对社区学院的办学宗旨、管理体系、组织机构、营运方式和资金保障等,法律都有明确的规定。这就从法律上确立了社区学院的地位,使社区学院成为美国全民终身教育网络的一个有机组成部分。我国也应有相应的社区教育方面的法律法规。只有这样才能使社区学院置于法律的保护之下,其发展和完善才能得到保障,并在我国的终身教育网络中占有一席之地。因此,我国应由教育部门牵头,尽快制订有关社区学院的法律法规,规范和促进社区学院的发展。

3. 加强领导管理

　　开展社区教育是一项系统工程,需要方方面面的参与和支持,地方政

---

①　杨应崧. 论创建中国特色社区学院的几个焦点[J]. 教育发展研究,2000(12):48－50.

府应担当起统筹、领导的职能。从浙江省的经验看,"政府主办、教育部门主管、有关部门配合、社会支持、群众参与",是社区教育的最佳管理模式。① 县(市)建立社区教育委员会,统筹领导县(市)的社区教育工作。社区教育委员会由当地政府主管领导任主任,组织、宣传、人事、教育、财政、民政、劳动、公安、科委等部门领导及骨干企业集团代表任委员。在教育局或社区学院设立社区教育委员会办公室,负责全面规划,指导和实施社区教育计划。在社区教育委员会的统一领导下,建立县(市)社区学院及各街道(乡镇)社区教育学校、居民区(村)社区市民学校(村民学校);形成县(市)、街道(乡镇)、居民区(村)三级社区教育网络。

4. 明确职能,准确定位

社区学院教育职能的多样性和综合性,使社区学院能行使高等教育、职业教育和社区教育的多种职能。它是终身教育的载体和依托,它以为社区经济建设和社会发展培养应用型人才、提高社区居民的文化和文明素质为目标。其办学的终极目标是为了提高人的素质和生活质量,促进社会的发展,建立学习型社会。其教育体系包括:高等学历教育、非学历教育、社会文化生活教育。其教育任务是以社区经济社会发展所需的职业、技术岗位所需的知识和技能为依据,通过学习或培训,更好地为地方经济建设和社会可持续发展提供人才和智力支持;为稳定社会、繁荣文化、进行精神文明建设、开展社会文化生活教育、促进人的全面发展、建立学习型社会提供一个平台。

5. 根据社区需要设置课程

社区学院要根据社区的需求设置课程,课程开发要与当地的工商部门、企业、社会、个人联合进行,可以组成课程专业设计委员会,定期召开会议,进行课程开发的有关工作。社区学院要依托社区机构和产业,创新社区教育课程体制,发挥社区学院的地方性、职业性、灵活性等特点,与普通

---

① 胡大经.兴办县域社区学院几个问题的思考[DB/OL]. http://www.sq.fytvu.net/files, 2006-07-19.

高校互为补充。加强社区学院的课程建设,提升社区教育的质量,为实施终身教育,建设学习型社区,最终构建学习型社会和终身教育体系贡献力量。只有与社区密切联系,才能提供满足社区急需的实用、速成的教育项目,为社区建设提供有力的教育服务,以此区别于传统的普通高校。

6. 采取较低廉的收费制度

经费问题是建立与发展社区学院的大问题。全面推进社区教育,既是政府行为,也是社会行为和个人行为。因此,可以采取"政府拨一点,社会筹一点,单位出一点,个人拿一点"的办法来解决社区学院的经费问题。

第一,社区学院的一个显著特点是地方性,它主要是为社区和地方的社会经济及文化事业服务。因此,地方政府应首担其责,从根本上保证社区学院获得基本的发展。

第二,学生接受社区学院的教育,获得了知识和技能,从而能改善生活水平,因而学生也应承担教育费用。

第三,加强同企业和社会团体的合作,争取从企业和社会团体吸引资金。社区学院培养企业和社会团体所需要的人才,促进了企业和社会团体的发展,企业和社会团体也应为社区学院提供必要的经费资助。

(三) 我国社区学院的发展前景[①]

1. 我国社区建设的大环境使社区学院的发展前景看好

我国的社区建设由民政部发起并组织试点、推广,目的是为了促进经济和社会协调发展,加强政治体制改革,稳固基层政权,满足人民群众不断增长的物质需求和文化需求,提高人民群众的生活质量和文明程度。现在,社区建设正如火如荼地在全国各地展开,政府对社区建设给予了极大的投入

---

① 佚名. 中国社区学院的定位与发展前景分析[DB/OL]. http://jdsqjy. ijd. cn/articleview, 2006 – 03 – 17.

和关注。而社区教育就是以不断提高区域内社区居民的思想道德素质、文明文化素质和心理身体素质,满足社区居民不断增长的各种教育需求,促进社会健康、和谐的发展为己任,因此,社区教育是社区建设可持续发展的助推器和基础性工程。社区学院在社区教育中有举足轻重的地位。

2. 学习型社会建设的需要使社区学院的发展壮大成为必然趋势

学习型社会是教育与学习贯穿于任何时候、任何领域、任何过程中的社会,学习型社会既是构建终身教育体系的最高目标,也是衡量终身教育体系发展、成熟与否的重要标志。传统的学校教育已经不能满足终身教育的需求,而在一定区域内,以社区学院为龙头,充分利用各类教育资源针对社区全体居民开展教育活动的社区教育,开始在实施终身教育和建设学习型社会中扮演着重要的角色。社区学院作为社区教育与高等教育互动结合的产物,以现代教育理念和创新精神构建终身教育体系,根据本地区经济社会发展的要求和社区成员的教育需求,与社区双向互动,使教育社会化,社会教育化,推动和促进社区教育的广泛开展,促进学习型社会的建设。社区学院将成为高等教育事业和社区教育事业中的重要组成部分。

3. 社区教育的蓬勃发展促进了社区学院的发展

党的十六大从科教兴国的战略高度,提出了"形成比较完善的现代国民教育体系"、"构建终身教育体系",建设"学习型社会"的要求。国务院在批转教育部《面向 21 世纪教育振兴行动计划》中提出"开展社区教育工作,逐步建立和完善终身教育体系,努力提高全民素质"。2000 年 4 月教育部决定,在部分大城市的区(县)和部分中小城市进行社区教育实验工作。全国各级政府普遍重视社区教育,把社区学院建设当作社区教育发展战略的重要组成部分。

4. 国外社区学院的发展经验为我国社区学院的发展提供了有益的借鉴

20 世纪 60 年代前后在美国和加拿大等国迅速出现的社区学院,虽然主要是满足二战后的出生者对高等教育和职业教育的需求,但在 20 世纪 80 年代初大学年龄人口开始下降的情况下,社区学院注册的人数却继续上升,这是由终身教育发展的趋势所造成的。国外社区大学的成功经验,诸如管理模式、办学体制、课程设置、教学方法、学生来源、就业方向乃至教师的聘用方式等方面,都为我国教育体制的改革提供了有益的借鉴。

5. 国内已经成立的社区学院的功能和服务内容现在没法替代

社区学院承担着多功能、多层次办学的教育任务。它的教育功能繁多,覆盖范围广泛,各类教育统一在一个综合性的教育机构中,一定程度上满足了社会和地区各层次、各类型教育的需要,社区学院正逐渐成为各自区域的社区教育中心、各级各类人才的培训中心、社区教育研究中心、社区文化建设中心。在社会有大量需求但很多传统教育涉及较少或者没有涉及的层面,社区学院正起到不可替代的作用。社区学院这种全新的人才培养模式,不仅适应了我国经济社会发展的需要,而且也适应了教育自身发展的需要,相对于传统的教育形式而言,社区学院是一种更能适应区域性经济和社会发展的形式,体现着更新的教育思想和理念,体现着高等教育大众化、终身教育、社区教育等世界教育的发展趋势。

四、依托现代远程教育发展
县级社区学院[①]

中国科技大学前校长朱清时院士在接受媒体采访时指出,近年来,我国出现的就业难、劳动力过剩乃至社会不稳定等问题,究其根本原因就在

---

① 傅宝英,刘尧.依托现代远程教育发展县级社区学院[J].现代远距离教育,2007(5):20－22.

于国民素质低下、能力有限。① 他说,美国社区学院遍布各地,占高校总数的40%,对社会发展、人才培养发挥着至关重要的作用。因此,我国应积极发展普及性的社区学院,这样不仅能更好、更快地提高全民素质,提高普通公民的谋生能力,而且可以促进社会稳定和经济繁荣。笔者认为,发展农村高等教育可以有多种模式,而以现代远程教育为依托,以县级电大为龙头,整合县域教育资源,发展县级社区学院,是我国发展农村高等教育现实而明智的选择。

(一) 现代远程教育及其发展历史

远程教育是异地的教育行为,是指学生和教师、学生和教育机构之间主要采用多种媒体手段进行系统教学和通信联系的教育形式。

远程教育在中国的发展经历了数代:

第一代是函授教育。这一方式为我国培养了很多人才。

第二代是20世纪80年兴起的广播电视教育。我国的这一远程教育方式和中央电视大学在世界上享有盛名。

20世纪90年代,随着信息和网络技术的发展,我国产生了以信息和网络技术为基础的(第三代)现代远程教育。

现代远程教育是随着现代信息技术的发展而产生的一种新型教育形式,是构筑知识经济时代人们终身学习体系的主要手段。现代远程教育并不意味着对前几代(如函授教育、广播电视教育)的否定或取代。函授教育、广播电视教育的媒体手段与计算机网络、多媒体技术等新的媒体手段相结合,实现资源的优化配置和综合利用是现代远程教育发展的必然趋势。

世界远程教育的历史可以追溯到20世纪30年代。随着先进的信息技术,特别是因特网的出现,远程教育的特征发生了深刻的变化。在20世

---

① 佚名. 我国应积极发展社区大学 [DB/OL]. www. westgain. com/management/training/ 2006 – 08 – 13.

纪早期和中期,远程教育技术的特征是单向传输。这一时期远程教育技术主要用于老师与学生之间的信息传递,这种传递模式没能起到学生之间沟通的作用,仅实现了师生之间有限的交流。

第一代传输技术还受到时间的限制(例如学生们收听收音机和收看电视节目的时间是预先安排好的)。

第二代技术出现在1960年,大大改进了第一代技术对时间的依赖性。录像机和有线电视的出现,使远程教育在传播过程中不受时间限制,将录制好的课程内容的录像带发给学生,使他们可以随时观看。20世纪80年代中期,远程教育开始使用个人计算机技术,不久又出现了双向视频会议系统。

第三代远程教育技术同以前相比,教师可以将大量的更加复杂的信息传送给学生,使学生之间、师生之间通过电子邮件、聊天室和电子公告牌等进行交流。计算机模拟以及其他通过计算机磁盘、光盘和因特网等途径运用的电子资源进一步表现出这一代远程教育的特征。

第四代远程教育技术更加先进。学生之间、师生之间的交流得到了加强。进行交换的信息数量和种类显著增加,减少远程教育对时间和空间的依赖,可以使真正意义上的虚拟学校成为现实。

(二) 现代远程教育的主要特性及其作用

现代远程教育与面授教育的主要区别是教师和学生能否跨越空间进行实时或非实时的交互。现代远程教育有以下基本特性:

1. 开放性

以互联网络和多媒体技术为主要媒介的现代远程教育,突破了学习空间和时间的局限,赋予了现代远程教育开放性的特征。现代远程教育不受地域的限制,提供的是师生异地同步教学,教学内容、教学方式和教学对象都是开放的,学习者不受职业、地区等限制,这将有利于解决偏远地区人群受教育难的问题,有助于国民整体教育水平的提高,为全体社会成员提供均衡的教育机会。

2. 技术先进性

现代远程教育的技术支撑是以计算机技术、软件技术、现代网络通信技术为基础,数字化与网络化是现代远程教育的主要技术特征。先进的现代教育技术,极大地提高了远程教育的交互功能,能够实现老师与学生、学生与学生之间多向互动和及时反馈,具有更强的灵活性。

3. 自主灵活性

现代远程教育能够满足受教育者个性化学习的要求,给受教育者以更大的自主权,改变了传统的教学方式,受教育者可以根据自己选择的方式去学习,使被动的接受变成主动的学习,把传统的以"教"为主的教学方式变为自主地选择学习内容、学习时间的教学方式。

4. 资源共享性

现代远程教育利用各种网络给学习者提供了丰富的信息,实现了各种教育资源的优化和共享,打破了资源的地域和属性特征,可以集中利用人才、技术、课程、设备等优势资源,以满足学习者自主选择信息的需要,学校不必为学生安排集中授课,不必为学生解决食宿、交通等问题,方便了学生学习,使更多的人同时获得更高水平的教育,提高了教育资源使用效率,节约了教育成本。[①]

(三)实施现代远程教育的高校中,电大具有无可比拟的优势

《面向 21 世纪教育振兴行动计划》指出:"要以远程教育网络为依托,

---

① 佚名. 什么是现代远程教育 [EB/OL]. www. jymscn. com/show. asp? ArticleID = 290 9K 2005 – 08 – 13.

形成覆盖城乡的开放教育系统,为各类社会成员提供多层次、多样化的教育服务。"中共中央、国务院在《关于深化教育改革全面推进素质教育的决定》中强调:"要运用现代远程教育网络为社会成员提供终身学习的机会,为农村和边远地区提供适合当地需要的教育。"之所以要以远程教育为依托,主要原因是教育需求不断增长,教育资源相对短缺,教育发展不能满足现代化建设需要。面临知识经济的挑战,我们又必须努力扩大教育规模,提高教育质量,消除专门人才短缺和人口素质不高对各项事业发展的制约。教育需求与供给不平衡的矛盾,是我们必须面对的。而以电子信息技术为基础的现代远程教育的发展向世人昭示,它将突破传统教育时空的限制,以覆盖面广、全方位地为各类社会成员提供教育服务的优势,对解决教育需求与供给不平衡的矛盾具有强大的推动作用。因此,我国把发展现代远程教育作为一种新型的教育方式,作为构筑21世纪终身学习体系的主要手段,作为在我国教育资源短缺的条件下办好大教育的战略措施,作为国家重要的基础设施来加大建设力度。

在我国众多实施现代远程教育的机构中,遍布全国的广播电视大学具有无可比拟的优势。电大是运用现代教育技术手段和多种媒体进行远程教育的高等学校,也是面向地方、面向基层、面向农村、面向边远和少数民族地区,实行多层次、多规格、多功能、多形式办学的开放大学。电大具有以下几个方面的优势:

第一,办学优势。

电大创办20余年来形成了从中央电大到省级、地市、区县的远程教育网络,形成了相互关联、互为补充、卓有成效的管理运作机制,并积累了丰富的经验。

第二,资源优势。

电大的教学手段通过20余年的努力,已经形成"三网合一"的格局。"天网"以通讯卫星数字传输电视教学节目为标志;"地网"以通讯光缆利用互联网可将教学资源信息送入千家万户,传送到所有铺设了光纤的乡镇;"人网"各级电大教师可直接将面授辅导课的课堂搬到学生集中的任何一个村寨。

第三,办学机制灵活的优势。

电大作为一所综合性的大学在办学方面,具有学科门类多、专业覆盖面广、课程设置灵活多变的特点,可很好地适应各地乃至老、少、边、穷地区多层次、多规格的人才培养要求。

第四,可满足农民强烈的求知欲望。

利用电大业已形成的远程教育网络,在农村实施高等教育可为国家节约教育投资,也为农民提供了最经济、最有效的高等教育服务。①

(四) 依托电大发展县级社区学院的优势与作用

陈至立同志曾明确指出:"电大教育的主要任务,一是要在实现我国的高等教育大众化中发挥应有作用;二是要大力开展岗位培训等非学历教育,为各类专业人员更新知识和掌握新的技能提供适时和有效的教育服务;三是要利用电大教育资源,建设社会化的现代远程教育公共服务体系,为高等学校以及国内外其他教育机构开展远程教育提供学习支持服务。"2005 年,教育部部长周济在对电大工作指示中指出,电大一定会在构建学习型社会中发挥重要的作用,一定要从继续教育和终身教育方向上争取更好更大的发展。

20 余年的办学实践证明,我国电大由于其开放办学的理念,"统筹规划、分级办学、分级管理"的办学体制,天网(卫星系统)、地网(互联网和宽带专用网系统)、人网(中央、省、市、县四级电大的办学系统)"三网合一"的远程教育平台,分布式的教学模式,是终身教育的最佳载体。作为县级现代远程教育机构的县级电大,其所具有的面向地方、面向农村、面向边远的多层次、多功能、多类型的办学定位和办学功能十分突出。通过县级电大的现代远程教育,即使在偏远的农村和海岛,全民学习、终身学习也从可

---

① 许向东. 中国的远程高等教育要向农村发展[DB/OL]. www. hnopen. com/jiaoxue/lw/2 - 9. htm,2006 - 07 - 29.

能变成现实。县级电大作为我国实现农村高等教育大众化进程中的生力军,"实现高等教育大众化、构建终身学习体系和提供教育公共服务"的三大定位以及在办学过程中体现出来的教育机会的公平性、教育过程的公正性以及平民化教育使命感,满足了社会各界各方面的精神文化需求。

北京、上海、青岛、大连、武汉等地社区教育发展较快的重要经验之一是充分利用了当地电大这一优质教育资源的存量优势。

早在 2006 年,浙江省电大系统已经有 6 个地市电大、30 余个县级电大挂牌成立了辐射乡镇的社区大学或社区学院,为农村高等教育的发展提供了载体和平台,为我国县级社区学院的发展作出了有益的尝试,对新农村高等教育的大发展具有启发和示范作用。在完整的充满生机和活力的县级电大基础上发展县级社区学院,可以少投入、办大事,这既是"多快好省"发展县级社区学院的最优模式,也是我国发展县级社区学院的必然趋势。

教育部《关于推进社区教育工作的若干意见》指出:"要积极创造条件,充分运用播放教学光盘、收视卫星电视教育节目、计算机网络教学等现代远程教育手段,使有条件的街道(乡镇)都能够开展现代远程教育,构筑起社区居民全民学习、终身学习的平台。"

电大分布式教学模式非常适应县级社区学院开展农村高等教育。所谓分布式教学模式是指通过计算机网络平台提供丰富多彩的学习资源和网上互动,教师送教上门提供必要的辅导,学校提供完善的学习支持服务,学生可以在不同时间、不同地点,选择不同的学习内容、使用不同的学习手段进行学习。县级电大的互联网和宽带专用网远程教育平台的 BBS 系统和电子邮件系统,可以作为县级社区学院和学员直接沟通的平台。县级电大可以利用现有完善的教学管理体系、学习支持服务体系及远程教育网络体系等优质存量资源,实施教学和教学管理,提供县级社区学院所需的多种功能。可见,以县电大为基础发展县级社区学院,可以更好地利用现代远程教育优势,整合县域各类教育资源,对农村高等教育发展具有积极的推动作用。

（五）依托电大发展县级社区学院的问题与对策

目前,我国依托电大发展县级社区学院存在的主要问题有:

第一,无章可循。国家对县级社区学院建设与管理还没有出台任何规章,所以,县级社区学院的建设是各地"八仙过海,各显神通"。例如:不具备建立县级社区学院的实力,也勉强建院;管理队伍和教师队伍的整体素质不高;名称混乱,有的称社区学院,有的称社区教育学院,有的称社区大学或其他名称。

第二,缺乏灵活有效的教育管理和办学激励机制。我国教育管理体制高度集中,办学由政府包揽,教育经费由政府或教育行政部门指令性调拨,并且严格管理、限定使用。这种管理机制的一个弊端是,难以充分发挥地方政府办学主动性,难以充分调动民间团体和广大群众办学和社会参与教育的积极性。

第三,缺乏教育、培训与经济建设之间的沟通桥梁。目前,解决农村各种层次、各种规格人才的供需矛盾,建立教育发展与经济建设之间的互动机制,既是县级社区学院的重要任务,也是发展面临的主要问题。①

第四,缺乏乡土教育特色。尽快建立起一套具有地方特色的,真正满足农民需要,切合农村实际的课程体系、教学方式以及教育运营机制,是发展县级社区学院迫切需要解决的主要难题。

面对发展中的困难,县级社区学院必须坚持创新,深化改革。② 具体可采取以下对策:

第一,创新教育观念,树立发展意识、质量意识和服务意识。县级社区学院必须把发展农村经济置于办学兴校的第一要务,一心一意谋发展;要发展,必须狠抓教育质量,以质量求生存,以质量求发展;服务是发展的手

---

① 任凯. 发展农村社区学院的问题与思考[J]. 天津市教科院学报,2005(4):23－26.

② 郑如鸥. 关于发展农村成人教育的几点思考[DB/OL]. http://www. gmw. cn/ 2006－06－02.

段,服务的重点必须放在服务农村、服务农业、服务农民的工作上。

第二,创新教育内容,突出人文素质、创业精神和实用技术。县级社区学院除了提高农民职业技能,增强其为农村经济和社会发展服务的能力外,要突出人文素质和创业精神教育,要教育农民树立正确的世界观、人生观和价值观,要教育农民懂得市场规则和市场特征,树立竞争意识,做到爱国守法、明礼诚信、自强不息、勤劳致富。

第三,创新教育形式,实现农科教结合、产学研结合和天地人结合。县级社区学院要在"三教统筹"与"农科教结合"整合农村教育资源的基础上,积极探索教学、生产、经营相结合的教学模式,实现理论与实践、教学与生产的紧密结合;还要积极利用卫星传输、光缆传输等现代信息和网络技术,结合遍布全国乡镇的社区学校,开展远程教学,推动教育手段的现代化。

第四,创新教育体系,体现开放性、实用性和协调性。县级社区学院必须是开放性的,向上可以与高等院校建立联系,将需要深造的学生送往其他高校,向下可以辐射到乡村教学点。实用性指以技术能力的培养为中心,有针对性地开展农村实用技术培训。协调性指普通教育与职业教育、成人教育相互衔接、协调发展的教育体系。

第五,创新教育体制,突破传统管理体制、投资体制和办学体制。我国县级社区学院隶属于教育部门,很难统筹农科教,必须综合农业、科学、教育的优势,成立直属于政府管理的社区教育委员会,统筹管理县级社区学院。发展县级社区学院要突破单一的投资渠道,除了积极争取列入地方财政预算、保证资金足额到位外,更要通过设立项目、计划,积极争取财政部门给予专项经费,同时要努力争取社会各种力量和个人捐资。县级社区学院还要在坚持以公办为主的基础上,实行多元办学,鼓励社会力量投资的积极性。

【新闻图片链接】

2005 年 11 月 2 日，慈溪市社区学院举行了隆重的揭牌仪式。

　　2006 年 1 月 18 日，玉环县社区学院成立大会暨浙江电大玉环学院挂牌仪式隆重举行。

第 **5** 篇

浙江县级社区学院发展研究

社区教育是在一定的地域范围内,充分利用各类教育资源,旨在提高全体社区居民整体素质和生活质量,促进社区经济建设、社会发展和教育发展的教育活动。社区教育发展模式,就是旨在提高社区居民综合素质、有关技能以及文化娱乐能力等的,社区内各级各类教育的综合运作机制和工作方略。县级社区学院发展模式,主要是发展的指导思想和功能定位、管理体制和保障机制等方面的统一体。在世界不同的国家和地区,由于社会经济发展状况不同,其社区学院发展模式也有所差异。但社区学院发展具有更多共同点。从浙江省各地的实践看,政府主办、教育部门主管、有关部门配合、社会支持、群众参与,已经成为浙江省县(市)社区教育最佳的管理模式。浙江省各地县级社区学院普遍采用的管理体制是:县(市)建立社区学院、街道(镇乡)建立社区教育学校、居民区(村)建立社区市民学校或村民学校。通过三级社区教育网路系统的有效运作,开展县(市)社区教育工作。

一、浙江社区教育发展模式研究①

　　社区教育是在一定的地域范围内,充分利用各类教育资源,旨在提高全体社区居民整体素质和生活质量,促进社区经济建设、社会发展和教育发展的教育活动。社区教育具有"全员、全程、全面"的特点,它把教育延伸并拓展到基层社区,满足社区居民,特别是大批离开了学校的社区居民的教育培训需求,有效地填补了我国大教育体系中的一些薄弱环节,满足了社区居民多样化的学习需求。② "模式"的概念较早地见于经济领域,一般称为"经济发展模式",现在已被各种领域广泛应用,并衍生出企业模式、市场模式、管理模式等,在教育领域有办学模式、培养模式、课程模式等。张泽厚、王永杰教授认为:"'模式'这一用语,原指数学上的数学方程,也可以指借助数学符号或图示对一种理论的表述。"③ 波兰经济学家布鲁斯认为:"'模式'这个术语的正确意思是表示经济机制运行的图示,它是撇开复杂细节、提供经济运行的主要原则的图示。"④ 何谓"发展模式"呢? 著名社会学家费孝通认为:所谓"发展模式",其基本含义是指"在一定地区,一定历史条件,具有特色的经济发展的路子"。⑤ 王忠武教授认为:"发展模式是人为了实现发展目标而选择和实行的方式、办法与道路的统一体……发展模式是人按照一定的发展观念建构的,不同的发展观念会产生不同的发展模式。"⑥

---

① 　刘尧.浙江省社区教育发展模式探讨[J].继续教育,2008(1):16-18.
② 　佚名.社区教育的由来和历史发展[DB/OL].中国社区教育网,2005-10-15.
③ 　张泽厚,王永杰.中国现实经济模式的选择[M].北京:中国社会科学出版社,1998.
④ 　布鲁斯.社会主义经济的运行问题[M].北京:中国社会科学出版社,1984.
⑤ 　费孝通.江村农民生活及其变迁[M].兰州:敦煌文艺出版社,1997.
⑥ 　王忠武.科学发展观与发展模式创新[J].泰山学院学报,2005(1):18-21.

　　所谓社区教育发展模式,就是旨在提高社区居民综合素质、有关技能以及文化娱乐能力等的,社区内各级各类教育的综合运作机制和工作方略。我们主要从社区教育的目标任务、功能定位、管理体制、办学形式和保障机制等方面,对浙江省社区教育发展模式加以研究。

(一) 浙江省社区教育的目标任务

　　社区教育与终身教育、学习型社会(即学习化社会)密切相关的,是学校教育以外的教育,全民的社会化教育。1965 年法国教育家保罗·朗格朗正式向联合国教科文组织提出终身教育议案。1968 年美国学者罗勃特·哈钦斯首次提出"学习化社会"的概念,1972 年联合国科教文组织正式把"学习化社会"作为未来社会形态的构想。终身教育和学习型社会作为一种全新的理念,在国际社会受到广泛重视,许多国家确立了相应的发展战略,积极致力于构建终身教育体系和学习型社会。

　　1993 年中共中央、国务院印发的《中国教育改革和发展纲要》和 1995 年颁布的《中华人民共和国教育法》都明确提出了要建立和完善终身教育体系的要求。1999 年,国务院批准的教育部《面向 21 世纪教育振兴行动计划》提出了构建终身教育体系和学习型社会的目标任务和工作思路。

　　进入 21 世纪,党中央、国务院对学习型社会建设提出了新的更高要求。2001 年 5 月江泽民同志在亚太经合组织人力资源能力建设高峰会议上提出,21 世纪的中国要致力于"构建终身教育体系,创建学习型社会"。2002 年党的十六大报告又把"形成全民学习、终生学习的学习型社会"作为今后 20 年全面实现小康社会的重要目标之一。

　　为了全面贯彻党的十六大关于"形成全民学习、终身学习的学习型社会,促进人的全面发展"的要求,2005 年,中共浙江省委办公厅、浙江省人民政府办公厅转发了浙江省委宣传部、省文明办、省教育厅、省民政厅、省总工会、省妇联《关于开展构建学习型社会推进学习型社会建设工作的若干意见》,召开了全省社区教育工作会议。① 会议提出,构建学习型社会、推进学习型社区建设,要以"三个代表"重要思想和科学发展观为指导,以提高社会文明程度、促进人的全面发展为目标,努力构建县(市、区)、街道(乡镇)、社区(村)三级社区教育网络,普遍开展社区教育;培育一批充满活力、具有鲜明特色的学习型城市、学习型社区、学习型机关、学习型企业、学习型家庭;形成党政统一领导、部门分工负责、社会积极支持、群众广泛参与的工作机制;到 2010 年,初步建立起形式多样、结构合理、手段先进的终身教育体系,基本构建起富有浙江特色的学习型社会框架。

(二) 浙江省社区教育的功能定位

浙江省在《关于开展构建学习型社会推进学习型社会建设工作的若干意见》中提出:社区教育是充分利用各类教育资源,旨在提高社区居民整体素质和生活质量,促进区域经济和社会发展的社会化教育。各地要因地制宜,加快发展普及社区教育,面向社区全体居民,广泛开展包括技能培训、文化补习、科普教育、法制教育、休闲娱乐等各类教育培训活动,以及面向大学、中学、小学学生的社会实践和校外教育。

到 2010 年,经济发达县(市)城乡社区教育全面普及,经济欠发达县(市)的城区普及面达 90% 以上、农村达 60% 以上。开展社区教育,要突出重点、讲求实效,努力建设好一批国家、省、市级社区教育实验区和示范区;开展社区教育,要结合区域经济特点和社会发展实际,把社区教育和全省城乡正在开展的以加强思想道德建设,加强文化阵地建设,整治社会风气,整治文化市场为主要内容的"双建设、双整治"活动结合起来;开展社区教育,要与文明城市、文明村镇、文明行业创建活动结合起来,不断促进社区居民文化素质的提高、健康生活方式的养成,为构建和谐社会奠定坚实的

---

① 吴恕成. 在全市社区教育情况交流会议上的讲话 [DB/OL]. http://www. wzer. net, 2006 – 07 – 25.

群众基础。①

　　社区教育是及时、准确、真实地反映区域经济和社会发展需要的"本土化"教育,是大众化、普及化教育,也是休闲文化教育与职业技术教育。浙江省早在 2003 年就提出城市社区教育要紧密结合城市建设与发展需要,以大力开展企业"双证制"教育培训、职业技术培训、再就业培训、职工转岗培训、外来人口培训为重点,为把浙江省建设成为现代制造业基地提供人才保障。

　　杭州市社区教育实现了四个拓展:

　　一是教育对象上,从原来的以青少年为主拓展为面向全体公民的教育;

　　二是教育模式上,从原来的松散、零星型拓展为系统化、网络化体系的终身教育;

　　三是教育资源上,从依靠社区有限的资源拓展为依靠全社会、全方位的教育;

　　四是社区成员,从原来的被动式的教育拓展为主动式的终身学习。

　　杭州市社区教育的四个拓展,是浙江省社区教育功能定位的缩影。②

(三) 浙江省社区教育的管理体制

　　发展社区教育是一项系统工程,各种因素相互联系,各个部门相互协作,要确保社区教育有序、健康发展,必须创新社区教育管理体制和运行机制。杭州市在社区教育管理体制方面作出了有益的探索和尝试,逐步建立了"两级政府、三级管理"的社区教育管理体制:杭州市市政府设立由各有关部门领导参加的综合领导小组,负责协调、组织工作;区、县(市)政府具体制定社区教育发展规划,创造有利于社区教育实验工作的舆论氛围和政

---

① 关于构建学习型社会推进学习型社区建设工作的若干意见[DB/OL]. http://www.xssqjy.com,2006 – 10 – 10.

② 朱向军,李勇.杭州社区教育特色掠影[DB/OL]. http://www. xssqjy. com,2006 – 10 – 12.

策环境;区、县(市)政府设立社区教育委员会,区、县(市)教育局设立社区教育办公室;街道社区教育工作由街道党工委、办事处主要领导负责统筹;学校、社区分别建立校外教育领导小组和青少年教育领导小组。①

通过管理体制创新,杭州市初步实现了"政府推动力、部门协作力、市场运作力、社区自治力、群众参与力"相结合的"五力合一"的社区教育运行机制。近年来,杭州市社区教育在各级党委和政府的高度重视和各级教育行政部门的精心指导下,取得了显著成绩,初步建立了政府统筹领导、教育部门主管、其他部门配合、社会各界支持、社区自主发展、群众广泛参与的社区教育管理体制,形成了建立独立社区学院的城区社区教育运行模式和依托电大建立社区学院的农村社区教育运行模式。据统计,杭州市2007 年有社区大学 1 所,区、县(市)社区学院 11 所,社区学院分院(社区教育中心)58 所,市民学校 558 所;国家级社区教育实验区 3 个(下城区、萧山区、上城区),省级社区教育实验区 5 个,市级社区教育实验单位27 个。②

(四) 浙江省社区教育的办学形式

社区教育是没有围墙的教育,面对纷繁复杂、变化多样的社区建设和社区教育需求,任何封闭式、围墙式、填鸭式、应试式、正规式的学校教育已不能适应蓬勃发展的社区教育需要。因此,浙江省社区教育采用了广大城乡居民喜闻乐见的多种办学形式。③

(1) 从社区教育机构设置上看有五种类型

① 社区学院。这类学校主要承担社区教育的任务。

---

① 记者.让百姓在家门口终身学习——我省社区教育发展纪实[N].教育信息报, 2004 – 12 – 28(2).

② 杭州市教育局.杭州社区教育在实践中发展[DB/OL].http://www.hangzhou.gov.cn, 2007 – 03 – 12.

③ 金华电大组宣处.金华现阶段本地社区教育发展的现状与分析[DB/OL].http://www.jhtvu.net,2006 – 10 – 06.

② 全日制学校。这类学校在完成本职工作以外,还向社区开放,举办各种培训班。

③ 各部门、各行业办的学校。这类学校主要对本部门、本行业的职工进行培训。

④ 社会上各种培训机构。

⑤ 各类成人教育培训中心。

（2）从社区教育活动组织上看有四种类型

① 政府组织型。如义乌市社区教育在市委、市政府的领导下,构建了"市民大学—镇街社区学院—社区学校"三级社区教育网络体系,通过利用和挖掘教育资源,开展形式多样的培训活动。

② 教育行政组织型。如金华社区大学依托金华电大的优势,具体在教育行政部门指导下开展社区教育培训活动。

③ 社区组织型。如东阳市横店镇社区、磐安县玉山社区、金华市城北社区等积极为当地居民开办各种培训班。

④ 学校自发型。有关学校积极响应上级教育行政部门的号召,自发为社区开展教育培训。如永康市职业技术学校利用自身优势,加强与企业的联系和协作,与当地 80 多家企业建立了长期合作关系,为企业培训员工。

（3）从社区教育对象上看有七种类型

① 企业职工岗位技能培训。通过培训,大大提高了企业职工的素质。

② 农村实用技术培训。这类培训主要针对建设新农村的需要,对农民开展种植养殖等方面的实用技术培训。

③ 农村劳动力转移培训。从 2001 年开始,金华市部分地区陆续为农村准备进城、进企业务工人员开展水电工、服装裁剪、烹饪、餐旅服务、物业管理、计算机应用等技术培训。

④ 经商个私业主的培训。从 2001 年开始,义乌市专门对个私业主开展商务英语(口语)、经济贸易、企业管理等培训。

⑤ 老年人兴趣爱好培训和休闲活动。各地老年大学和街道、社区等组织利用社会教育资源,对老年人开展书画、保健等方面培训,组织老年人

参加跳舞、棋类、球类等比赛休闲活动。

⑥ 企事业单位技术人员继续教育培训活动。

⑦ 中小学生节假日培训和社会实践活动。

（4）从社区教育形式上看有六种类型①

① 班级授课。

② 现场指导。

③ 参观座谈。

④ 实践操作。

⑤ 文体活动。

⑥ 网上点击。

广大城乡居民可以根据各自的需求,在"社区教育超市"中自由选择培训项目,进行有目的的学习。

（五）浙江省社区教育的保障机制

改革开放以来,浙江省经济社会得到快速发展,对从业人员的素质提出了更高的要求。但是,目前许多从业人员的素质不能适应行业发展的需要。开展社区教育,可以为他们实施终身教育提供良好的平台,也可以根据地方经济发展需要,为社会培养大批既有良好素质又有专业技能水平的人才,为浙江省的经济发展提供人力资源保证。办好社区教育,建设学习型社区,是一项涉及全社会的系统工程。为此,浙江省逐步建立健全了有效的保障机制。

1. 加强政府的统筹职能

加强政府对社区教育工作的统筹职能,关键是要建立科学、有效的管理体制和运行机制。根据社区教育实际,浙江省建立了政府统筹、教育主

---

① 朱向军,李勇. 杭州社区教育特色掠影[DB/OL]. http://www.xssqjy.com,2006 - 10 - 12.

办、社区参与、资源共享的社区教育管理体制和运行机制。浙江省各级政府把社区教育工作纳入政府目标管理范畴,在政府的统一领导下,建立由政府主要领导和各职能部门负责人等参加的社区教育领导协调机构——社区教育委员会。社区教育委员会的主要职能是统筹规划、协调指导社区教育。社区教育委员会建立例会制度,听取社区教育工作汇报,研究社区教育方案,决定有关社区教育的重大事项。同时,把社区教育工作纳入教育督导评估的内容中,定期进行检查评估,并予以奖励和惩罚。

　　社区教育的实践重心在县(市),从浙江省各地的实践看,"政府主办、教育部门主管、有关部门配合、社会支持、群众参与",已经成为浙江省县(市)社区教育最佳的管理模式。① 县(市)建立社区教育委员会,统筹领导全市的社区教育工作。县(市)社区教育委员会由当地政府主管领导任主任,组织、宣传、人事、教育、财政、民政、劳动、公安、科委、工、青、妇等部门领导及骨干企业集团代表任委员。在教育局或社区学院设立社区教育委员会办公室,负责全面规划,指导和实施社区教育计划。在社区教育委员会的统一领导下,建立县(市)社区学院及各街道(乡镇)社区教育学校、居民区(村)社区市民学校(村民学校),形成县(市)、街道(乡镇)、居民区(村)三级社区教育网络。

2. 加强社区教育师资队伍建设

　　发展社区教育事业的关键是要有一支优秀的师资队伍。根据浙江省政府文件规定,每个乡镇配备一名成人教育干部,社区教育专职教师按每万人两名配置。从浙江省各地社区教育师资队伍建设的经验来看,各县(市)不同程度地建立了一支以专职人员为骨干,以兼职人员为主体,专兼结合,适应社区需求,富有工作责任心与事业心的社区教育管理队伍和教师队伍。专职人员的人事关系一般归属教育行政部门管理,主要是在现有的社区教育工作者和行政管理人员中统筹安排,兼职人员按实际需要进行

---

　　① 记者. 让百姓在家门口终身学习——我省社区教育发展纪实[N]. 教育信息报, 2004 - 12 - 28(2).

聘用。各地还创建了社区教育志愿者队伍,通过多种形式和途径,加强组织引导,充分发挥社区内离退休干部、专家学者、企业家、教师、英雄模范人物等的积极性,为社区教育提供志愿服务。① 有条件的地区还选送若干优秀干部或教师(人事关系留在原系统)作为专职社区教育干部下派,具体负责社区教育工作。

杭州社区教育的实践证明,专职师资队伍是发展社区教育的骨干力量,兼职师资队伍是创建学习型城市的主体力量,志愿者队伍是创建学习型城市的基础力量。② 杭州市在不断探索中逐步建立起了一支专职、兼职及志愿者相结合的师资队伍。专职工作队伍主要从事社区学院、社区学院分院及社区学校的日常教学工作;兼职工作队伍广泛存在于三级社区教育网络中,充当主力军的角色;志愿者队伍中包括教授、学生、干部及其他有一技之长的人才,他们的专业知识涉及方方面面,是社区教育强有力的后备力量。由于建立起了这样一支专职、兼职及志愿者相结合的师资队伍,杭州社区教育发展有了一个广阔、坚实的社会基础。比如,杭州江干区重视社区教育师资队伍建设:③早在 2004 年,全区就有专职人员 16 名,其中区社区学院 6 名、乡镇 6 名、街道 4 名。15 名干部是由区教育局委派,1 名由乡镇解决。兼职人员主要由各基层社区、村文教委员担任。目前社区文教委员 49 名,村文教委员 46 名,共计 95 名。2004 年举办了两期文教干部岗位培训班,提高了他们的教育理论和实际工作能力。其余是外聘的师资和志愿者,根据教育活动的内容需求,随时聘请参与社区教育工作。

3. 多渠道筹措社区教育办学经费

社区教育是一项公益性事业,应着眼于社会效益。因而需要政府建立相应的财政性资金拨配制度,切实保障社区教育经费的正常来源。早在

---

① 吴恕成. 在全市社区教育情况交流会议上的讲话[DB/OL]. http://www. wzer. net, 2006 – 07 – 25.

② 朱向军,李勇. 杭州社区教育特色掠影[DB/OL]. http://www. xssqjy. com,2006 – 10 – 12.

③ 教育局. 江干区社区教育工作的现状与发展对策[DB/OL]. http://a. ce100. com/list/1702543. htm,2005 – 01 – 02.

2003 年,浙江省规定社区教育经费至少应按照每年不低于人均 1 元的标准划拨,经费列入县(市)政府经常性财政开支,各有关部门要根据在开展社区教育工作中各自的职责和所承担的任务落实相应的经费。另外,还要在社区建设资金中安排一定比例用于社区教育,通过采取"政府拨一点、社会筹一点、单位出一点、个人拿一点"的办法多渠道筹措经费的办法,妥善解决好社区教育办学经费。

早在 2004 年,宁波市鄞州区采取"四个一点"的办法,针对不同的教育培训,采取不同的经费承担办法:转岗转业教育经费由政府和个人共同承担,职业技能培训由单位和个人共同承担,个人业余爱好及休闲培训由居民自己承担。区政府每年除按人均 4 元标准核拨社区教育活动经费外,还安排 300 万元作为农民专项培训经费。各乡镇(街道)每年安排人均 2 元的社区教育配套经费和 10 万元至 20 万元的农民专项培训经费。杭州市上城区在全区范围内推行了终身教育券制度,2004 年区政府拨款 68 万元,以教育券的形式发放给市民,引导市民参加社区教育。义乌市政府则规定,自 2000 年起,5 年内投入 5 170 万元,作为全市开展社区教育的专项资金,其中用于成人实用技术培训的财政投入已达 360 万元,为每一位学习者提供了学习、培训的经费保障。① 杭州市下城区大胆创新了社区教育的资金投入体系,每年从教育财政支出中单列社区教育基金,用于社区学院建设、社区学院教师工资发放等,确保每人每年社区教育经费达到 1 元~2 元。该区在街道也设立社区教育基金,用于聘请教师讲课、帮困扶贫等。社区则充分运用共建优势,在共建单位的大力协助下,设立社区教育基金,用于发展多种形式的社区教育。②

4. 挖掘整合社区教育的资源

社区教育具有"全面、全员、全程"的特征。也就是说社区教育内容全面广泛,包括学历教育、职业技能教育、社会生活教育、文化艺术教育、休闲

---

① 记者.让百姓在家门口终身学习——我省社区教育发展纪实[N].教育信息报,2004 – 12 – 28(2).

② 朱向军,李勇.杭州社区教育特色掠影[DB/OL].http://www.xssqjy.com,2006 – 10 – 12.

娱乐教育等;社区教育对象涉及辖区干部、职工、农民、市民、外来人口等;社区教育过程涉及早期教育、青少年教育、成人教育、中老年教育等。可见,社区教育是一个开放式系统,而社区本身的教育资源已不能满足人们的教育需求。只有合理利用社区内外教育资源,不断建立和完善社区教育的基地和网络,才能有效推动社区教育发展。因此,浙江省社区教育充分利用现有教育资源的条件,通过资源重组、优化配置和共享,提高资源的利用率,最大限度地提高社区教育的办学效益。根据教育部《关于推进社区教育工作的若干意见》(教职成[2004]16号)文件精神,应以分类指导、分层推进为原则。浙江省绝大多数地(市)以电大为依托,组建地(市)社区教育工作协调领导小组领导下的负责县(市)社区教育业务指导的机构,即地(市)社区大学,并以此为中心向全县(市)、街道(乡镇)、社区(村)辐射。

杭州市社区教育资源整合具有一定的典型性,其具体措施概括如下:

一是开放中小学活动场地和教育资源。

二是挖掘利用社会教育资源。杭州市的图书馆、阅览室、体育馆、科技博物馆、青少年宫、老年活动室和企事业单位教育教学设施全面无条件向社区开放。

三是盘活教育资产。杭州市在调整学校布局时逐步建立起了区、县(市)社区学院、街镇社区学院分院、社区市民学校(教学点)三级教学网络。目前,各街道举办的社区分院已成为三级教育网络中的重点支点,归口管理、统一运作街道社区原有的党校、团校、人口学校、家长学校、成教中心校、老年学校、女子发展学校、外来人口法制学校、社区工作者学校、文化中心、社保中心、服务中心、图书中心、家保中心等各类教育机构。

四是开发新的教育资源。杭州市以网络教育平台、电视台、电台教育频道、书报杂志等各类媒介为基础平台,构建资源丰富、服务良好的远程社区教育体系。①

---

① 朱向军,李勇.杭州社区教育特色掠影[DB/OL]. http://www.xssqjy.com,2006-10-12.

二、浙江县级社区学院发展模式研究①

我们把发展模式借鉴到研究县级社区学院,根据以上我们对"模式"、"发展模式"、"社区教育发展模式"的界定,我们认为,所谓县级社区学院发展模式,是旨在提高社区居民综合素质、有关技能以及文化娱乐能力等的、县级社区学院的运作机制和工作方略。对于浙江省县级社区学院发展模式,我们主要从发展的指导思想和功能定位、管理体制和保障机制等方面加以研究。

(一) 社区学院发展模式

社区学院的发展理念,可以追溯到 20 世纪初美国教育家克尔等人所提倡的以学校和社区为基础的社会本位教育理念。

该理念认为,教育学习和人性的陶冶不仅是个人活动,它还应注重实际以及整体社区的成长和生活体验。学校是社区所创立的机关,它可以促进社会的进步和发展。

因此,20 世纪初,社区学院在美国诞生,盛行于 20 世纪 60 年代的美国,如今社区学院已经遍布全美城乡,大体上以每 20 万人口拥有一所社区学院的比例分布在全美各个地区,办学经费来源主要是各级政府的资助。

美国社区学院与大学不同的是,它具有多重目标,集合学术、文娱、职

---

① 刘尧. 我国县级社区学院发展模式研究[J]. 长春工业大学学报:高教研究版,2007(4):3-10.

业教育于一身。它既有学术性的学科,又有职业训练,还有为丰富生活而设的科目,如插花、烹饪等。

在加拿大,社区学院是对那些不授予学位的高等教育机构的统称。

社区学院一般属于公共性高等教育机构,其基本宗旨是,尽可能地为社会成员提供学习机会。因此,入学资格比较灵活,教学安排也丰富多样。开设各种类型的课程,学生随时可以入学。许多课程通过电视教学,可以在办公室、家里或社区活动中心学习,大多数社区学院全年开课。社区学院与有关大学之间通常签订学生转升协议,或者通过省内协议实现从社区学院向各大学的转升;大约30%的全日制学生选择进入四年制的大学,学习所必需的基础课程学分;约70%的全日制学生为就业而学习职业技能,或为适应提升后的新职业而进行培训。也有人单纯为了丰富自己的生活来学习。

从20世纪60年代以来,加拿大联邦政府通过一系列立法,向社区学院的职业和成人继续教育提供财政支持。加拿大各省负责本省社区学院的管理、协调和财政经费安排。

在中国台湾地区,设立社区大学的构想,源于1994年台湾大学数学系黄武雄的倡议。

1998年3月,台湾地区民间关心教育改革人士组成了"社区大学筹备委员会",并致力于在台湾各地推动社区大学的设立。1998年9月28日台湾"教师节",台北市当局成立了中国台湾地区第一所平民大众的社区大学——文山社区大学,这是一所以深化民主、重建社会、培养现代公民、鼓励民众参与社区公共事务的新型"大学"。迄今为止社区大学在台湾各地如雨后春笋般创立,已经得到台湾地区学术界以及民众的普遍重视和广泛参与。①

台湾社区大学目前还不是正规大学,也没有向各大学转升的制度,其学历不被承认,学生修完所有课程得到学分后,可以拿到结业或毕业证书,

---

① 蔡传晖. 社区大学的基本理念与发展现况[C]//台北市文山社区大学入学与学习资源手册. 2001. 281 – 292.

但没有学位。

社区大学的课程分为学术课程、社团活动课程和生活艺能课程。一般不举行严格的书面考试,多半会要求学生提交多元化的学习成果,以便让学生找回自信,自我成长,并回馈社会。社区大学的经费来自拨款,还有部分经费来自学员的学费。

从以上可以看出,在世界不同的国家和地区,由于社会经济发展状况不同,其社区学院发展模式也有所差异。社区学院的发展有共同点,主要体现在以下几个方面:

(1) 教育的普及化

社区学院大门对任何人敞开,入学资格不像大学那么严格,学员不分年龄、性别、学历、社会背景、目的、兴趣及学习能力,社区学院向所有人提供均等的教育条件和入学机会。

(2) 教育的个性化

社区学院还特别注重个人学业辅导、心理辅导和职业辅导。另外,虽然大多数专业都是两年制,但是三年或四年学完也可以,何时挣足了学分,达到了获得文凭的标准,何时就毕业。

(3) 教育的社区化

社区学院的特点还在于它的社区性。从学校的设立、管理到课程编制、教学活动的开展,都与社区有着密不可分的联系。

(4) 教育的多元化

社区学院的进修科目和课程安排较为多元化,且进修的自由度也很大。社会需求和发展大都可以反映在课程内容和教学活动里,教学内容覆盖面极广。从农业到工业、从家政到商业、从医疗部门到服务部门,应有尽有,称得上是职业技术教育的"超级市场"。

(5) 课程的专业化

社区学院除提供多元化的课程给学生进修外,其中还担负起专业知识、专业技能或专业资格的培训。

(6) 教育的公益化

社区学院学费低廉,除象征性地收取一点学费外,办学经费来源主要是各级政府的资助。

（二）我国社区学院发展模式概况

早在 1994 年,国务院前副总理李岚清在访问美国期间,专程访问了芝加哥市郊杜培郡社区学院,回国后即向北京市有关领导作出"试办社区学院"的指示。我国许多省、市、区都在积极创造条件创办社区学院,如上海、沈阳、南京、青岛、大连、连云港等地都已相继成立了社区学院,并取得了良好的社会效益。

2007 年止,浙江省的杭州、衢州、嘉兴、台州、金华、丽水、温州等地(市)及其所属部分县(市)已经或即将成立社区学院。

浙江省县级社区学院一般设立于县(市)内,由县(市)人民政府认可、教育行政机构管理,以推进县(市)物质文明、精神文明和政治文明建设和提高城乡居民,尤其是农村居民整体素质为根本宗旨。它具有立足于县(市)、面向大众、花费较低、形式灵活、内容实用、交通便利等特点。[①]

根据浙江省政府 2006 年 9 月印发的《浙江省教育强省建设与"十一五"教育发展规划纲要》提出的要求,到 2010 年,县级城市主要责任是举办中等及以下教育,对一些有足够财力支撑能力的教育强县(市),可整合广播电视教育、自学考试、网络教育、函授教育等远程教育资源,举办 1 所不列入全国高校序列、不纳入公办高职高专建制、为地方服务的社区学院。[②]

2006 年,浙江省进入全国百强县(市)的有 25 个;省教育强县(市、区)累计已达到 69 个,人口覆盖率达 80%。经过我们网上搜索和调查统计,早在 2007 年 5 月,浙江省 90 个县(市、区)中有 46 个成立了社区学院,占51%;正在筹建的有 11 所,占 12%;待建的有 33 所,占 37%。其中,已有52 个教育强县(市、区)建立(筹建)了社区学院,占 75%;还有 17 个教育

---

① 刘尧,傅宝英. 新农村人力资源开发与县级社区学院发展[J]. 教育与现代化,2007(2):48 – 54.

② 岳德亮. 浙江规划设置 88 所普通高校,集中在大中城市[DB/OL]. 新华网,2006 – 10 – 06.

强县(市、区)尚待建立社区学院,占 25%。

浙江省成立最早的社区学院是 2000 年创办的余姚社区教育学院。经过近 10 年的探索,浙江省县级社区学院已形成了富有特色的发展模式。

(三)浙江县级社区学院发展指导思想与功能定位

浙江省县级社区学院是以"三个代表"重要思想和党的十六大精神为指导,以创建学习型社会,构建终身教育体系为发展目标,以提高城乡居民的综合素质和专业文化水平为基本任务。县级社区学院多数依托县级电大(成人学校)的办学条件,整合县(市)各类教育资源,本着"立足社区、服务社区"的原则,为社区提供多层次、多规格、多形式的各类教育服务,为社区培养大批实用性和专业性的人才服务,为促进社区精神文明、物质文明、政治文明建设与构建和谐社会服务。

目前,浙江省县级社区学院的功能定位主要是:[①]

第一,协助、沟通的管理功能。

县级社区学院协助县(市)社区教育专门领导班子制定社区教育发展规划、阶段性的工作计划;为县(市)社区教育专门领导班子提供决策依据,为街道(镇乡)、居民区(村)社区教育机构提供咨询服务,指导工作;负责全县(市)社区教育的整体管理;培训各级社区教育干部;开展社区教育科学研究。

第二,教育教学功能。

县级社区学院的教育教学功能主要包括:

① 准学士和本科预备教育,即转学教育;

② 职业和技术教育;

③ 普通教育;

---

① 胡大经.兴办县域社区学院几个问题的思考[DB/OL]. http://www.sq.fytvu.net/files/2006 – 07 – 19.

④ 社区服务；

⑤ 成人教育和终身教育。

第三,参与当地经济发展功能。

县级社区学院充分发挥人才优势和网络优势,与企业结合,积极参与区域经济发展的调查研究、决策咨询、科技开发研究,为社区经济发展作贡献。

第四,社区文化建设功能。

县级社区学院通过构筑以社区学院为龙头,街道(镇乡)、居民区(村)的社区教育机构为骨干,以社区学习型组织为基础的社区教育体系,大力开展社会文化生活教育,促进社区"三个文明"建设。

(四) 浙江县级社区学院建立模式与管理体制

县级社区学院是利用县(市)内各类教育资源,目的是提高县(市)全体居民整体素质和生活质量,促进县(市)经济社会发展教育活动的县级高等教育机构,它是我国县(市)实现终身教育的重要形式和建立学习型社会的基础。目前,浙江省县级社区学院建立有 3 种模式:

第一,独立建校。

第二,依托已有的成人教育机构并整合有关教育资源建设社区学院。

第三,依托县级电大并整合成人教育、职业教育等资源建设社区学院。

其中,第三种模式是浙江省县级社区学院建立的主流模式。

浙江省各地县级社区学院普遍采用的管理体制是:县(市)建立社区学院、街道(镇乡)建立社区教育学校、居民区(村)建立社区市民学校或村民学校。通过三级社区教育网路系统的有效运作,开展县(市)社区教育工作。最为典型的是萧山社区学院,它努力扎根于萧山社会主义新农村建设的沃土,顺应萧山农村工业化、城镇化的发展轨迹,着力构建社区教育的立体化网络。经过近几年的努力,已基本建成了"纵横两条线,天地人三张网"的立体化网络系统(见图5-1)。① 所谓"纵"就是构建以萧山社区学院为龙头,以7所分院、19个社区教育中心为骨干,512个村(社区)市民学校为基础的三级基地网络;所谓"横",就是建立萧山区社区教育委员会统领下的,由教育局统筹协调的部门之间、组织之间、基地之间的横向联系;所谓"天网",就是以计算机信息技术为主干,配合电视、广播、影碟播放、手机短信的现代远程教育系统;所谓"地网",就是遍布萧山城乡的各类社区教育资源,如培训基地、文化设施、学校资源等;所谓"人网",就是依托电大、成校、科研院所、各级各类学校的社区教育兼职教师和社区教育志愿者。纵与横贯通,使社区教育不仅成为教育部门一家的事情,而且成为全社会的伟大工程;天网、地网、人网的构建,使萧山丰富的社区教育资源优势得到了充分的整合,效益实现了最大化。

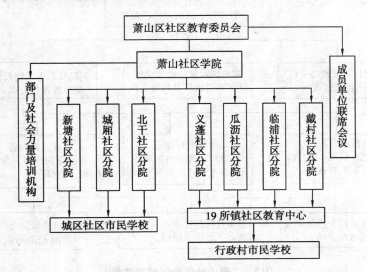

图 5-1　萧山社区教育管理体制②

---

① 蔡仁林. 关注新农村培育新农民［DB/OL］. http://www.xssqjy.com/html/hyjb/2006 - 10 - 30.

② 邵宏,王来明. 小城镇社区教育体系构建的研究［DB/OL］. http://www.xssqjy.com, 2006 - 10 - 09.

　　浙江省县级社区学院内部管理体制,因不同学校而有所不同,正在调整和形成之中。比较完善的是萧山社区学院的内部管理体制(见图5-2)。该学院设立三个职能部门,分别是社区教育部、继续教育部和社区培训部。社区教育部主要负责全区社区教育工作的规划、推广和研究,并负责指导镇街社区教育中心和社区市民学校的业务指导;继续教育部主要负责除原电大系列的学历教育外的学历教育,具体协调各成校的学历教育,负责与普通高校的合作,如建立校外教学中心等工作;社区培训部,除承担电大原有的培训工作,主要是开拓新的培训领域,与区劳动保障局、人事局、民政局、农业局等单位进行联合,负责全区政策性培训的计划制订、任务分解、工作落实等,同时组织一些较高层次的职业资格证书培训。

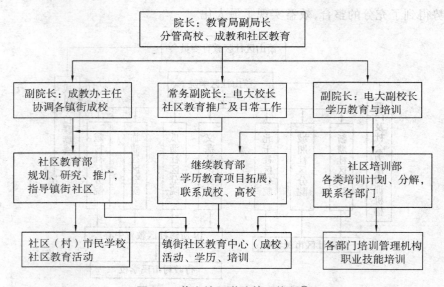

图5-2　萧山社区学院管理体制①

————————
　　①　佚名.萧山社区学院管理体制[EB/OL].http://www.xssqjy.com/html/zzwl/2006 – 10 – 09.

（五）浙江县级社区学院发展的保障机制

浙江省要在 2020 年基本实现现代化，首要的任务是提高城乡居民的科学文化素养和思想道德水平，形成积极向上、和谐文明的新型社区。建立社区学院，开展社区教育，是社区文明建设的重要手段，对浙江省全面建设小康社会具有不可替代的作用。改革开放以来，浙江省经济社会得到快速发展，对从业人员的素质提出了更高的要求。办好县级社区学院，建设学习型社区，既是一项涉及全社会的系统工程，又是一项十分细致的工作。为此，必须建立健全有效的保障机制。

1. 加强政府的统筹职能

如前面所述，从浙江省各地的实践看，"政府主办、教育部门主管、有关部门配合、社会支持、群众参与"，已经成为浙江省县（市）社区教育最佳的管理模式。[①] 县（市）建立社区教育委员会统筹领导全市的社区教育工作。县（市）社区教育委员会由当地政府主管领导任主任，组织、宣传、人事、教育、财政、民政、劳动、公安、科委等部门领导及骨干企业集团代表任委员。在教育局或社区学院设立社区教育委员会办公室，负责全面规划，指导和实施社区教育计划。在社区教育委员会的统一领导下，建立县（市）社区学院及各街道（乡镇）社区教育学校、居民区（村）社区市民学校（村民学校）；形成县（市）、街道（乡镇）、居民区（村）三级社区教育网络。

比如，杭州市在社区教育管理体制方面作出了有益的探索和尝试，逐步建立起了"两级政府、三级管理"的社区教育管理体制。[②] "两级政府"即地（市）及区、县（市）两级政府分级统筹管理：地（市）政府设立由分管领导、各有关部门领导参加的综合领导小组，负责协调、组织该项工作；区、县

---

① 佚名. 让百姓在家门口终身学习：我省社区教育发展纪实[N]. 教育信息报,2004 – 12 – 28(2).
② 朱向军,李勇. 杭州社区教育特色掠影[DB/OL]. http://www.xssqjy.com,2006 – 10 – 12.

(市)政府成立相关机构,具体制订社区教育发展规划,推进社区教育工作,创造有利于社区教育实验工作的舆论氛围和政策环境,促进社区教育工作的全面开展。"三级管理"即区、县(市)街道、社区三级具体实施管理:区、县(市)级政府设立由党政主要负责同志挂帅的社区教育委员会,下设社区教育办公室(设在区教育局),具体负责全区社区教育的指导、组织、协调工作;街道社区教育工作由街道党工委、办事处主要领导同志负责统筹,街道社区教育专职干部负责具体事务;学校、社区分别建立校外教育领导小组和青少年教育领导小组,由居委会主任、校长分别担任正、副组长,负责抓好社区教育工作。通过管理体制创新,杭州下城区社区教育初步实现了"政府推动力、部门协作力、市场运作力、社区自治力、群众参与力"相结合的"五力合一"的社区教育运行机制,向打造精品学习型城区的目标迈出了坚实的一步。目前,"两级政府、三级管理"、"五力合一"模式,已经成为浙江省社区教育管理体制的一大特色。

2. 建设专兼结合的师资队伍

师资队伍是社区教育(县级社区学院)健康发展的依托。浙江省各县(市)建立了一支以专职人员为骨干,兼职人员为主体,专兼结合,适应社区需求,富有工作责任心与事业心的社区教育师资队伍。目前,浙江省社区教育(县级社区学院)的师资队伍一般由专职、兼职和志愿者三部分组成。2006年,杭州市有近千名专职人员,一万余名兼职教师,数万名志愿者在为社区教育和教学辛勤工作。[①] 温州市已配有成教(社区)干部656人,其中专职196人,兼职460人;配有教师2 396人,其中专职698人。[②]宁波市鄞州区从全区选拔了一批热爱社区教育工作、组织能力较强、懂教育的干部和教师,通过培训输送到各镇乡(街道)成校等社区教育管理及教学岗位上;同时广泛吸纳社区内专家、学者和离退休老同志,发挥他们的一技之长。据统计,早在2004年该区就有社区教育专职干部和教师192

---

① 朱向军,李勇. 杭州社区教育特色掠影[DB/OL]. http://www.xssqjy.com,2006 - 10 - 12.
② 吴恕成. 在全市社区教育情况交流会议上的讲话[DB/OL]. http://www.wzer.net,2006 -
07 - 25.

人,兼职工作者 2 416 人,志愿者 27 965 人。①

　　温州市计划制订社区教育工作者岗位规范,建立"温州市社区工作者执业资格制度",从事社区教育和社区工作,除了具有教师资格证书之外,取得"温州市社区工作者执业资格证书"的方可上岗。② 目前,温州市在建立社区教育师资库,依托电大的师资队伍,聘任、抽调普通高校、职技校、相关部门的专家、教授、专业人员,形成一支数量充足、结构合理、高素质、专业化,以专职为骨干、兼职为主体、大批志愿者积极参与的社区教育工作者队伍。温州市社区大学和各县(市)社区学院,利用学历教育与非学历教育的优势,开设社区教育工作者的培训课程,负责对目前已经在乡镇、街道、社区和村从事社区工作、社区教育等工作的从业人员进行相应的分批、分层次培训;通过相应的课程培训之后,授予相应等级的社区工作执业资格证书;并把这一工作作为经常性的教学工作,长期开展下去,成为当地社区教育干部与工作者的培训基地。

3. 落实社区教育办学经费

　　构建终身教育体系,全面推进社区教育,既是政府行为,也是社会行为和个人行为。因此,浙江省普遍采取"四个一点"的办法,即"政府拨一点,社会筹一点,单位出一点,个人拿一点"的办法,来解决社区教育办学经费问题。社区教育经费主要用于社区教育的办公经费、宣传经费、奖励经费和师资培训经费等,各地也在社区建设资金中,安排一定比例用于社区教育。

　　比如,宁波市鄞州区采取了"四个一点"的办法,针对不同的教育培训,采取不同的经费承担办法:转岗转业教育经费由政府和个人共同承担,职业技能提高培训由单位和个人共同承担,个人业余爱好休闲培训由居民自己承担。区政府每年除按人均 4 元标准核拨社区教育活动经费外,还安排 300 万元作为农民专项培训经费。各镇乡(街道)每年安排人均 2 元的

　　① 佚名.让百姓在家门口终身学习:我省社区教育发展纪实[N].教育信息报,2004 - 12 - 28(2).
　　② 佚名.温州社区大学工作计划(讨论稿)[DB/OL].http://www.wzcc.com.cn/sqnewss/html,2006 - 12 - 20.

社区教育配套经费和 10 万元至 20 万元的农民专项培训经费。①

4. 拓展社区教育的形式和内容

　　杭州市利用社区大学、社区学院、社区学校等社区教育平台，开展了多规格、多层次、多内容、多形式的富有杭州特色的教育培训，如职业（岗位）培训、转岗下岗职工再就业培训，满足社会对大量中低层人才需求，有效提高就业率，缓解就业矛盾；开展普通话、外语、计算机等通用技能培训，提高市民文化、科技素质，树立杭州市健康、文明、进步的城市形象；对青少年进行校外教育，内容涵盖思想政治、爱国主义、国防、工业、农业、科学技术等方方面面，提高在校学生的思想道德素养和社会实践能力；开展学历培训，满足市民对高学历的要求。②

　　浙江省县级社区学院也将触角延伸到了广大的农村。围绕农业经济结构调整，农村社区教育将重点放在了农民实用技术和"双证制"教育培训、农村转移劳动力培训、失土农民培训、乡镇企业职工"双证制"教育和职业技术培训上。散布在各乡镇乃至各村的成校和村民学校成为农村社区教育的中心，为农村创造了一方学习的沃土，使农民在家门口接受终身教育和培训成为可能。

　　比如，宁波市鄞州区是全国首批国家级农村社区教育实验区之一。2001 年区政府投资 1.8 亿元新建了占地面积 450 亩，建筑面积 9.3 万平方米，集多种办学功能于一体的鄞州区社区学院。早在 2004 年，全区已初步构建起以社区学院为龙头，4 个区域性乡镇社区教育中心为主体，18 个镇级社区教育学校为依托，586 个村民学校、企业职工学校等基层社区教育点为基础的农村社区教育四级网络体系。2004 年鄞州区有 9.5 万名农村转移劳动力及被征地农民需要培训。针对这一情况，在社区学院的组织带动下，通过社区教育这一平台，全区实施了独具特色的农民培训工程，各级政府还向每一位被征地农民发放了《培训告知卡》和《学习培训免费卡》，

---

①　佚名. 让百姓在家门口终身学习：我省社区教育发展纪实[N]. 教育信息报，2004 - 12 - 28(2).
②　朱向军，李勇. 杭州社区教育特色掠影[DB/OL]. http://www.xssqjy.com，2006 - 10 - 12.

告知农民所需培训经费将统一由政府埋单。

这一被称为学校"出单"、政府"埋单"、农民"接单"的"三单"制农村社区教育新模式,已成为浙江省推进农村社区教育的典范并被其他地区广泛引用。[1]

三、浙江县级社区学院发展背景[2]

浙江县级社区学院是为了开展社区教育实验,利用县级电大或者县级成人学校,在我国社区学院发展的第三个阶段建立起来的。一般设立于县(市)内,由县市教育行政机构认可并接受其督导,以推进县(市)物质文明、精神文明和政治文明建设和提高农村人口整体素质为根本宗旨。它具备立足于县(市)、面向大众、花费较低、形式灵活、内容实用、交通便利等特点。

(一)浙江县级社区学院发展的国内背景

如前面所述,早在 1994 年,国务院前副总理李岚清访问美国期间,专程访问了芝加哥市郊杜培郡社区学院,回国后即向北京市有关领导作出"试办社区学院"的指示。原国家教委成人教育司在 1998 年 5 月召开的新时期成人培训暨再就业培训研讨会上,对北京市、上海市、河南许昌市进行的社区学院试点工作予以很高的评价。在 2001 年度教育工作会议上,时任教育部部长的陈至立强调指出:今后高等教育要大力发展地区性高等职

① 佚名.让百姓在家门口终身学习:我省社区教育发展纪实[N].教育信息报,2004-12-28(2).
② 刘尧.浙江省县级社区学院发展背景、现状与趋势[J].教育与现代化,2007(4):65-74.

业教育和社区学院,使高等教育的区域性更加合理,培养当地留得住、用得上的人才。

1999年,国务院批转教育部的《面向21世纪教育振兴行动计划》,提出:"开展社区教育试验工作,逐步建立和完善终身教育体系,努力提高全民素质。"2000年,中共中央办公厅、国务院办公厅转发的《民政部关于在全国推进城市社区建设的意见》指出:"实践证明,大力开展社区教育,引导居民爱祖国、爱城市、爱社区,可以形成崇尚先进,团结互助,扶正祛邪,积极向上的社区道德风尚",并要求"加强对社区成员的社会主义教育,政治思想教育和科学文化教育,形成健康向上、文明和谐的社区文化氛围"。

2000年4月,教育部职成教司印发了《关于在部分地区开展社区教育实验工作的通知》,并决定以北京市朝阳区等8个大中城市的城区作为社区教育实验区,开展社区教育实验工作。2004年12月,教育部职成教司印发的《教育部关于推进社区教育工作的若干意见》提出,进一步推进社区教育工作,要以党的十六大精神、"三个代表"重要思想和科学发展观为指导,立足社区、依靠社区、服务社区。要逐步建立起适应社区建设和居民学习需求的社区教育管理体制、运行机制和教育培训模式,促进社区居民整体素质和生活质量的提高,促进区域经济和社会的发展;要把社区教育作为社区建设的重要内容和基础性工作,贯穿在社区建设的各项工作中;要通过社区教育,进一步构建和完善终身教育体系,形成终身学习的公共资源平台,使学习型社会建设工作落到实处。

国务院《关于大力推进职业教育改革与发展的决定》提出:"职业教育要为建设社会主义新农村服务。继续强化农村'三教'统筹,促进'农科教'结合。实施农村实用人才培训工程,充分发挥农村各类职业学校、成人文化技术学校以及各种农业技术推广培训机构的作用,大范围培养农村实用型人才和技能型人才,大面积普及农业先进实用技术,大力提高农民思想道德和科学文化素质。"

国务院《关于推进社会主义新农村建设的若干意见》提出:"提高农民整体素质,培养造就有文化、懂技术、会经营的新型农民,是建设社会主义新农村的迫切需要。继续支持新型农民科技培训,提高农民务农技能,促进科学种田。整合农村各种教育资源,发展农村职业教育和成人教育。"

农业部等部门《2003—2010 年全国农民工培训规划》提出:"以转移就业前的引导性培训和职业技能培训为重点,综合运用财政扶持政策和竞争、激励手段,进一步调动农民工个人、用人单位、教育培训机构、行业的积极性,多渠道、多层次、多形式地开展农民工培训工作,逐步形成政府统筹、行业组织、重点依托各类教育培训机构和用人单位开展培训的工作格局。"

农业部等 14 部委发布《农民科学素质行动实施工作方案》,提出:"农民科学素质行动紧密围绕建设社会主义新农村的目标任务,大力开展农民科学技术教育、培训和科普宣传,努力培养有文化、懂科技、会经营的新型农民,全面提高农民的整体素质。"

劳动和社会保障部《关于进一步做好职业培训工作的意见》提出:"实施'农村劳动力技能就业计划',积极开展农村劳动力转移培训,提高转移就业效果。"

农业部、财政部《关于组织实施新型农民科技培训工程的通知》提出:"各地要积极动员和组织各级各类农业院校和教育培训机构、农业科研院所和技术推广服务机构、农民专业合作组织、农业产业化龙头企业等,积极参与农民科技培训工作。"

以上这些政策都为我国社区学院的发展提出了艰巨的任务和坚实的政策保障。

我国社区学院逐步发展起来,大致经历了三个阶段:

第一个阶段,是 20 世纪 90 年代中期,由成人高校和专科院校与地方结合办起社区学院。

第二个阶段,是在《面向 21 世纪教育振兴行动计划》实施之后,主要以建立终身教育体系为宗旨,全国各地一些街道、乡镇或居委会建立"社区学院"。①

第三个阶段,是为了开展社区教育实验,利用电大的独特的系统优势、网络优势和资源优势,在县级电大挂牌成立社区学院,或者是以县级成人

①　佚名. 中国社区学院的定位与发展前景分析[DB/OL]. http://jdsqjy. ijd. cn/articleview,2006 – 03 – 17.

学校、职业学校为基础组建的社区学院。浙江省的县级社区学院就是在我国社区学院发展的第三个阶段建立起来的。

(二) 浙江县级社区学院发展的社会基础:文化经济概况及县级以上行政区划情况

浙江地处我国东南沿海长江三角洲南翼,因境内最大河流钱塘江江流曲折而得名。浙江属于亚热带气候,四季分明,光照充足,雨量充沛。全省陆地面积 10.18 万平方千米,为全国面积的 1.06%,是我国面积较小的省份之一。浙江素有"鱼米之乡、丝茶之府、文物之邦、旅游胜地"之称。

1. 全省文化与经济概况

现代考古发掘表明,浙江是我国古代文明的发祥地之一。早在 5 万年前的旧石器时代,就有原始人类"建德人"活动,浙江省境内已发现新石器时代遗址 100 多处,分别属于距今 7 000 年的河姆渡文化、距今 6 000 年的马家浜文化和距今 5 000 年的良渚文化。在历史的长河中,浙江人文荟萃,自然风光与人文景观交相辉映。2006 年,浙江省已有杭州、绍兴、宁波、衢州、临海、金华 6 座国家级历史文化名城。[1]

改革开放以来,浙江省经济高速发展,主要经济指标在全国保持领先地位,是全国经济增长速度最快和最具有活力的省份之一。早在 2003 年,就实现国内生产总值 9 200 亿元,比全国平均增速高出 5.5 个百分点,人均国内生产总值达 19 730 元。财政总收入和地方财政总收入,分别为 1 469 亿元和 706.5 亿元。[2]《2006 年浙江省国民经济和社会发展统计公报》显示:2006 年,全省生产总值为 15 649 亿元,人均 GDP 为 31 684 元(按年平均汇率折算为 3 975 美元),人均生产总值在全国 31 个省市自治区中排第 4 位。全省城

---

① 佚名.浙江省概况[DB/OL]. http://www.zjjmw. gov. cn/zsyz/gk. jsp,2007 – 06 – 27.
② 佚名.浙江省经济概况[DB/OL]. http://finance. sina. com. cn/roll,2004 – 08 – 31.

镇居民人均可支配收入 18 265 元,农村居民人均纯收入 7 335 元。①

2. 全省城乡人口构成情况

　　浙江省统计局 2007 年 2 月 26 日公布,浙江省于 2006 年 11 月 1 日进行的 5‰人口抽样调查结果显示,截至 2006 年 11 月 1 日零时,浙江省的常住人口为 4 976 万人,年末全省常住人口为 4 980 万人。浙江省农村人口进一步向城镇转移。数据显示,全省 2006 年末常住人口中,居住在城镇的人口有 2 813.7 万人,占总人口的 56.5%;居住在乡村的人口有 2 166.3 万人,占总人口的 43.5%。浙江省各市主要人口数据见表 5-1:②

表 5-1　浙江省各市主要人口数据

地　区	2006 年末常住人口(万人)	出生率(‰)	死亡率(‰)	城镇人口比重(%)
全　省	4 980.0	10.29	5.42	56.50
杭州市	773.1	7.92	5.28	68.88
宁波市	671.6	7.86	5.37	63.11
温州市	780.2	12.99	5.65	60.22
嘉兴市	408.0	7.71	5.55	48.09
湖州市	276.7	7.93	5.50	48.00
绍兴市	449.8	7.86	6.68	56.00
金华市	498.6	10.75	5.51	56.68
衢州市	221.1	10.14	5.86	38.81
舟山市	102.8	5.84	5.88	61.10
合州市	570.5	11.80	5.28	50.98
丽水市	227.6	11.76	5.86	39.00

　　注:2006 年全省人口变动抽样调查以 2006 年 11 月 1 日零时为标准时间,调查对象是被抽中的调查小区内具有中华人民共和国国籍并符合以下条件之一的全部人口:2006 年 10 月 31 日晚居住在本调查小区;户口在本户,2006 年 10 月 31 日晚未居住在本户。城乡人口是按国家统计局 1999 年发布的《关于统计上划分城乡的规定(试行)》计算。

　　① 佚名.2006 年浙江省国民经济和社会发展统计公报[DB/OL]. http://blog.people.com.cn,2007 – 04 – 17.
　　② 国家人口计生委发展规划司.2006 年浙江省人口变动抽样调查主要数据公报[DB/OL].中国人口网,2007 – 02 – 27.

3. 全省县级以上行政区划情况

行政区划统计显示,2007 年浙江省辖 11 个地级市、32 个市辖区、22 个县级市、35 个县、1 个自治县。杭州是浙江省省会,温州和宁波为副省级城市。浙江省县级以上行政区划情况如表 5-2:①

表 5-2 浙江省县级以上行政区划情况

城市名	县区数	县区成分	县区名
杭州市	13	8 个市辖区、2 个县,代管 3 个县级市	拱墅区、西湖区、上城区、下城区、江干区、滨江区、余杭区、萧山区、建德市、富阳市、临安市、桐庐县、淳安县
宁波市	11	6 个市辖区、2 个县,代管 3 个县级市	海曙区、江东区、江北区、镇海区、北仑区、鄞州区、余姚市、慈溪市、奉化市、宁海县、象山县
温州市	11	3 个市辖区、6 个县,代管 2 个县级市	鹿城区、龙湾区、瓯海区、瑞安市、乐清市、永嘉县、洞头县、平阳县、苍南县、文成县、泰顺县
嘉兴市	7	2 个市辖区、2 个县,代管 3 个县级市	南湖区、秀洲区、海宁市、平湖市、桐乡市、嘉善县、海盐县
湖州市	5	2 个市辖区、3 个县	吴兴区、南浔区、长兴县、德清县、安吉县
绍兴市	6	1 个市辖区、2 个县,代管 3 个县级市	越城区、诸暨市、上虞市、嵊州市、绍兴县、新昌县
金华市	9	2 个市辖区、3 个县,代管 4 个县级市	婺城区、金东区、兰溪市、义乌市、东阳市、永康市、武义县、浦江县、磐安县
衢州市	6	2 个市辖区、3 个县,代管 1 个县级市	柯城区、衢江区、江山市、龙游县、常山县、开化县
舟山市	4	2 个市辖区、2 个县	定海区、普陀区、岱山县、嵊泗县
台州市	9	3 个市辖区、4 个县,代管 2 个县级市	椒江区、黄岩区、路桥区、临海市、温岭市、玉环县、天台县、仙居县、三门县
丽水市	9	1 个市辖区、6 个县、1 个自治县,代管 1 个县级市	莲都区、龙泉市、缙云县、青田县、云和县、遂昌县、松阳县、庆元县、景宁畲族自治县

---

① 佚名.浙江省 2007 年行政区划[DB/OL].行政区划网站,2007 - 03 - 04.

（三）浙江县级社区学院发展的教育基础：教育概况及教育强县情况

浙江自古有耕读传家、重教兴学的传统，是人文荟萃之地。改革开放以来，中共浙江省委、省政府把教育摆在优先发展的战略地位。

1. 全省教育概况[①]

1992 年浙江确立科教兴省战略。1999 年开展创建教育强县活动，2002 年中共浙江省第十一次党代会提出了建设教育强省的战略目标。经过多年努力，全省已建立起包括基础教育、职业教育、高等教育和成人教育的完整教育体系，教育改革和发展取得了新成绩。

1989 年，浙江普及初等教育。1997 年，浙江成为全国第三个通过"两基"总验收的省份。近年来，全省进一步明确了基础教育"以县为主"的管理体制，致力于高标准、高质量"普九"，开展创建教育强县活动，推进新一轮中小学布局调整，建立"两基"年审制度，统一义务教育阶段学制，加强示范性高中建设，扩大高中段教育办学规模，不断提高基础教育总体水平。

1999 年，浙江省委、省政府作出大力发展高等教育的重大决策：全力支持浙江大学的建设和发展，培育浙江高等教育的"龙头"；进一步加快省属高校建设，在杭州下沙、滨江、小和山、浙大紫金港和宁波、温州兴建六大高教园区；积极深化高校管理体制、办学体制和后勤社会化改革，加快高等教育事业发展。截至 2005 年 9 月，全省有普通高校 73 所。按新机制、新模式、高标准发展高等职业教育，全省已经设立 43 所高职院校。高等教育毛入学率由 1997 年的 7.9% 提高到 2005 年的 30%，高等教育迈入了大众化阶段，实现了跨越式发展。

[①] 浙江省教育厅办公室. 浙江教育简介[DB/OL]. http://www.zjedu.gov.cn/gb/articles, 2005 - 09 - 27.

　　浙江通过深化中等职业教育管理体制改革和加快布局结构调整,进一步理顺体制,提高办学效益和办学质量。中等职业教育和普通高中教育协调发展,年招生数达到 1:1。开展"3+2"和"五年一贯制"职业教育试点,加强中等职业教育与高等职业教育的衔接与沟通。

　　1996 年,浙江成为全国第一个统筹解决民办教师问题的省份。实行教师资格制度、终身教育制度,强化在职培训,全省教师学历合格率和高层次学历比例有较大提高。重点培养名教师和学术骨干,在全省高校和中小学分别实施"高层次人才培养工程"和"名师名校长计划"。高校还建立了特聘教授制度,设立特聘教授岗位。省政府设立"功勋教师"奖,表彰在教育教学中作出突出贡献的优秀教师。

　　浙江省多渠道筹措教育经费,建立符合公共财政特点的教育经费保障机制,不断改善办学条件。积极鼓励社会力量参与办学,初步建立教育成本分担机制,社会力量办学按成本收费,并启动银行教育信贷业务。

2. 全省进入全国百强县(市)情况

　　浙江省 2001 年至 2008 年进入全国百强县(市)名单及其排名情况,如表5-3 所示:①②③

表5-3　浙江省 2001 年—2008 年进入全国百强县(市)名单及其排名

时间	县(市)数	全国百强县(市)名单及其排名名次
2001 年	22	萧山 9、绍兴 15、鄞县 16、义乌 20、慈溪 22、余杭 23、余姚 25、温岭 28、海宁 29、嘉善 34、玉环 36、桐乡 37、瑞安 38、乐清 40、上虞 43、平湖 44、海盐 50、嵊泗 52、富阳 54、诸暨 66、永康 70、德清 93
2002 年	26	萧山 7、绍兴 10、鄞州 12、慈溪 17、义乌 19、余姚 20、余杭 21、海宁 22、温岭 27、玉环 29、桐乡 30、嘉善 31、乐清 33、平湖 34、瑞安 36、富阳 38、海盐 42、上虞 43、诸暨 45、永康 46、嵊泗 50、德清 59、象山 75、奉化 78、东阳 84、新昌 100

①　佚名.2001—2005 年全国百强县(市)名单[N].都市快报,2005 - 10 - 26.
②　佚名.2006 年全国百强县(市)名单[DB/OL]. http://www. aweb. com. cn,2006 - 12 - 04.
③　佚名.第八届全国县域经济竞争力百强名单[DB/OL].人民网,2008 - 07 - 07.

续表

时间	县(市)数	全国百强县(市)名单及其排名名次
2003 年	26	萧山 7、绍兴 8、鄞州 11、慈溪 16、义乌 17、余姚 20、余杭 21、海宁 25、玉环 29、嘉善 31、温岭 32、平湖 33、桐乡 34、乐清 35、瑞安 36、富阳 38、诸暨 39、海盐 43、上虞 44、永康 46、德清 48、嵊泗 56、东阳 68、象山 71、奉化 83、新昌 90
2004 年	30	萧山 7、绍兴 10、鄞州 13、慈溪 16、义乌 17、余姚 19、余杭 20、海宁 23、玉环 28、嘉善 29、富阳 30、平湖 31、诸暨 32、温岭 33、桐乡 34、海盐 35、乐清 40、瑞安 44、德清 45、上虞 46、永康 47、奉化 62、长兴 63、东阳 65、象山 68、嵊泗 74、新昌 82、临安 86、桐庐 92、宁海 94
2005 年	30	萧山 7、绍兴 9、鄞州 12、义乌 15、余杭 16、慈溪 17、海宁 19、余姚 20、桐乡 23、嘉善 26、诸暨 27、平湖 28、富阳 29、海盐 30、玉环 31、温岭 32、乐清 35、德清 36、瑞安 39、上虞 42、永康 44、长兴 51、奉化 55、嵊泗 63、象山 65、东阳 66、新昌 69、桐庐 72、临安 75、宁海 82
2006 年	25	慈溪 5、绍兴 6、义乌 10、余杭 12、诸暨 13、温岭 16、乐清 20、瑞安 21、海宁 26、富阳 27、桐乡 31、上虞 36、平湖 53、临海 59、永康 60、长兴 62、玉环 64、宁海 71、嘉善 73、东阳 77、象山 78、临安 80、德清 81、海盐 83、奉化 88
2008 年	26	慈溪 3、绍兴 4、义乌 8、余姚 9、诸暨 11、温岭 14、乐清 17、瑞安 21、海宁 22、富阳 26、桐乡 28、上虞 40、平湖 49、玉环 52、临海 54、永康 58、长兴 65、宁海 67、象山 73、德清 74、嘉善 75、奉化 80、东阳 82、临安 83、海盐 85、嵊州 100

3. 全省教育强县建设情况

1998 年,浙江省委、省政府决定在全省开展创建教育强县活动,从战略地位、依法治教、贯彻方针、发展程度、深化改革、确保投入、办学条件、教师队伍、尊师重教等 10 个方面,规定了评定条件。

2003 年 3 月,浙江省修订了《浙江省教育强县评定操作标准》。

《操作标准》包括教育事业发展、条件保障、管理水平和全面推进素质教育等 4 个方面的 25 项指标,重点突出三项经费(教师工资、公用经费、学校建设资金)的落实、"四类"弱势群体是否公平接受义务教育和基础教育均衡发展等 3 个方面。

　　1999 年底,浙江省组织专家对有关县(市、区)创建教育强县工作进行了评估,2000 年至 2006 年浙江省委省政府已经公布了四批教育强县名单。这四批教育强县名单见表 5-4:①②③

表 5-4　2000 年—2006 年浙江省委、省政府公布的四批教育强县名单

时间	县市数	教育强县市名
2000 年第一批	14	杭州萧山区、温州龙湾区、德清县、绍兴县、诸暨市、海宁市、杭州余杭区、义乌市、东阳市、慈溪市、宁波镇海区、宁波鄞州区、宁波海曙区、余姚市
2002 年第二批	21	富阳市、杭州市西湖区、上城区、下城区、江干区、滨江区、拱墅区,宁波市江东区、北仑区,温州市鹿城区、瓯海区、平湖市、海盐县,桐乡市、长兴县,上虞市,台州市椒江区、黄岩区,温岭市、玉环县,舟山市普陀区
2004 年第三批	18	临安市,宁波市江北区、宁海县,瑞安市,湖州市吴兴区、南浔区、安吉县,嘉兴市南湖区、秀洲区、嘉善县,绍兴市越城区、嵊州市、新昌县,金华市婺城区、龙游县,舟山市定海区,台州市路桥区、临海市
2006 年第四批	16	桐庐县、建德市、象山县、奉化市、乐清市、洞头县、永嘉县、武义县、永康市、天台县、云和县、遂昌县、柯城区、江山市、嵊泗县、岱山县
合　计	69	2006 年,浙江省有教育强县已达 69 个,占全省县(市、区)总数的 76.67%,人口覆盖率达 80%(见《浙江省教育强省建设与"十一五"教育发展规划纲要》)

----

① 佚名.浙江第二批教育强县名单[DB/OL]. http://www.wledu.org/manage/add/info, 2002－03－27.

② 佚名.浙江省委、省政府表彰临安等 18 个省教育强县[DB/OL].浙江教育网,2004－09－08.

③ 佚名.第四批省教育强县(市、区)名单公布[N].教育信息报,2006－07－04.

四、浙江县级社区学院发展现状与问题

（一）浙江县级社区学院发展的政策依据和实践探索

2006 年 9 月 29 日,《浙江省教育强省建设与"十一五"教育发展规划纲要》出台。该纲要提出了教育强省建设的总体目标,对未来 5 年乃至 15 年内浙江省教育事业发展作出具体要求。

1. 全省县级社区学院发展的政策依据

浙江省委、省政府《关于全面推进社会主义新农村建设的决定》(浙委[2006]28 号),就浙江省建设社会主义新农村提出了总体要求和部署,其中,在"努力提高农民素质"方面,明确提出了"充分发挥广播电视学校、函授教育、网络教育、乡镇成人学校等作用,发展农村成人教育、社区教育,逐步构建农村终身教育体系"。《浙江省国民经济和社会发展第十一个五年规划纲要》提出:"积极发展成人教育和继续教育,形成多层次、开放式的终身教育网络,建设学习型社会。建设一批社区学院和农村成人文化学校,城乡社区教育普及面分别达到 90% 和 60% 以上。"

浙江省政府 2006 年 9 月印发的《浙江省教育强省建设与"十一五"教育发展规划纲要》(简称《纲要》)指出,到 2010 年,浙江全省巩固普及 15 年教育成果且教育质量不断提高;高等教育毛入学率达到 45%;各级各类教育协调发展;教育强县的人口覆盖率达 85%;教育整体水平和综合实力位居全国前列,达到或接近中等发达国家水平。到 2020 年浙江省提前基本建成教育强省。

近年来,浙江省通过大力实施科教兴省战略,不断深化教育改革,各级各类教育快速、健康、协调发展。2005 年率先在全国各省区中基本普及学前三年到高中段的 15 年教育;高等教育从精英教育迈入大众化教育阶段,2006 年毛入学率达到 34%;职业和成人教育发展迅速;各类教育的办学水平和质量日益提高,实力不断增强;目前全省有教育强县(市、区)69 个,人口覆盖率达 80%,这些都为创建教育强省奠定了坚实的基础。①

《纲要》指出,到 2010 年,全省将有 88 所普通高校,其中教学科研型大学 15 所、一般教学型本科院校 22 所、高职院校 51 所,另设独立学院 23 所。高等学校原则上设在产业集群度高,人才、信息有集聚效应的大中城市,不鼓励在县(市)域内办高等学校。根据规划,浙江省将重点培育杭州、宁波、温州三大高等教育中心,其他区市形成"一本一专"或"一本多专"的高校格局。县级城市主要责任是举办中等及中等以下教育,对一些有足够财力支撑能力的教育强县(市),可整合广播电视教育、自学考试、网络教育、函授教育等远程教育资源,举办 1 所为地方服务的社区学院(不列入全国高校序列、不纳入公办高职高专建制)。②

2. 全省县级社区学院发展的实践探索

浙江电大作为一个省、市、县三级系统办学、实行现代远程教育的教育机构,有其独特的系统优势、网络优势和资源优势,在浙江省推进社会主义新农村的建设中大有作为。随着城乡经济社会的快速发展,居民物质文化需求的不断提高,浙江省一些乡镇和大型企业迫切需要社区教育机构、学历教育机构和技能培训等能够延伸到当地。根据浙江省教委《关于加强浙江电大县级基地建设若干意见的通知》(浙教成[1999]280 号)等文件精神,经过调查研究,2006 年,浙江电大印发《浙江广播电视大学关于电大办学向乡镇延伸的意见(试行)》,就电大进一步面向农村、面向农民,向乡镇

---

① 张冬素. 浙江省出台规划纲要 15 年内建成教育强省[N]. 浙江日报,2006 – 09 – 6(30).
② 岳德亮. 浙江规划设置 88 所普通高校,集中在大中城市[DB/OL]. 新华网,2006 – 10 – 06.

延伸办学提出意见。① 意见提出：在人口相对集中,经济相对发达,服务区域覆盖面较广,需求较大的乡镇以及大型企业,可以本着"以人为本、服务基层、保证质量、方便学员"的方针设立电大工作站,其主要职责是为当地学生提供面授辅导、小组学习、上网浏览和资料阅览的场所及相关学习支持服务。浙江省电大设立乡镇工作站,将职业教育、社区教育乃至高等教育带到了乡村和城镇,送到了村民家里,实现了他们"足不出户受教育,干着农活读大学"的愿望,扎根农村的电大教学点将在浙江省构建学习型社会、农村终身教育体系以及推进社会主义新农村建设中发挥积极的作用。2007 年,浙江省电大系统有 10 所市级电大,59 所县级电大,14 所直属教学点,遍布全省各地,并且下辖的杭州、台州、金华、嘉兴、衢州、丽水、温州等7 个地市电大和 30 余个县级电大已经或即将挂牌成立社区大学和社区学院,为当地社区教育的开展提供了载体和平台。因此,无论是教育形式还是教育内容,电大都在逐步满足乡村和城镇居民的需要,哪里有需要,就将办学网络延伸到哪里。

(二) 浙江县级社区学院发展现状

1. 全省县级社区学院发展的主要类型

经过近几年的探索,浙江省县级社区学院有了长足的发展。其类型主要有三种:

一是以地市电大为依托建立社区大学,向下覆盖县(市)级的社区学院,街道办事处(乡镇)社区学校和居委会、村级教学班,以点带面,形成地市社区教育的综合立体网。如台州、嘉兴、丽水、湖州、衢州、温州、金华、绍兴和杭州市萧山区、余杭区、富阳市、建德市等社区学院就是这种类型。

---

① 佚名.浙江电大向乡镇延伸,成为构建农村终身教育体系重要力量[DB/OL].中央电大时讯网,2006 - 07 - 23.

二是在成人学校的基础上建立社区学院,宁波市以及下辖区县(市、区)基本是如此建立社区学院的。

三是独立建校,如杭州市旧城区的社区学院多数属于此种类型。

另外还有一些尚待建立社区学院的县(市)的有关街道、乡镇,在成人学校或中专学校的基础上,建立了从事社区教育的社区教育学院。

2. 全省县级社区学院建立情况

经过网上搜索和调查统计,截至 2009 年 3 月,浙江省 90 个县(市、区)中有 58 个成立了社区学院,占 64%;正在筹建的有 7 所,占 8%;待建的有 25 所,占 28%。具体情况见表 5-5:

表 5-5　浙江省县级社区学院建立情况

城市名	成立数	成立社区学院的县(市、区)(成立时间:年)	筹建数	筹建社区学院的县(市、区)(筹建时间:年)	待建数	待建社区学院的县(市、区)
杭州市	12	下城区(2002)、江干区(2003)、拱墅区(2003)、萧山区(2004)、西湖区(2004)、上城区(2004)、富阳市(2005)、滨江区(2006)、余杭区(2006)、建德市(2006)、桐庐县(2006)、淳安县(2008)	1	临安市(2004)		
宁波市	11	余姚市(2000)、鄞州区(2002)、海曙区(2003)、宁海县(2003)、象山县(2004)、江东区(2004)、江北区(2004)、镇海区(2005)、北仑区(2005)、慈溪市(2005)、奉化市(2006)				
温州市	6	鹿城区(2007)、瓯海区(2007)、瑞安市(2008)、永嘉县(2008)、龙湾区(2007)、文成县(2007)	2	苍南县(2006)洞头县(2008)	3	乐清市、平阳县、泰顺县
嘉兴市	6	南湖区(2004)、平湖市(2005)、嘉善县(2006)、海盐县(2005)、海宁市(2007)、桐乡市(2007)			1	秀洲区
湖州市	3	德清县(2003)、长兴县(2006)、安吉县(2008)	2	南浔区(2005)吴兴区(2006)		

续表

城市名	成立数	成立社区学院的县(市、区)(成立时间:年)	筹建数	筹建社区学院的县(市、区)(筹建时间:年)	待建数	待建社区学院的县(市、区)
绍兴市	2	越城区(2002)、新昌县(2007)			4	诸暨市、上虞市、嵊州市、绍兴县
金华市	1	义乌市(市民大学)(2005)	1	武义县(2005)	7	婺城区、金东区、兰溪市、东阳市、永康市、浦江县、磐安县
衢州市	1	柯城区(2003)			5	衢江区、江山市、龙游县、常山县、开化县
舟山市	3	普陀区(2005)、岱山县(2006)、嵊泗县(2007)			1	定海区
台州市	9	天台县(2005)、仙居县(2005)、临海市(2005)、椒江区(2006)、黄岩区(2007)、路桥区(2006)、温岭市(2005)、玉环县(2006)、三门县(2007)				
丽水市	4	遂昌县(2004)、青田县(2008)、云和县(2008)、松阳县(2008)	1	景宁畲族自治县(2008)	4	莲都区、龙泉市、缙云县、庆元县
合　计	58	占64%	7	占8%	25	占28%

(三) 浙江县级社区学院发展面临的问题

　　浙江省县级社区学院发展取得了巨大的成就,已走在全国前列。但毕竟发展的历史不足 10 年,在近几年快速发展的过程中,存在着一些需要我们进一步深入思考的问题。

　　第一,有些县(市)对社区教育的重要性认识不足,导致社区教育发展落后于经济发展。

　　社区教育作为一种新生事物,其重要性和紧迫性还没有完全被社会所认识,有些地方领导对社区教育的性质、功能还不清楚,在思想上还没有引起高度重视,偏重于社区的经济功能和政治功能,在社区教育工作上行动不到位,不少群众对自我学习的需求也不是很强烈,学习自觉性不高,社区教育的功能还没有真正得到发挥,社区教育仍处于一种自我发展状态。截至 2007 年,浙江省还有 17 个教育强县没有建立社区学院。

第二,缺乏统一有效的组织管理机构,统筹协调不力。

目前,浙江省对社区学院建设与管理没有出台任何规章,也没有设立统一的社区学院管理机构。现在的社区学院多为地(市)和县(市)政府批准设立。所以,县级社区学院的建设是"八仙过海,各显神通"。比如名称就比较混乱,有的称社区学院,有的叫社区教育学院。有些县(市)还没有建立专门的社区教育领导机构,现在这项工作,县(市)文明办、民政、农业、宣传、经贸、劳动、文化、共青团、工会、妇联等部门都在抓,但都是从部门的角度去做,缺乏统一的目标、统一的部署和安排,工作合力难以形成。

第三,经费投入不足,设施条件较差。

比如,到 2006 年为止,①温州市社区教育还没有纳入正常的财政预算,中共温州委办发[2005]68 号文件规定的社区教育经费至少应按照每年不低于人均 1 元人民币的标准普遍没有得到落实,使经费严重缺乏,使社区教育日常活动经费得不到保障,社区教育应有的教学设施资源得不到添置,该开展的活动无法开展。据调查,2006 年,②金华市除义乌市外,其他县(市)都未安排专门的社区教育经费。这样,势必影响社区教育的健康发展。

第四,培训针对性不强,效果不理想。③

有的乡镇的培训,仅以政府的培训计划来做,没有与农民和社区的需要相结合,针对性不强。一方面是农民真正需要的一些技术得不到培训,而另一方面农民真正需要的培训项目又得不到政府有力的资助。例如,温州市鹿城区,开展鞋样设计技术培训,每期(3 个月)需要经费 3 000 元,设

---

① 吴恕成. 在全市社区教育情况交流会议上的讲话[DB/OL]. http://www. wzer. net,2006 - 07 - 25.

② 金华电大组宣处. 金华现阶段本地社区教育发展的现状与分析[DB/OL]. http://www. jhtvu. net,2006 - 10 - 06.

③ 同①。

计打版,每期(4 个月)需要经费 2 180 元。政府补助每人 200 元,根本不能解决什么问题。还有一些培训与市场不对接,虽然通过培训学到了一技之长,但到头来还是找不到就业门路。

第五,缺乏农村教育特色。[1]

农村的社区教育与城市的社区教育不同,教育的对象文化层次低,而且呈分散状态。尽快建立起一套真正满足农村人口需要,切合农村实际的课程体系、教学方式以及教育运营机制,是发展县级社区学院迫切需要解决的主要难题。配备一支政治素质好、业务能力强、群众信得过、能够深入农村、满足农民需求的农村社区教育工作者队伍是推进农村社区教育工作的有效保证。

【新闻图片链接】

2006 年 12 月 22 日,建德市社区学院举行了成立大会。

---

① 杨益民. 建设县级社区学院,推进我市新农村建设［N］.湖州日报,2006－11(“学习思考”版).

2005 年 10 月 18 日,平湖社区学院揭牌仪式隆重举行。

第 6 篇

中国新农村（县域）社区教育发展模式研究

——以义乌市社区教育为例

⊙义乌市新农村社区教育发展模式研究背景
⊙义乌市新农村社区教育发展模式相关概念界定
⊙义乌市新农村社区教育发展模式
⊙义乌市新农村社区教育发展模式研究反思

　　党的十六届五中全会指出,新农村建设要培育有文化、懂技术、会经营的新型农民。新农村建设的主体是广大农民,农民的素质不提高,就不可能真正实现新农村建设目标。培养新型农民的主体是新农村社区教育,新农村建设为新农村社区教育提出了新的命题,同时提供了新的发展空间。依据前面所述教育部对社区教育的界定,我们研究的新农村社区教育是指在县域范围内,充分利用各类教育资源,旨在提高县域全体成员整体素质和生活质量,促进县域经济建设和社会发展的教育活动。义乌新农村社区教育是指在义乌县域范围内,充分利用城乡各类教育资源,旨在提高义乌县域全体成员整体素质和生活质量,促进义乌经济建设和社会发展的教育活动。就是说,这里研究的义乌新农村社区教育,包括义乌城乡社区教育的全部内容。

一、义乌市新农村社区教育
发展模式研究背景

义乌市地处浙江中部资源贫乏的丘陵地带,改革开放 30 年来,义乌市坚持"兴商建市"的发展战略,培育了全球最大的小商品批发市场,凭借小商品市场的优势实现了经济腾飞。2005 年度名列全国百强县(市)的第 12 位,2007 年度跃居第 10 位,综合竞争力已跃居浙江省县(市)首位。2003年,在全国率先制订并实施了城乡一体化行动纲要,编制完成了浙江省第一个城乡一体化社区布局规划,把全市 800 多个行政村统筹规划为 290 个社区,计划到 2020 年基本实现农村向社区、农民向市民、农业向企业转变。据统计资料显示,1982 年义乌市中心城区面积仅 2.8 平方千米,城市化率不到 10%,到 2006 年,城区面积已达 56 平方千米,城市化率已达 62%。随着城市化进程和新农村建设的加快,义乌这个户籍人口 70 万的县级市,产生了 20 多万失地农民,此外,还有近 100 万在义乌城乡从事第一、第二、第三产业的外来建设者。对总体上学历层次偏低、综合素质欠佳的农民和外来建设者,义乌市的主要对策是以建设学习型城市为目标,大力推进社区教育。

(一)课题研究的意义

从国内外社区教育发展的情况来看,生产力的高速增长、社会发展水平的飞跃和人类自我意识的日渐觉醒,是推动社区教育发展的三大动力。改革开放以来,我国国民经济得到了前所未有的发展,人民生活水平得到快速的提高,特别是进入 21 世纪后,知识经济时代的到来,使人们意识到了发展社区教育的重要性和紧迫性。

1999 年国务院批转的教育部《面向 21 世纪教育振兴行动计划》中提出:"开展社区教育试验工作,逐步建立和完善终身教育体系,努力提高全民素质。"2000 年,中共中央办公厅、国务院办公厅转发的《民政部关于在全国推进城市社区建设的意见》指出:"实践证明,大力开展社区教育,引导居民爱祖国、爱城市、爱社区,可以形成崇尚先进,团结互助,扶正祛邪,积极向上的社区道德风尚。"2000 年 4 月,教育部职成教司印发了《关于在部分地区开展社区教育实验工作的通知》,决定以北京市朝阳区等 8 个大中城市的城区作为社区教育实验区,开展社区教育实验工作。2003 年 12 月,教育部确定了第二批 33 个全国社区教育实验区,全国社区教育实验区发展到 61 个,基本覆盖了各省(区、市)和计划单列市。2006 年 7 月,教育部又确立了第三批 20 个全国社区教育实验区。2007 年 10 月,教育部再次确立了第四批 33 个全国社区教育实验区。至 2008 年,全国社区教育实验区已经发展到 114 个。在全国各地广泛开展社区教育实验的基础上,教育部于 2008 年 2 月命名 34 个全国社区教育示范区。

从义乌市社区教育发展的情况来看,从 1999 年开始,义乌市就实施农村劳动力转移免费培训。2003 年义乌市被教育部确定为全国社区教育实验区以来,大力开展社区教育,全市各社区普遍开设各种形式的市民学堂,广泛深入地开展青少年教育、法制教育、计划生育、人口教育、健康保健、科技培训、职业训练、文化艺术教育以及提高生活质量等面向社区全体成员的社区教育。

2005 年,义乌市成立了专门的社区教育机构——义乌市民大学,为市民提供全时段、全方位、全民的社区教育服务,义乌市社区教育一直走在全国先进地区的行列。2005 年以来,义乌市民大学和相关部门通过大力宣传和多方调查,组建了一支庞大的社区教育志愿者教师队伍,为进一步提高社区教育质量提供了重要的保证。义乌市为进一步提高社区教育的管理效率,丰富和扩大社区教育的途径,方便市民学习,加快了社区教育信息化建设步伐,义乌社区教育网站已投入运行。义乌工商学院、市民大学、电大等院校,根据在义乌的经商人员、务工人员的需要,有针对性地设置课程,采用灵活多样的方式为他们提供进修或培训机会。

义乌市民大学的成立,使社区教育实现了从比较窄小范围的技能培训到全方位社区教育的转变,从原来的农村剩余劳动力转移培训到全体市民参与的技能与休闲保健娱乐培训的转变,从原来的为生存的技能培训到为生活的更好、推动学习型城市建设的转变。

通过几年的努力,一个由政府统筹、教育部门主管、有关部门配合、社会积极支持、社区自主活动、群众广泛参与的社区教育管理体制和运行机制逐步形成。

近几年来,义乌市社区教育始终围绕提高城乡居民素质和促进城乡经济发展,以满足城乡居民多样化的学习需求为己任,以农村劳动力转移培训为重点,为推进学习型城市和新农村建设进行了积极的探索。

一个社区教育体系应该与其社会体系相适应,即便是在城市化水平很高而且经济发达的美国和被誉为"亚洲四小龙"之一的中国台湾地区,也一再强调农村社区教育,并将其作为维护城乡居民教育权力、实现教育公平的手段和目标。我国城乡"二元结构"将会在相当长的历史时期内存在,这种"二元结构"要和谐并持续健康发展,必然要求有城乡社区教育"二元结构"与之相适应。然而,目前我国对农村(县域)社区教育重视不够,很难适应新农村建设的要求。因此,研究农村(县域)社区教育就显得尤为重要。近几年来,全国各地许多大中城市已在开展社区教育的试点研究,也取得了不少成功的经验和模式。但对于以县为单位的新农村社区教育发展模式研究,还鲜有好的经验可资借鉴。义乌市作为全国社区教育实验区的县级市,社区教育得到了良好的发展,具有典型的新农村社区教育特色,系统总结和传播义乌市新农村社区教育经验,对推进我国新农村社区教育发展具有借鉴意义。

基于上述观点,我们进行了"义乌市新农村社区教育发展模式研究"这一课题的研究,旨在探索具有义乌特色的新农村社区教育发展模式,为义乌人口素质的提高、社会经济的发展服务;同时,期望为我国新农村(县域)社区教育提供可资借鉴的发展模式。

（二）国内外同类课题研究综述

1. 国内有关研究

有关资料表明,我国社区教育发展模式按其出现的时间先后和办学层次可以划分为以下五种:①

（1）以街道办事处为中心进行的连动型社区教育发展模式

这是一种带有较强行政管理色彩的社区教育模式。

其内涵为:街道作为所辖行政区域的社区教育组织者、实施者、监督者、协调者,以社区服务及社区文化为着眼点进行的各种休闲、文化、活动性的社区教育。

其运作方式为:

① 街道办事处相关职能科室按行政方式布置、检查社区教育工作。

② 成立社区教育委员会,由当地党政领导挂帅,有关职能部门及驻区单位参加社区教育工作,即"街道牵头、社会参与、双向服务"的模式。

其特点为:

① 政府主导。

街道办事处作为地方政府的派出机构,在社区教育中占据主导地位。社区教育作为街道办事处一项重要工作,纳入工作目标体系并借助行政手段推进。

② 社会参与。

动员辖区各界参与社区教育,发挥社会各界(尤其是学校、青少年宫、图书馆、博物馆、各类教育基地、读书会、市民学校等)的资源优势,力求形成"共建、共管、共享"的格局。

---

① 苏民.面向 21 世纪社区教育模式探索[DB/OL]. http://smjy.com.cn/dzts/2/article/Article2508.htm,2003 − 12 − 15.

这种模式易于街道办事处发挥主导作用,并可在一定限度内调动社区各界资源,但也易于产生流于形式的弊端。

(2)以中小学校为主体进行的活动型社区教育发展模式

这种模式是由教育系统内部发展起来的社区教育模式,此模式带有浓厚的校外教育性质。

其内涵为:中小学作为区域性社区教育的组织者、协调者,利用自身办学资源和优势进行校外教育。

其运作方式为:

① 以学校为主体组织本校或社区内中小学生参加各种形式的课外教育活动。

② 由学校牵头组建社区教育协调委员会,定期研究校外教育工作,参与学校课外活动协调与管理,并向社区居民开放校内文体活动设施,即"协调课外活动,开放文体设施"的模式。

其特点为:

① 学校主导。

中小学校作为区域性社区教育的组织者或牵头单位,实施以在校中小学生为对象的社区教育。

② 资源共享。

将社区居民请进校内,共享学校文体设施建设成果。

③ 社会参与。

邀请社会各界参与校内外教育活动。

此模式能够较充分地利用中小学校办学资源,教育行为较为规范。但是,学校在调动社区资源方面存在组织层面的先天不足,"社区资源整合"作用微乎其微。另外,社区教育活动往往定位在"保育"或青少年课外活动层面上,难以真正起到社区教育作用。

(3)以社区学院为载体进行的综合型社区教育发展模式

这种模式是20世纪90年代以来,在北京、上海、浙江、山东等经济快速发展、教育基础较好的地区出现的社区教育发展模式。

其内涵主要有:社区学院作为区域性教育的龙头单位,通过社区教育委员会的机制开展学历、非学历教育，进行文化性、职业性、专业性社区教育。

其具体运作方式为：由当地党政领导牵头，教育部门总管，各部门各行业协调的成人教育框架，依托成人高校作为办学实体，既相互协作又相互竞争，依靠现代教育技术，形成多层次、多门类，适销对路的社区教育格局。

此模式是借鉴西方社区学院成功经验而建立的，集区域高教、成教、职教为一体的，一种区域性、多层次、开放式、综合性、大众化的社区教育发展模式。社区学院是融学历教育与非学历教育、职业资格证书教育与休闲文化教育于一体的社区教育办学实体。

此模式易于区域内政府部门与辖区单位进行业务沟通，易于系统内资源重组，发挥成人高校的办学优势，提升办学层次，扩大办学效益，降低办学成本，提高社区教育的质量。

此模式正在或必将成为我国社区教育的主流发展模式。

但此模式也有不足之处。例如，目前存在管理体制不顺、社区教育的公益性与办学效益的矛盾，社会各界对社区学院的认可度不高。

（4）以地域为边界进行的自治型社区教育发展模式

此模式是比较适用于行业主体单一，且占据辖区主导地位的"单质社区"的社区教育发展模式。

其内涵为：由社会各界共同组成的社区教育协调委员会，对本社区的社区教育进行总体协调和具体策划。

其运作方式为：由辖区各行各业较有影响并且热心社区教育的单位，或由某一功能齐全的单位牵头组成专门机构，利用成员单位在各自行业的影响和教育资源，开展"社区是我家，建设靠大家"式的社区教育活动。

此模式中的辖区各界参与社区教育意识较强，居民自治意识初见端倪，然而由于组织松散，难以形成持久而有效的核心和合力。

（5）以社区传媒为平台的媒介型社区教育发展模式

此类模式是近几年来在城市总体水平较高的城区出现的一种社区教育发展模式。

其内涵为：社区通过自己的媒介，面向全体社区成员进行科学文化、思想道德、社会生活等非学历方面的教育。

其运作方式为:部分经济条件好、有精力营造社区文化、提升社区品位的社区建设自己的媒介(主要包括报纸、杂志、书刊等印刷媒介和电影、电视、广播、网络等电子媒介两大类),根据社区成员的需求,将相关教育内容(如时事政治、道德法制、休闲保健等与工作、生活密切相关的内容)通过媒介传播给社区成员,社区成员通过与媒体的接触,达到阅读学习、视听学习、在线学习。

此模式构建的平台是媒介,因而传播速度快,传输量大,教育效率高。

此模式对硬件要求高,财力和人力投入大,不是每个社区都具备此条件。

2. 国外有关研究

根据相关资料分析表明,国外社区教育发展模式主要以美国、日本和北欧国家为代表。美国以社区学院为代表、日本以公民馆为代表、北欧以民众学校为代表。[①]

(1)美国社区教育发展模式:民众自主开发模式

美国是一个移民国家,新大陆的开发是由具有不同信仰来自不同国家的移民进行的。因此,在教育方面也汲取了各地移民原有的传统,并形成有利于新大陆整合的各种教育思想和教育形式。新大陆的移民"无意识地肯定一切机构都做教育工作,都能够培养信仰、文雅和学识三种移民必备的素质"。美国知识界关于社会是一所大学校的理念跟人们生活中对社会之教育功能的认识一脉相承。美国社区教育模式正是以此种传统为基础的。不同历史时期出现的社会机构以体现教育性为追求:"教育性教堂、群居式街道文教团、救世军……它们都自命为具有开创性的教育机构……"美国"20世纪教育机构均如19世纪的教育机构一样,倾向于把自己描述并因而想像为社区性的教育机构。如什雷酿酒公司向公众讲授酒后驾驶

---

① 梁新潮,刘丹. 国外社区教育的实践及启示[DB/OL]. http://www.fjedu.gov.cn/html/2008/06/266019_34882.html,2008 - 06 - 02.

的危险性；美国电话及电报公司也在报纸广告中声称，该公司通过电视推行实施教育规划"。

可以说，社区教育是美国社会教育思想的结晶。从这块新大陆建设之初，在成为美利坚合众国的过程中，社区的形成以及社会教育功能的不断扩大成就了美国社区教育发展模式。20 世纪 70 年代，逐步发展起来的社区学院不过是社会教育体系中的新亮点，可以说是社会教育趋向正规化的体现。

（2）日本社区教育发展模式：国家主导模式

与美国社区教育发展模式具有普遍的教育思想基础不同，日本的社会教育主要是由国家促成的。无论是战前的教化政策还是战后的重建政策，都体现出国家的强势。特别是战后终身教育思想与日本战后重建的决心不谋而合。终身教育思想以及社会教育思想以法律的形式被确定下来。

日本《社会教育法》第 20 条规定："公民馆的目的是为市镇村及其他一定区域内的居民，开展各种有关适应实际生活的教育、学术及文化事业，从而谋求提高居民的教养，增进健康、陶冶情操、振兴文化生活，增进社会福利作贡献。"由此可以看出，日本政府将公民馆视为综合性的文化设施，具有多方面的职能。公民馆的设置使日本的社会教育成为实体性的存在而成为日本社会教育的代表性模式。

（3）北欧各国社区教育发展模式：民众启蒙模式

北欧各国的"民众中学"是近代世界上最早的社区教育模式之一。它既向社区进行广泛的教育渗透，又注重社区内的社会团体、志愿者组织广泛参与学校教育，强调用教育的力量促进社区民众自强，从而达到改造和提高社区生活质量的目的。

通常认为北欧各国的社区教育模式以民众教育为依托，因为其处于斯堪的纳维亚地区，所以也称为斯堪的纳维亚模式。但在北欧各国，如瑞典、丹麦和挪威，社会教育却是面向成人展开的。各国因为历史背景的不同，社会教育目的有所不同。如丹麦由于国家处于危难之中，希望通过教育唤醒民众民族意识之觉醒；而瑞典却希望通过民众教育拓展成人学习的机会。民众教育因此成为北欧社会教育之代表。

二、义乌市新农村社区教育发展模式相关概念界定[①]

（一）社区及其相关概念

1. 社区

社区是社会学概念。在 1984 年费孝通主编的《社会学概论》中，社区概念被表述为："若干社会群体（家庭、氏族）和社会组织（机关、团体）聚集在某一地域里，形成一个生活上相互关联的大集体。"现在大多数社会学著作把社区定义为：一定地域性的社会生活共同体。这种共同体既是一个地域性概念，也是一个社会文化概念。社区的构成要素是：有一定数量的居民；有一定的地域空间；有一定类型的社区活动；有一定规模的社区设施；有一定特征的社区文化。

2. 农村社区

结合以上社区概念，本研究的农村社区主要是指县域性的社会生活共同体。这种县域性共同体是聚集在县域内的个人、群体和组织，依据县域社会文化规范结合而成的社会生活共同体。

---

① 课题组. 义乌市新农村社区教育发展模式研究［DB/OL］. http://www.ywsmdx.com/Article.asp? artid＝177 & BClassID＝4,2008－09－17.

3. 社区教育

在社区教育发展过程中,不同国家和地区走过了不同历程,形成了不同体制和特色。主要有:把社区教育界定为"民众教育"(如北欧);把社区教育界定为社会教育(如日本);把社区教育界定为向社区提供教育服务的非正规教育(如英、美)。在我国,一般认为,社区教育是整合了社会、家庭和学校教育的终身教育体系。在全国社区教育实验过程中,教育部把社区教育界定为:社区教育是在一定地域范围内,充分利用各类教育资源,旨在提高社区全体成员整体素质和生活质量,促进区域经济建设和社会发展的教育活动。这里的地域范围一般是指以大中城市的城区或县级市为单位进行的社区教育实验工作,在这个区域内,社区有一定规模的教育资源可以利用和开发,可以在较高层次上实行教育的统筹领导,可以动员较多的部门、团体参与社区教育,便于在较大的范围内通过构建教育培训网、创建学习型组织满足社区居民的学习需要。

本书中提到的"社区教育"一般取这一含义。

4. 农村社区教育

基于以上社区教育的内涵,农村社区教育是一种基于农村社区的新的教育运行体制,是一种教育社会化和社会教育化的模式,是以农村社区为依托,全社会参与,促进学校、企业、社区之间的合作,提高社区内全体人员素质,逐步建立与完善终身教育体系,构建学习型社会的教育组织体制和形式。本书中的农村社区教育是在县域范围内,充分利用各类教育资源,旨在提高县域全体成员整体素质和生活质量,促进县域经济建设和社会发展的教育活动。

(二) 模式及其相关概念

1. 模式

"模式"较早见于经济领域,一般称为"经济发展模式",现在已被广泛应用于各领域,并衍生出企业模式、市场模式、管理模式等,在教育领域有办学模式、培养模式等。波兰经济学家布鲁斯认为:"使用'模式'这个术语的正确意思是表示经济机制运行的图示,它是撇开复杂细节、提供经济运行的主要原则的图示。"《现代汉语词典》中"模式"条目显示:"模式是指某种事物的标准形式或使人可以照着做的标准样式。"在社会学中,模式是研究自然现象或社会现象的理论图式和解释方案,同时是一种思想体系和思维方式。

本书中提到的"模式"均取这一含义。

2. 发展模式

著名社会学家费孝通认为,所谓"发展模式",其基本含义是指"在一定地区,一定历史条件,具有特色的经济发展路子"。

王忠武教授认为:"发展模式是人为了实现发展目标而选择和实行的方式、办法与道路的统一体⋯⋯发展模式是人按照一定的发展观念建构的,不同的发展观念会产生不同的发展模式。"

本书中提到的"发展模式"均取这一含义。

3. 社区教育模式

社区教育模式是旨在提高社区居民综合素质、有关技能以及文化娱乐能力等,社区内各级各类教育的综合运作机制和工作方略。

4. 社区教育发展模式

社区教育发展模式是人为了实现社区教育发展目标,而选择和实行的社区教育方式、办法与道路的统一体。

本书主要从社区教育的指导思想、目标任务、功能定位、管理体制、办学形式和保障机制等方面对义乌市新农村(县域)社区教育发展模式进行研究。

（三）社区学院及其相关概念

1. 社区学院

社区学院最早出现于欧洲和北美。亦称"民众学院"、"民众高等学院"或"社区成人教育中心"，在英国则称之为"村庄学院"。不同国家和地区的社区学院名称有所不同，但其本质没有太大差异。

社区学院主要是实施高中后各类教育的、具有社区特征的，整合教育、社会、文化、休闲活动于一体的新型高等教育机构。社区学院主要职能是高等职业技术教育、大学转学教育、补偿教育、社区教育和人文素质教育。社区学院集中体现了社区与教育、社区教育与高等教育的互动、结合。

2. 美国社区学院

美国社区学院是实施学历教育、职业教育和社区教育的高等教育机构。社区学院的教学和服务以关心社区生活、提高社区文化以及发展社区经济为宗旨，一般设在社区中心，90% 以上的美国公民在离家 25 英里之内就可以找到一所社区学院。

美国社区学院中乡村社区学院约占 50%，公立社区学院约占 90%，美国约有 44% 的大学生在社区学院就读。

3. 中国大陆社区学院

中国大陆社区学院是适应中国大陆社区体制改革和社区建设需要，以高职高专为主，集高等学历教育、非学历教育、社会文化生活教育于一体，具有职业性、社区性和综合性的高等教育机构。

它是终身教育的载体和依托，它的目标是为社区经济建设和社会发展培养应用型人才，提高社区居民的文化和文明素质。

4. 县级社区学院

县级社区学院主要是指面向县域经济社会发展需要,解决县域人口全面发展问题,由县级政府主办,县域基础教育、职业教育、成人教育、社区教育、高等教育等多种教育统筹整合,农、科、教等部门共同参与,采取多种教育手段和方式提供便利的学习机会和满足学习者多方面学习需求的新型农村高等教育机构。县级社区学院一般设立于县(市)内,由县(市)教育行政机构认可并接受其督导,整合教育、社会、文化、休闲活动于一体,以推进县(市)物质文明、精神文明和政治文明建设及提高农村人口整体素质为根本宗旨。

目前,我国县级社区学院基本分两种类型:

一是以县级电大为龙头整合县域高等教育资源,建成的辐射乡镇村的社区教育综合立体网。

二是在县级成人学校的基础上建立的,辐射乡镇村的社区教育综合立体网。

5. 义乌市民大学

义乌市民大学成立于2005年5月,是义乌市委、市政府为全面贯彻落实党的十六大提出的构建终身教育体系,形成全民学习、终身学习的学习型社会精神,根据义乌社会经济发展的需要,为进一步加大学习型城市创建力度,提高市民素质而成立的全额预算事业单位。义乌市民大学主要担负对市民科学文化、文明礼仪、思想道德、民主法制、健康保健、社会生活等教育工作,组织开展市民的技能培训、社区休闲娱乐培训,承担指导、评价各镇街社区教育机构的工作,配合市委、市府抓好全市范围内的各种公益性培训教育工作。义乌市民大学成立以来,坚持以邓小平理论、"三个代表"重要思想为指导,以十六大提出的"形成全民学习、终身学习的学习型社会,促进人的全面发展"为目标,明确提出了以"提高市民素质和生活质量,促进经济社会发展"为办学宗旨,以"加强管理、强化服务、拓展渠道、提高质量、谋求发展"为工作思路。在各级领导的高度重视下,积极探索社区教育的发展方向、发展途径,不断开拓社区教育发展空间,初步形成了社区教育的管理运行机制和教育培训模式。

（四）农村及其相关概念

1. 农村、农业与农民

根据《现代汉语词典》的解释，"农村"是一个"以从事农业生产为主的聚居的地方"。"农业"是"栽培农作物和饲养牲畜的生产事业。在国民经济中的农业，还包括林业、渔业和农村副业等项生产在内"。什么是农民呢？上海辞书出版社 1980 年出版的《辞海》对"农民"的解释是："直接从事农业生产的劳动者。在资本主义社会和殖民地、半殖民地社会，主要指贫农和中农。在社会主义社会，主要指集体农民。"

2. 新农村与新农村建设

所谓新农村，是指在社会主义制度下，反映新时期农村社会以经济发展为基础，以社会全面进步为标志的社会状态。新农村建设是党中央提出的一项重大战略任务，是当前全党的一项重要工作，是惠及广大农民的民心工程。中央明确提出了新农村建设的具体目标，即建成"生产发展、生活宽裕、乡风文明、村容整洁、管理民主"的社会主义新农村。虽然只是短短 20 个字，但其涵盖的内容非常广泛。其中，"生产发展"、"生活宽裕"主要是物质层面，"乡风文明"、"村容整洁"是就精神文明而言，"管理民主"则属于政治文明范畴。

3. 义乌新农村与义乌新农村社区

随着义乌城市化、工业化和城乡一体化进程的加快，我们很难用传统农村的概念来划分义乌社会。所以，本书中的义乌新农村是指新时期义乌城乡以经济发展为基础，以社会全面进步为标志的社会状态。义乌新农村社区主要是指义乌县域性的社会生活共同体。这种县域性共同体是聚集义乌县域内的个人、群体和组织，依据义乌县域社会文化规范结合而成的社会生活共同体。

4. 义乌新农村社区教育

基于以上认识,本书中的义乌新农村社区教育是在义乌县域范围内,充分利用城乡各类教育资源,旨在提高义乌县域全体成员整体素质和生活质量,促进义乌经济建设和社会发展的教育活动。就是说,义乌新农村社区教育,包括义乌城乡社区教育全部内容。

三、义乌市新农村社区教育发展模式

所谓"发展模式",是指"人为了实现发展目标而选择和实行的方式、办法与道路的统一体……发展模式是人按照一定的发展观念建构的,不同的发展观念会产生不同的发展模式"。[①] 所谓"社区教育发展模式",就是旨在提高社区居民综合素质、有关技能以及文化娱乐能力等的,社区内各级各类教育的综合运作机制和工作方略。我们主要从义乌新农村社区教育指导思想、目标任务、功能定位、管理体制、办学形式和保障机制等方面,对义乌新农村社区教育发展模式进行研究。

(一) 义乌市新农村社区教育发展背景

社区教育与终身教育、学习型社会(学习化社会)密切相关,是学校教育以外的全民的社会化教育。1965 年,法国教育家保罗·朗格朗正式向

---

① 王忠武.科学发展观与发展模式创新[J].泰山学院学报,2005(1):18-21.

联合国教科文组织提出终身教育议案。1968 年美国学者罗勃特·哈钦斯首次提出"学习化社会"的概念,1972 年联合国科教文组织正式把"学习化社会"作为未来社会形态的构想。终身教育和学习型社会作为一种全新的理念,在国际社会受到广泛重视,许多国家确立了相应的发展战略,积极致力于构建终身教育体系和学习型社会。

1993 年,中共中央、国务院印发的《中国教育改革和发展纲要》和 1995 年颁布的《中华人民共和国教育法》都明确提出了要建立和完善终身教育体系的要求。1999 年,国务院批准的教育部《面向 21 世纪教育振兴行动计划》提出了构建终身教育体系和学习型社会的目标任务和工作思路。进入 21 世纪,中共中央、国务院对学习型社会建设提出了新的更高的要求。2001 年 5 月,江泽民同志在亚太经合组织人力资源能力建设高峰会议上提出,21 世纪的中国要致力于"构建终身教育体系,创建学习型社会"。2002 年,党的十六大报告又把"形成全民学习、终生学习的学习型社会"作为今后 20 年全面实现小康社会的重要目标之一。

为了全面贯彻党的十六大关于"形成全民学习、终身学习的学习型社会,促进人的全面发展"的要求,2005 年,中共浙江省委办公厅、浙江省人民政府办公厅转发了浙江省委宣传部、省文明办、省教育厅、省民政厅、省总工会、省妇联《关于开展构建学习型社会推进学习型社会建设工作的若干意见》,召开了全省社区教育工作会议。① 会议提出,构建学习型社会、推进学习型社区建设,要以"三个代表"重要思想和科学发展观为指导,以提高社会文明程度、促进人的全面发展为目标,努力构建县（市、区）、街道（乡镇）、社区（村）三级社区教育网络,普遍开展社区教育;培育一批充满活力、具有鲜明特色的学习型城市、学习型社区、学习型机关、学习型企业、学习型家庭;形成党政统一领导、部门分工负责、社会积极支持、群众广泛参与的工作机制;到 2010 年,初步建立形式多样、结构合理、手段先进的终身教育体系,基本构建起富有浙江特色的学习型社会框架。

---

① 吴恕成. 在全市社区教育情况交流会议上的讲话[DB/OL]. http://www. wzer. net,2006 - 07 - 25.

早在 2002 年,中共义乌市委印发了《中共义乌市委关于建设学习型城市的决定》、《义乌市建设学习型城市规划(2003 年—2010 年)》。文件中明确提出了大力发展社区教育,构建终身教育体系的任务和目标,把提高全体市民的整体素质和生活质量列为每年市政府及各部门的重点工作,特别强调要把提高市民的人文素养、职业技能列为重中之重的工作来抓。根据工作进展情况,市委、市政府都适时召开创建学习型城市工作会议,明确各阶段的目标和任务,使社区教育和创建学习型城市工作扎实推进。2006年,中共义乌市委、义乌市人民政府印发了《义乌市社区建设指导纲要(2006 年—2010 年)》(试行),明确提出积极发展社区教育。依托市民大学、社区学院、社区学校三级社区教育网络,充分利用各类教育资源,以思想道德、民主法制、科学文化、社会生活、劳动技能等为主要培训内容,促进社区发展的多层次、多形式的教育活动;积极做好转岗、下岗失业人员和农村转移劳动力的技能培训;以社区教育为载体,广泛开展学习型社区、学习型家庭等创建活动,做好国家级、省级社区教育实验区创建和实验工作。

(二)义乌市新农村社区教育指导思想与目标任务

1. 义乌市新农村社区教育指导思想

坚持以马克思列宁主义、毛泽东思想、邓小平理论和"三个代表"重要思想为指导,以科学发展观统领全局,坚持为新农村建设服务的方向,实施"兴商建市"的发展战略,紧紧围绕义乌市经济社会发展的总体目标和总要求,统筹城乡发展,充分利用、拓宽和开发社区内的各种教育资源,努力实现学校教育、社会教育、家庭教育,正规教育、非正规教育、非正式教育的全面、协调和可持续发展,积极探索建立学习型社区的有效途径,构建有义乌特色的终身教育体系,不断满足社区成员日益增长的多样化的教育需求,努力提高社区成员的整体素质和生活质量,为促进义乌市三个文明建设提供直接有效的服务。

2. 义乌市新农村社区教育目标

义乌市社区教育目标分近期目标和远期目标。

近期目标——以服务义乌市经济社会发展，满足社区成员学习需求为宗旨，逐步建立和完善各级各类教育相互衔接沟通、共同发展的社区教育体系，为每个社区居民提供多层次、多类别、多形式的教育机会，做到学习者有其位，提高社区居民素质和生活质量，推动义乌市新农村建设的持续发展和全面进步。

远期目标——创建一个"人人是学习之师，时时是学习之机，处处是学习之所"的社会文明、终身教育气氛较浓的社区文化环境，建设学习型社会。

3. 义乌市新农村社区教育主要任务

（1）进一步加强宣传、营造终身学习氛围

坚持社区教育"立足于民，服务于民"，以构建终身教育体系和创建学习型社会为目标，加强社区教育的宣传工作。通过组织学习活动，培养社区成员的社区归属感，强化社区意识；引导社区成员逐步树立"人人是学习之人，时时是学习之机，处处是学习之所"的终身教育观念，积极营造良好的全民学习、终身学习氛围。

（2）大力开展多层次、多内容、多形式的社区教育活动

大力开展继续教育、职业教育、市民教育、青少年教育等各类教育培训活动。充分发挥义乌市社区教育三级教育网络和各类培训机构的作用，努力满足在职人员的岗位培训、下岗失业人员再就业培训、老年人群社会文化活动、弱势人群提高生存技能培训、外来人群适应城区社会生活培训等各类人群的学习需求，积极抓好社区内的婴幼儿、青少年学生的校外素质教育，加强未成年人的德育工作。通过开展多层次、多内容、多形式的社区教育活动，丰富市民业余生活，提高市民整体素质与生活质量，不断满足市民日益增长的学习需求，为市民学习、培训、健身、娱乐提供服务。

（3）充分利用、拓展和开发各类教育资源，形成社区教育培训网络

充分利用社区内现有各类教育资源，本着"因地制宜，分步实施，不断

完善,形成一体"的原则,横向联合,纵向沟通,实现教育资源共享,使现有教育资源发挥更大的作用。各类学校、教育培训机构和各种文化体育设施都要有组织、有计划地向社区开放,积极开展多种形式的社区教育活动;在整合、利用现有教育资源基础上,形成以义乌市民大学为龙头,以乡镇(街道)社区学院为骨干,以村(社区)社区学校等为基础的社区教育网络,满足市民多样化的教育需求;要积极创造条件,充分运用播放教学光盘、收视卫星电视教育节目、计算机网络教学等手段开展现代远程教育,构筑起全民学习、终身学习的平台。

(4)重视师资队伍建设

充分调动义乌市内各类学校、社团、单位和志愿者的积极性,整合义乌市内各类人才资源,组织一支专职、兼职及志愿者相结合的社区教育的工作队伍,开展各种业务进修学习,特别是社区教育基本理论和方法的培训,不断提高社区教育师资的专业素质,逐步形成一支有力的推进学习化社区的骨干队伍,保证学习型社会终身教育的良好运作。完善用人机制、激励机制和流动机制,以保证师资队伍的健康成长。

(5)加强管理和指导,规范社区教育

为提高社区教育办学质量,顺利实现社区教育的目标,必须规范社区教育管理体制和运行机制,成立义乌市社区教育委员会,制订义乌市民大学章程,加强对社区教育的长效管理。比如,加强对社区学院、社区学校的建设和指导,派人参与社区学院、社区学校的教育管理和教学工作;在校舍设施改造的同时,抓好软件建设,重点放在教育大纲、教材编撰、教研活动上,规范教育教学活动;完善社区教育活动的检查、考核、奖励制度。

(6)开展社区教育研究,不断提高理论水平

充分发挥义乌市民大学在社区教育中的龙头作用,组建社区教育理论研究机构,制定科研管理制度,开展社区教育理论研究。抓住社区教育实践中亟待解决的问题,确定研究课题,有组织地开展社区教育研究工作,提高社区教育理论水平,将社区教育的发展置于教育理论指导之下,提高社区教育决策的科学性,推动社区教育科学发展。

（三）义乌市新农村社区教育功能定位

浙江省在《关于开展构建学习型社会推进学习型社会建设工作的若干意见》中提出：社区教育是充分利用各类教育资源，旨在提高社区居民整体素质和生活质量，促进区域经济和社会发展的社会化教育。各地要因地制宜，加快发展普及社区教育，面向社区全体居民，广泛开展包括技能培训、文化补习、科普教育、法制教育、休闲娱乐等各类教育培训活动，以及面向各级学校学生的社会实践和校外教育。义乌市社区教育功能主要是提高社区成员的整体素质，促进社区发展。

具体讲，义乌市社区教育可以发挥以下五大功能。

1. 公民教育功能

现代社会要求社会成员首先应当具备基本的公民素质，包括自觉履行公民义务、遵守社会公德与人际关系准则、具有积极的精神风貌和民族自尊感等。我国历来重视精神文明建设，2001年推出的《公民道德建设实施纲要》明确指出，社区在公民道德教育中有着义不容辞的责任，这是对我国社区教育的道德提升功能的肯定。社区是公民教育的基本载体，通过各种形式的社区教育，可以提高社区内居民的政治、道德与法律等素养。公民思想道德建设是社区教育一项基本职责和功能。社区公民教育的内容广泛，涵盖了科学、道德、法制、信仰以及其他与社会主流价值观相符的教育活动。社区教育可以结合本社区的实际，通过制订居民公约、村规民约等自我管理、自我教育、自我约束的内在性制度，把思想道德教育引导和适度规范约束结合起来，不断地进行精神文明教育，使其取得更好效果。

2. 社区凝聚功能

在英、美等国家，以社区为中心设置的社区教育中心与社区学院，都是以社区居民为对象，为居民提供教育、社交、文化活动的机会，开展各种教育活动。参加者没有年龄、地位限制,大家在共同学习、共同游戏的基础上接受教育。在我国,学校教育的规范性,特别是正规学校教育,其教育对象限定在青少年儿童,使其他人的受教育机会受到了限制,在很多方面显得过于死板。社区教育克服了学校教育的这一不足之处,它面向社区内的全体居民,十分强调社区人群共同的文化、共同的行为规范、共同的生活方式和社区意识、社区归属感,使社区教育在形成社区居民积极的价值观、人生态度和道德品质方面能够发挥出最大的凝聚功能。一方面,它使每一个人的特性得到发展,每一个人的意愿得到实现;另一方面则加强了社区居民相互间的理解和协作。

3. 社区发展功能

社区教育的本质功能就是给社区内不同年龄、不同层次、不同职业的居民,提供尽可能优质的教育资源和多样化的教育机会,满足他们的教育学习需求。社区教育持续而深入地发展,要求并拉动社区领导者、管理者重视建设优美舒适的人居环境,建设绿色社区、文明社区、网络社区,营造有利于人的全面发展、社区全面发展的良好氛围和人文环境,逐步形成全民学习、终身学习的学习型社区。从而发挥促进社区发展和居民生活质量提高的功能。社区教育的发展促进社区居民素质的提高,进而也促进了生产力发展,丰富了居民的精神文化生活,提高了生活质量。社区教育为社区发展提供精神动力和智力支持,营造良好的文化环境,通过整合社区的教育资源和教育行为,为居民的教育需求提供便捷而有力的支持。个人、家庭、企业和政府共同参与到社区教育中,共同关心社区的各种问题,加强对话、理解和沟通,有利于共同推进社区的发展。

4. 文化建设功能

社区是一个包括自然环境、社会环境和规范环境的"复合生态环境"。其中规范环境是人类独有的一种价值环境,包括社会风气、民族传统、风俗习惯、社会思潮、艺术、科学以及宗教等,构成个人成长的文化资源。作为居民的生活空间,社区不仅应当有适宜的自然环境,而且要有丰富的文化环境。学习型社会的理念要求人们以一种整合的观点来看待各种教育资源,学习的场所不再仅仅局限于学校,家庭、企业、社区同样应当在学习型社会中扮演重要角色。社区教育是学习型社会的基本形态,是实施终身教育和终身学习的载体和基本保障。通过发展社区教育,社区成为有着丰富的学习资源的学习型社区,终身教育与终身学习获得广泛的社会支持。同时,学习型社区作为学习型社会的组成部分,对于构建学习型社会具有奠基性的意义。

5. 资源整合功能

社区教育在协调家庭、学校和社会三者之间起到了中介作用,它能够统筹三者的教育力量,使三者形成一体化——校内外形成整体合力的新的教育格局。

第一,社区教育的实施、社区教育委员会的建立,使教育有了一个统一协调的组织实体,为学校教育与具有社区特点的经济、社会协调发展开拓了广阔前景,并从体制寻求到了学校、家庭、社会教育一体化的理想途径。

第二,学校向社区开放,发挥学校在社区发展中的作用,使学校同社会紧密结合,更好、更快地反映社区、村镇、生产、生活和精神文化发展的需要。

第三,社区教育可调动社区的一切教育资源,使其最大限度地服务于本社区所有居民。社区教育委员会作为政府与社会之间,学校与社会、家庭之间的桥梁,其中介作用主要在于协调、组织、监督和咨询。当社区内的某一组织没有认真履行自己的责任和义务时,社区教育委员会有监督的权利。当教育发展遇到新的问题,需要作政策上的指导和理论上说明的时候,社区教育委员会就有责任向咨询者提供咨询服务。

(四) 义乌市新农村社区教育管理体制

管理体制是有关管理组织机构设置、隶属关系和权限划分等管理组织

制度的总称。任何一个管理组织都必须具备四个基本条件才能有效地实现管理:

第一,有合理的管理机构设置。

第二,管理权限要明确,有权威。

第三,要有信息、能量和物质的交换与流通。

第四,要有高昂的士气、氛围和工作满足感。

管理体制对管理效能状况往往起着决定性的作用,合理的管理体制是管理效能正常发挥的保证。

社区教育管理体制是指体系化的社区教育管理组织制度,主要包括社区教育管理组织系统中的机构设置,隶属关系和权限划分等根本性的组织管理制度、方式、方法和形式等的总称。

运行机制是组成事物的各要素之间相互制约、相互依赖、相互促进、相互作用的方式,即事物赖以运转的一切方法、手段的总和。

社区教育运行机制是组成社区教育的各要素之间相互制约、相互依赖、相互促进、相互作用的方式,即社区教育赖以运转的一切方法、手段的总和。

社区教育需要由组织系统、保证系统、社会文化背景系统和研究系统这样四个基本子系统或要素组成,这样才能健康运转。

发展社区教育是一项系统工程,各种因素相互联系,各个部门相互作用,要确保社区教育有序、健康发展,必须创新社区教育管理体制和运行机制。义乌市在社区教育管理体制方面进行了有益的探索和尝试。逐步建立了"两级政府、三级管理"的社区教育管理体制:义乌市政府设立由各有关部门领导参加的义乌市民大学管理委员会,负责协调、组织工作;义乌市民大学具体制订社区教育发展规划,创造有利于社区教育实验工作的舆论氛围和政策环境;乡镇(街道)政府设立社区教育指导处,配备了 2 名 ~ 4 名专职教师从事社区教育管理工作。通过管理体制探索,义乌市初步形成了"政府统筹、教育部门主管、有关部门配合、社会积极支持、社区自主活动、群众广泛参与"的社区教育管理体制和运行机制。近年来,义乌市社区教育在各级党委和政府的高度重视和各级教育行政部门的精心指导下,取得了显著成绩,初步形成了三级网络的基本框架(见图 6-1):由市级市民大学、镇街成立的社区学院、社区(村)成立的社区学校构成的社区教育运行模式,正在为义乌市所辖各社区提供"全员、全程、全面"社区教育服务。

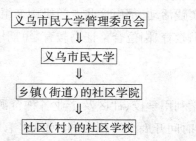

图 6-1 义乌市社区教育管理体制和运行机制

（五）义乌市新农村社区教育办学形式

2009 年,义乌市已经形成了多样化的办学形式和内容——以非学历教育为主体,以学历教育为补充;以市民大学为主力军,其他部门共同参与;以经商人员的外语、网上交易培训和农村的多种技能培训为主,充分考虑了学员接受水平和当地第二产业、第三产业的人才需求,把加强人文素养、提高职业技能以及提升生活质量有机地结合起来。在教育培训方式和时间安排上,依不同的教育对象而灵活变通,尽可能考虑各类学员的不同情况,尽量满足市民的教育需求。

1. 非学历教育

非学历教育是义乌市社区教育的重头戏。针对义乌小商品大市场、企业发展迅猛、外地人是本地人约两倍的特殊情况,义乌市通过各行业的系列培训,进行了各式各样的社区教育,形成了以义乌市民大学为龙头,以非学历教育为主体的社区教育形式和内容。

（1）建立专职机构(网点)开展社区教育

2005 年以来,义乌市社区教育三级网络逐步建立,市级建立了市民大学,镇(街道)成立了社区学院,社区(工作片及部分规模大的行政村)成立了社区学校。全市各镇(街道)都在中心学校建立了社区教育指导处,并配备了2名~4名专职教师从事社区教育工作。义乌市以非学历教育为主要形式的教育实践活动,都由这些专门机构来组织实施的。具体开展内容有专业技能证书教育、岗位合格证书教育、短期培训教育等,并且可以组织技能考核。

① 市民大学。

义乌市民大学利用学校、社区及企业各种资源,在对社会进行广泛调研后,在城区集中时间开展全方位培训,使众多有培训需要的人员都能得到能力和水平的提升。如开展经商人员培训,利用学校场地,集中2个月时间(每周三四次)对商务外语(包括英语、阿拉伯语、日语、韩语)和电脑操作及阿里巴巴网上交易进行培训,以便使网上交流和贸易顺利进行。据不完全统计,从2000年起,每年参加商务外语和电脑操作培训的人数在2 300人至7 370人之间,并且开设了商务外语初级班、中级班、高级班,以满足不同层次水平的人员的需要。与此同时,市民大学还把触角伸向农村,把农村劳动力转移培训列入社区教育的主要范围,开展农村劳动力转移培训。据不完全统计,从2000年起,对农村转移劳动力开展了计算机、电子商务、烹饪、面点、美容、商务英语、电工、电焊、钳工、绿化工、水工、图像制作、数码摄像、营业员、营销师、美发、家电维修、服装车工、企业管理等项目的培训,经过培训受益的人次每年都在4 000以上,有些年份超过20 000。这些教育培训提高了农村劳动力的就业技能,有力地促进了农村劳动力的创业与就业,极大地提高了农村劳动力的生活质量与社区文化水平。近年来,市民大学根据义乌市社会经济发展的新情况,按照服务当地经济建设和反映地方文化特点,及时设置了反映专业知识和技能的新发展、新变化,并让学员了解最新技术动态、掌握实用的操作技能、增强适应能力,以及适应农民学员个性、培养其特长的培训课程;同时,还开发和使用了一系列社区教育培训教材,已由浙江教育出版社出版了自编培训教材7本,有效地保证了教育培训活动的开展。

② 社区学院。

社区学院依托社区内中小学校、职业学校，利用其办学资源（校舍、仪器和师资）优势进行校外教育，发挥这些学校区域性社区教育组织协调者及集中性教育活动场所的作用。在农村文化资源较薄弱的地区，农民利用学校教育资源接受形式多样的社区教育培训和文娱活动，提高教育培训效率和资源利用率，获得最大的社会收益。例如，在稠州中学设有针对经商人员的电子商务、商务英语口语、阿拉伯语、日语、韩语等专业课程培训班，进行定期的教育培训。

③ 社区学校。

社区学校，也称社区市民学校，分布于社区各大行政村，是更加分散的社区教育教学点，由村设立的社区教育指导处，对其教育活动进行指导和统筹管理。学校结合本村实际情况，为村内居民（包括外来务工人员）免费提供各具特色教育培训、科技指导等社区教育服务，提高农村劳动力转移的质量和水平。例如，义乌何店村根据该村经商人员较多、居民学外语积极性高的实际情况，专门组织了初级英语培训。

值得一提的是，三级社区教育机构建立后，在这些专门机构的教学组织和管理下，义乌农村劳动力转移培训基本上做到了全年不间断，满足了学员的学习需求。近几年，全市每年开设 400 多个班，近 2 万人参加培训。到 2008 年上半年，全市累计培训人数达 8.9 万。目前，全市失地农民和富余农村劳动力 80% 以上，转向了市场经营、企业、服务业等第二产业、第三产业，从事第二产业、第三产业收入超过农民总收入的 75% 以上，达到了减少农村富余劳动力的良好效果。

（2）市民大学与市属各机构协同开展社区教育

义乌市民大学与其他各职能部门（如人事劳动局、工商局、市场贸易发展局、行业协会等）因地制宜，开展了丰富多彩社区教育和形式多样的岗前、岗中培训，满足了义乌小商品市场和企业发展的需要。社区教育内容大致有以下几点：

① 专题性教育培训和教育宣传活动。

市场经贸发展局及各企业对自己公司的员工进行针对性岗前培训，人劳局对相关行业的技术人员进行重点培训,各行业协会对员工进行培训及思想道德等教育,市民大学和市场工商分局负责经商人员的外语、电子商务等内容的培训。例如,对经商人员开展的免费市民教育培训,从2001年开始,利用城区中小学教育资源,半年举办一期,历时两个月,每周安排3个晚上,共计60课时至90课时,每期开设20个班至30个班,招收2 000名至3 000名学员,到2008年上半年全市累计为4万名经商人员进行了商务英语、电子商务知识的培训。通过培训使大部分农民变成了合格的市场经营者,学会了用英语直接与外商对话,学会了网上交易,为小商品市场持续繁荣作出了贡献。

② 提供基层教育咨询与服务指导——"送教上山下乡"。

农技站工作人员与各乡镇(街道)社区教育指导处成教干部深入农村,深入农业企业和专业户调研、了解情况,深入农村播放农业实用技术科教片,传授现代农业知识,帮助解决农民的面临的技术难题。市委农办专家"点子"送上山,科技进山村,农民拿"派司",政府来"埋单";市政府农村科和科协举行科普电影周,人才科技周,文化、科技、卫生"三下乡"活动;种植业管理总站还向农民推广新品种、提供农业科技新信息、介绍化肥农药,走进社区,来到农民身边进行教育服务。在农村劳动力培训地点的安排上,也尽量考虑市民的方便,送到社区(村),以实用技术培训,促进农业增效、农民增收,深受农民的欢迎。

③ 社区公共基础设施建设。

到2008年,义乌市政府共投入750 000 000多元,村村建成了灯光球场、老年活动中心、青少年活动中心。义乌农村已组建了600多个社区(村)图书阅览室,300多个集体自由舞广场,建有900多个标准篮球场,配备400多套健身器材。这些场所每天有10万多位人进行各类技能培训、各种健身舞和闲暇教育活动。此外,乡镇(街道)办事处具体落实"三农"政策,进行农村路面硬化,墙面白化,村庄绿化,加强农村环境卫生,垃圾袋装日产日清;市交通局也加强了镇、村级道路建设。义乌市不但为全市城乡社区成员的学习、健身、培训提供了优良的场所,而且创造了良好的生态环境和人文环境。

（3）建设"三农学院"，与企业联合办学

三农学院（浪莎）开展外来建设者上岗培训、岗位培训、下乡培训；农民免费培训中心，设有电焊、水电、机修、烹饪、计算机、商务英语等 20 多门培训课程，计划 5 年内全市 10 000 多名农民带薪学技能，2008 年已开办 10 期培训班。两年来，实现了 4 000 多位农民带薪学技能，大部分农民已就业或自谋职业。三农学院还专门开设专业对口的班级为农民服务，成立了商城职教联盟。义乌商城集团主要负责新进市场经营户的商业道德、营销技巧、经营理念、商贸规划等知识的培训与教学，帮助商户适应市场、提高经商素质。

（4）利用实训示范基地和场所开展"一线教学"

义乌市在重点建设先进示范性乡镇（街道）外，各乡镇（街道）办事处还建设有龙头农业，培养种植大户、养殖大户，利用新农村建设示范性单位或先进农户，发挥培训和示范双管齐下的优势，对区内农民进行教育指导，促进农民科技意识和种养经验的提高。2008 年，已有农业龙头企业 161 家，联结基地 23.8 万亩，为社区教育服务农业和农民创造了有利条件。另外，利用义乌市属 6 所职业技术学校的专业技术老师和各种专业的实习实训实验室和实验设备，在完成全日制学生教学任务的同时，为社区教育进行对口服务，成为一线教学场所和示范基地。多年来，义乌市的职业学校为经商人员、产业工人、农村劳动力、下岗工人等参加的电子商务、电工、电焊、钳工、汽修、市场营销、烹饪等专业的培训提供了师资和实验场所，直接承担了组班培训几百场，在社区教育的技能培训活动中发挥了特殊的作用。

（5）建设专门的社区教育网站和空中教育平台

义乌市创办了市民大学网站——义乌市社区教育网，利用网站进行宣传教育、课程辅导、资源共享互动等，开发了商务英语（口语）网络学习系统——商务英语直通车，为市民提供网络学习平台，使经商人员和市民能利用业余时间在网络上方便学习，大大提高了学习效率和经费的利用率。此外，市农业局建"互联网"针对农业、农民开展科普知识宣传，政务办理等便民服务；妇联也通过网络对妇女工作和生活进行教育指导。社区教育网络实现了科普知识、法律知识、健身保健、文明礼仪等知识的开放式获取与自主学习。

同时,宣传部、教育局、市广播电视台、市民大学四家联合开通了"空中讲堂",通过电台对市民开展法律知识、择业创业指导、消防安全生产教育、家庭教育、卫生保健知识、文明礼仪、职业技能培训等教育培训活动,拓展农民培训的时间、空间,提高学习效率,解决工学矛盾,方便农民学习。另外,义乌市电大有针对性设置培训专业和内容,开展了农民免费上大学和纯农专业"农民大学生培养项目",帮农民在自己家里随时上大学、受教育。

(6)利用社区文娱团体、公共基础设施开展文娱教育活动

开展多种形式的群众喜闻乐见、寓教于乐的文体活动,丰富农民的社会文化生活,促进乡风文明建设是新农村建设一项具体要求,也是社区教育的一项重要职责。富裕的农民已不满足于职业技能培训,对提高生活质量提出了新的要求。现在,义乌市大部分行政村原有的党员活动室、文化活动室、村两委办公室、灯光球场等资源都已经加以整合,建立起了社区学校或村民活动中心,围绕村民需要确定内容、开展活动,为村民提供便捷的教育培训服务。社区成立老年大学,各村建立老年协会,组织各种文娱团体(合唱队、舞蹈队等),这些社区文化队伍是社区教育得以蓬勃发展的有效载体。从 2006 年开始,义乌市民大学聘请志愿者教师到社区开展健身舞、腰鼓队培训指导。2008 年,对老年人的休闲健身教育已办 30 多个班,学习 30 多门课程。此外,还举办技能比武、社区才艺大比拼、文艺项目团队比赛、优秀作品成果展览以及快乐奥运社区行、邻居节、江滨之夜等休闲娱乐活动,这些活动的开展营造了良好的农村文化氛围,丰富了群众的精神生活,推进了义乌新农村的精神文明建设。

2. 学历教育

义乌市在开展非学历教育培训实践活动的同时,还利用相关的教育资源,有效开展了学历教育活动,具体内容有:

(1)市民大学与高校联合办学

尽管义乌市高中普及率已高达 99.4% 以上,大专普及率也不低,但考

虑到外来建设者的大专普及率极低的情况，市民大学通过联合办学的形式开展学历教育。例如，市民大学与浙江师范大学联合办学，举办成人高等教育。近3年来，通过此种形式进行学历教育的外来建设者高达813人，2008年在义乌参加成人高校考试的有703人。通过学历教育，不少外来建设者提高了文化素养和文化水平层次，为他们在义乌立足以及开展相应的工作打下了基础。

（2）高校独立办学

义乌工商学院积极发挥学校的资源优势，在努力办好全日制大专教育的基础上，拓展成人教育渠道，开展成人高等教育，每年都为社区培养几百乃至上千人，为义乌市社会经济发展贡献了力量，成为义乌市学历教育的主力之一。义乌市电大也根据广大经商、务工人员的需要，有针对性地设置专业，采用灵活多样的方式，为他们安排时间提供学历进修或高层次的培训机会。

（3）社会力量自主办学

义乌市至诚会计所积极主动地开展会计师的学历教育，向义乌市各企业输送了一定数量的会计专业人才，为义乌经济的稳步发展发挥了积极作用。

总而言之，义乌市社区教育办学形式多种多样，这些办学形式和内容得到了市民的广泛认同和普遍欢迎，市民参与社区教育的积极性不断加强，不但为各企业员工灌注了新鲜血液，而且培植了造血功能，有力推动了义乌市经济的持续繁荣和健康发展。

（六）义乌市新农村社区教育保障机制

改革开放以来，义乌市经济社会得到快速发展，对从业人员的素质提出了更高的要求。但是，许多从业人员的素质不能适应行业发展的需要。开展社区教育，可以为他们实施终身教育提供良好的平台，也可以根据地方经济发展需要，为社会培养大批既有良好素质又有专业技能水平的人才,为义乌市的经济发展提供人力资源保证。办好社区教育,建设学习型社区是一项涉及全社会的系统工程。为此,义乌市逐步建立健全了有效的保障机制。

1. 加强政府统筹职能

加强政府对社区教育工作的统筹职能,关键是要建立科学、有效的管理体制和运行机制。根据社区教育实际,义乌市初步形成了"政府统筹、教育部门主管、有关部门配合、社会积极支持、社区自主活动、群众广泛参与"的社区教育管理体制和运行机制。义乌市各级政府把社区教育工作纳入政府目标管理范畴,在政府的统一领导下,建立由政府主要领导和各职能部门负责人等参加的社区教育领导协调机构——市民大学管理委员会。市民大学管理委员会的主要职能是统筹规划、协调指导社区教育。市民大学管理委员会建立例会制度,听取社区教育工作汇报,研究社区教育方案,决定有关社区教育重大事项;同时,把社区教育工作纳入教育督导评估的内容,定期进行检查评估,并予以奖励和惩罚。市民大学管理委员会由政府主管领导任主任,组织、宣传、人事、教育、财政、民政、劳动、公安、科委等部门领导及骨干企业集团代表任委员。在教育局设立市民大学管理委员会办公室,负责全面规划,指导和实施社区教育计划。在市民大学管理委员会的统一领导下,建立义乌市民大学及各街道(乡镇)社区学院、居民区(村)社区学校,形成市、乡镇(街道)、社区(村)三级社区教育网络。

通过几年的努力,义乌市社区教育管理体制和运行机制正在形成,但由于社区教育开展的时间短,从制度层面到组织机构都有待于建立、健全。制度上,系统的章程和规范基本上确立,但还有待在以后的实践中不断补充、完善;组织上,初步划分市、乡镇(街道)、社区(村)三级社区教育网络,但尚未明确隶属关系及其相应的职能。因此,要进一步探索和完善"政府统筹领导、教育部门主管、有关部门配合、社会积极支持、社区自主活动、群众广泛参与"的社区教育管理体制和运行机制。义乌市政府要把社区教育工作纳入县域经济和社会发展规划,纳入教育事业改革和发展规划,纳入政府的工作职责范围之内。尤其需要政府统筹各方面力量,支持社区教育工作的开展；创造有利于社区教育工作的舆论氛围和政策环境。各有关部门要把关心、支持社区教育与自己的日常工作结合起来，各尽所能，为市民的学习和培训提供便利条件。

2. 加强师资队伍建设

发展社区教育事业的关键是要有一支优秀的师资队伍。根据浙江省政府文件规定，每个乡镇配备 1 名成人教育干部，每万人配置 2 名社区教育专职教师。从浙江省各地社区教育师资队伍建设的经验来看，各县（市）不同程度地建立了一支以专职人员为骨干，兼职人员为主体，专兼结合，适应社区需求，富有工作责任心与事业心的社区教育管理队伍和教师队伍。义乌市社区教育教师队伍分为专职、兼职和志愿者 3 类，专职教师指各级教育行政部门的社区教育专干，义乌市民大学常设机构中给予的编制人数是 26 个，加上各镇街道设置的社区教育指导处的专干各 1 名。兼职教师选自职校教师，或社会聘任的技术人员。志愿者教师大部分是来自社会的退休专业技术教师，还有部分来自行政事业单位各部门的培训教师。专职教师队伍所起作用是指导、督导与示范，兼职和志愿者教师是专业性与机动性的师资。截至 2008 年，在义乌市已经开展的 18 期农村劳动力培训与 17 期经商人员培训中，开设的班级数约为 5 189 个，共约有20 426 人次的教师参与，在职的教师有 7 810 人次。其中，职校教师占29%，普通学校教师占 19%，志愿者教师占 52%；从学历层结构上看，本科以上学历者占 32%，大专学历者占 42%，高中（中专）学历者占 19%，初中或以下有某方面特长或拥有技术职称者占 7%；从拥有专业技能证书上看，高级职称者 23%，中级者 31%，初级及以下者占 49%。从不同类型教师的使用频率上看，技能类教师占 70%，休闲类教师占 20%，理论类教师占 10%。

义乌市社区教育师资欠缺，教师的学历层次结构总体偏低，具有高级、中级专业技能职称的教师比例偏低，专业技能教师相对不足。为此，可采取以下措施：

第一，要壮大教师队伍，提高教师队伍的整体素质。专兼职教师与志愿者教师要分工合作,常务性的工作由专职教师队伍主管,教学任务更多地依靠志愿者教师。

第二,要适当提高志愿者教师在经济上的待遇,对志愿者教师进行能力评价与考核的同时,还应在荣誉上给予鼓励,评聘优秀志愿教师等方式进行表彰,引进一批优秀的教师与技术能手参与到社区教育中来。

第三,加强急需专业的教师队伍建设,对于专职和兼职教师要制定切实可行的培训计划,积极开展专职、兼职教师的定期培训和学习,提高社区教育工作者对社区教育理性认识,并用理论指导社区教育的实践。

第四,要在专职教师队伍中培育社区教育研究队伍,在市民大学成立一个具有权威性的社区教育研究机构,由该机构组织、协调、指导开展社区教育理论和实践研究工作。

3. 多渠道筹措社区教育经费

社区教育是一项公益性事业,应着眼于社会效益。因而需要政府建立相应的财政性资金拨配制度,切实保障社区教育经费的正常来源。早在2003年,浙江省规定社区教育经费至少应按照人均每年不低于1元的标准划拨,经费列入县(市)政府经常性财政开支,各有关部门要根据在开展社区教育工作中各自职责和所承担任务,落实相应的经费。另外,还要在社区建设资金中安排一定比例用于社区教育,通过采取"政府拨一点、社会筹一点、单位出一点、个人拿一点"的办法多渠道筹措经费,妥善解决好社区教育办学经费。义乌市政府规定,自2000年起,5年内投入5 170万元作为全市开展社区教育的专项资金,其中用于成人实用技术培训的财政投入已达360万元,为每一位学习者提供了学习、培训的经费保障。2002年,义乌市出台了《中共义乌市委关于建设学习型城市的决定》,根据《义乌市建设学习型城市规划》的要求,义乌市政府加大社区教育的经费投入,各界踊跃参与,形成了"政府出一点,社会出一点,集体出一点,个人出一点"的经费筹措机制。到2008年为止,全市共投入750 000 000多元,村村建成灯光球场、老年活动中心、青少年活动中心,为全市城乡社区居民的学习、健身、培训提供了优良的场所。同时,义乌市财政每年拨款300余万元、企业赞助 50 余万元（企业内部培训），社区居民个人捐资 20 余万元，用于农村劳动力转移、商务英语、网络知识、面点、烹饪、水电工、园林管理、集体舞培训，以及医疗保健、法律知识讲座等，深受市民的欢迎。

但是，义乌全市各社区教育资金投入不均衡，还要继续通过多种渠道广泛吸纳资金，加大落后地区的社区教育资金投入，促进全市社区教育的均衡发展。

4. 挖掘整合社区教育资源

社区教育具有"全面、全员、全程"的特征。也就是说社区教育内容全面广泛，包括学历教育、职业技能教育、社会生活教育、文化艺术教育、休闲娱乐教育等；社区教育对象涉及辖区干部、职工、农民、市民、外来人口等；社区教育过程涉及早期教育、青少年教育、成人教育、中老年教育等。仅社区教育资源已不能满足社区教育的需求，只有整合社区内各类教育资源，不断建立和完善社区教育的基地和网络，才能有效推动社区教育发展。为此，义乌市有序整合各类教育资源，为社区教育服务。中小学的体育场所、图书馆、网络资源等积极向社会开放，为社区居民开设电脑、英语、健美操、烹饪、美容等培训班。职业学校为经商人员、产业工人、农村劳动力、下岗工人等，进行电子商务、电工、电焊、钳工、汽修、市场营销、烹饪等专业培训。工商学院、市民大学、电大，根据广大经商人员、务工人员的需求，有针对性地设置专业，采用灵活多样的方式，为社区居民提供学历进修或高层次培训机会。市民大学开办了义乌社区教育网，开发了网络学习软件，建立了网络学习平台，社区居民在网络上能方便地学习商务英语、科普知识、法律知识、健身保健、文明礼仪、人口与计划生育、环境保护等知识。宣传部、教育局、市广播电视台、市民大学四家联合开通"空中讲堂"，通过电台对市民开展法律知识、择业创业指导、消防安全生产教育、家庭教育、卫生保健知识、文明礼仪、职业技能培训等教育培训活动。大部分行政村原有的党员活动室、文化活动室、村两委办公室、灯光球场等资源都已经加以整合，建立起了社区学校或村民活动中心，围绕村民需要，确定内容、开展活动，为村民提供便捷的教育培训服务。

纵观几年来义乌市社区教育实验开展的情况，虽然义乌市各级政府部门非常重视，但因各部门的工作往往受条块的限制，各自的工作重心有所不同、目标措施也不尽一致，各部门之间没有得到充分的协调，社区教育资源还没有得到充分的开发和利用。对此，可采取以下措施：

第一，要适应社会主义市场经济体制，探索促进、利用、开发社区教育资源的新机制，引导现有教育资源向社区开放，发动各方力量投资兴建社区教育设施，积极探索社区教育体制改革。

第二，要运用电大的教育资源，充分发挥电大的"三网"优势，合并电大和市民大学，整合社区教育网络。

第三，要鼓励和引导社会各单位利用现有教育资源，开发新的教育资源，向社区开放已有的教育服务性设施，由开放发展到社区联办，再发展到以社区兴办为主的格局，逐步形成所有社区教育资源共享的机制。

四、义乌市新农村社区教育发展模式研究反思

（一）课题研究成果说明

《义乌市新农村社区教育发展模式研究》课题，经过一年多的研究，在对义乌市新农村社区教育进行全面调查的基础上，重点探讨了社区教育发展模式，以及义乌市新农村社区教育的指导思想、目标任务、功能定位、办学形式与内容、管理体制与保障机制等问题，取得了初步的研究成果，并在此基础上形成了《义乌市新农村社区教育发展模式研究报告》。

从义乌市新农村社区教育研究情况来看，该研究成果具有以下特点。

1. 探索性与创新性结合

义乌市新农村社区教育发展模式研究，是首次对义乌市社区教育进行全面的总结，探索其发展模式，也是国内第一次对于县域社区教育发展模式的探索。

2. 实践性与理论性结合

该研究成果是在对义乌市社区教育实践总结的基础上，运用社区教育理论进行综合研究的结果。在新农村、新农村社区教育以及新农村社区教育发展模式研究上有新的突破。

2. 前瞻性与现实性结合

该研究成果不仅对义乌市新农村社区教育实践具有指导意义，而且对未来发展提出了切实的建议；同时，对国内县域社区教育发展模式具有借鉴意义。

（二）课题研究经验

"义乌市新农村社区教育发展模式研究"课题，按照预期的研究计划执行，取得了预期的研究成果。研究经验主要有以下几条：

1. 领导重视是开展课题研究的先导

自该课题立项以来，义乌市教育局、教科所、市民大学领导非常重视，给予多方面的指导和支持。

2. 专家指导是开展课题研究的基础

由于课题组成员都是从事社区教育实践工作的，社区教育理论基础薄弱,研究经验欠缺。针对这种情况,自课题立项后,聘请中国成人教育协会副会长陈乃林教授和浙江师范大学教育评论研究所所长刘尧教授,担任课题组学术顾问,从课题研究方案、研究过程、理论学习等多方面给予有针对性的指导。

3. 研究人员是开展课题研究的主体

课题立项后,根据专家建议,对课题组研究人员进行了优化组合,将从事社区教育实践工作和理论研究的人员结合起来,通过理论学习研讨和实地调查,将理论和实践结合起来。通过课题研究,研究人员不仅完成了研究任务,还提高了理论水平。

4. 研究经费是开展课题研究的保障

课题立项后,根据课题研究的需要,筹集专项研究经费用于课题研究的各项活动,有力地保障了课题研究工作的顺利开展。

(三) 有待进一步研究的问题

"义乌市新农村社区教育发展模式研究"课题是首次全面系统的总结研究义乌市社区教育发展模式,牵涉的部门很多,尽管义乌市民大学是义乌市社区教育的管理和教学组织部门,但是搜集义乌市其他部门从事社区教育的材料有一定的困难。

所以,本书主要以义乌市民大学所管理的社区教育为主要研究对象,至于义乌市电大、义乌工商学院、中共义乌市委党校和义乌市党政各部门从事的社区教育情况,未能完全搜集起来,这些有待后继的研究进一步补充。

最后附上义乌市新农村社区教育主要参与单位及活动内容调查一览,见表6-1。

表 6-1　义乌市新农村社区教育主要参与单位及活动内容调查一览

序号	参与单位	活动内容	现状调查与建议
1	市委宣传部	开展思想解放大讨论,宣传党的政策,从"鸡毛换糖"到"兴商建市",加强农村文化建设,宣讲税收政策法规。农村劳动力向二三产业转移,乡风文明建设,农村"双整治"、"双建设"、和谐文化建设,农村文化节全面部署创建工作,文明礼仪宣教活动。抓各类培训,提高市民素质,实施"全民培训计划",创建学习型社会。	
2	市委组织部	开展村"先锋工程"创建培训,党员干部带头致富,入党积极分子培训,人大代表集中培训,村党组织书记,村委主任培训班,组织干部读书会,组织村史、新一届社区两委班子成员培训,中青年干部培训村委换届选举培训。	
3	市委农办	"市场带百村"、农村实行远程教育,党员受教育,农民得实惠,专家"点子"送上山,科技进山村,农民拿"派司",政府来"埋单",市领导调研新农村建设工作。	农办应专门落实新农村社区教育的组织网络,落实职责制定规划,加强过程管理,及时总结,交流信息,加强理论研究,提升社区教育的品位。
4	市府农村科	科普电影周,人才科技周,"三下乡"。农村基层党建工作业务培训,法律法制教育学习。联企干部充电,外来人员参加安全生产培训,健康教育,计生工作培训等。	

序号	参与单位	活动内容	现状调查与建议
5	农业局	实施"阳光工程"、"百万农民培训工程"、"农民综合素质提升工程",举办现代农业发展趋势、农业生产科技、绿色无公害各类培训,建"互联网",上"信息高速",种植技术培训,第一、二届技能比武。绿化工、管道工、电工的培训,农业"五五"普法试点开始。	
6	科协	种养殖业技能培训,提供新信息,推广新品种,科普电影周,"文化、科技、卫生"三下乡,矿山行业从业人员安全知识培训。2000 名专业技术人员参加培训。	
7	园林局	治理松树线虫病、绿化工专业培训。	
8	种植业管理总站	推广新品种,提供新信息,介绍化肥农药。	
9	农机管理总站	农机人员的培训,农机的维修与保养。	
10	经发局	劳动力技能培训,农村电工、电焊培训,电机修理,维修保养培训,技能考核。	
11	人劳局	农村劳动力转移培训,预备劳动力技能培训,岗位培训,失地农民就业培训,企业职工培训,中高级技术等级考核培训,村企对接培训,就业推介,指导培训。种养植业技术培训,《劳动法》贯彻实施,认定一批培训基地,锅炉工培训。	

序号	参与单位	活动内容	现状调查与建议
12	教育局	农民知识化,学历进修,终身教育,农村劳动力转移培训,预备劳动力技能培训,经商人员培训,企业职工岗位培训,失业人员就业培训,科技人员继续教育,婴幼儿早期教育,义务教育,农村文化休闲培训,农村现代远程教育,为农村小学培训教师。	
13	环卫局	清扫保洁作业培训,环保治理设施技术操作人员培训,污染源普查员培训,污水处理二期工程新员工培训。	
14	卫生局	职业病防治,预防接种,清扫保洁作业培训,农村医疗保险,大病医疗保险,社区责任医生技能培训,首开心理培训,《动物防疫法》宣传,为青年医生培训手语,高血压治疗培训。	
15	民政局	困难户、优抚对象最低生活保障措施落实,残疾人康复知识培训,残疾人养殖技能培训,农民"带薪养老",社会保险,失地农民养老保险,城乡居民养老保险,残疾人上岗培训,助残电脑培训。	
16	交通局	交通安全宣传教育,送服务下基层,交通法规法律咨询,服务团进街道。加强镇级、村级道路建设。	
17	公安局	警民共建,社区/村平安服务队建设,规范出租房管理。	

续表

序号	参与单位	活动内容	现状调查与建议
18	安监局	廉政教育培训,消防安全知识培训,安全管理知识培训,《劳动合同法》培训学习,企业安全知识培训,千名特种设备管理人员免费"充电"。	
19	镇、(街)办事处	建龙头农业,培训种植大户、养殖大户,培训示范双管齐下,品种引进、种植、销售互联,全面落实"三农"政策,农村路面硬化,墙面白化,村庄绿化,农村环保卫生,垃圾袋装日产日清,污水处理,因地制宜发展生产,为农户充电技术培训。	
20	市民大学	与大学联合办教学点,继续教育,学历教育,终身教育,远程教育,农村劳动力转移培训,十四个专业培训,预备劳动力技能培训,经商人员培训,科技知识培训,空中课堂、网上教学、早期教育、市民学校开办,"社区教育在新农村建设中实践与研究"课题探究。	经商人员培训16期,农村劳动力培训17期。0岁~3岁早期教育师资培训。文化休闲培训6万多人次,学历教育,省新农村社区教育课题研究、培训教材编写,"空中课堂"开设,商务英语教育网建立,技能考核,等等。
21	老年大学	调动老年人积极性,为新农村建设发挥余热。各村老年协会建立。	办班30多个,正常开展30多门课程的学习。
22	实验基地	农村学校劳动实验基地发挥育人作用,校企合作办学,培养实用型人才,职业教育服务现代农业。	

序号	参与单位	活动内容	现状调查与建议
23	三农学院（浪莎）	外来建设者进"三农学院"，下乡培训，农民免费培训中心计划 5 年内完成电焊、水电、机修、烹饪、计算机、商务英语等 20 多门课程培训。	计划 5 年内全市 1 万多名农民带薪学技能，两年来办培训班 10 期，4 000 多名农民带薪学技能，大部分农民已就业或自谋职业。
24	职校	老师从讲台走向生产第一线，与企业联合办学，"三农学院"开设专业对口的班级为农服务。商城职教联盟成立。	
25	计生局	"科技、文化、卫生"三下乡，加强农村社区医疗站建设。	
26	妇联	"科技、文化、卫生"三下乡，妇女干部培训班，电脑网上行。	
27	市人大	"五五"普法学习，市人大代表法制培训。	
28	电大	农民免费上大学，参加纯农专业农民大学生培养项目。	
29	市委党校	创新"大培训"机制，农村基层干部培训基地到基层设置课堂，组织培训学习。	
30	社区	才艺大比拼，快乐奥运社区行，邻居节，江滨之夜，文化娱乐，休闲健身，教育学习。	
31	人武部	开展全民国防教育，民兵投身于"三个文明"建设，对预征对象加以国防教育。	

续表

序号	参与单位	活动内容	现状调查与建议
32	工商局	经管户知识产权培训,工商干部学习培训消防知识,企业安全知识培训,经纪执业人员考取行业资格证书。	
33	总工会	安全生产整治知识培训,巡回放映安全警示片。	

(资料来源:http://www.ywsmdx.com/Article.asp? artid = 176&BClassID = 4,2008 – 09 – 17。)

(本部分主要参考"义乌市新农村社区教育发展模式研究"课题研究的相关资料①)

【新闻图片链接】

2005 年 6 月 28 日,金华社区大学在金华电大成立。

---

① 课题组学术顾问:陈乃林、刘尧;课题组组长:楼永良;成员:何亚娜、吴福水、许道富、何小庆、何志荣等。研究报告执笔人:刘尧等。

第 7 篇

中国台湾地区社区大学发展研究

⊙中国台湾地区社区教育历史沿革
⊙中国台湾地区社区大学发展历史与现状
⊙中国台湾地区社区大学办学理念
⊙中国台湾地区社区大学在城乡社区发展中的作用

1998年中国台湾地区第一所社区大学创立,1999年后社区大学迅速发展,到了2005年已经陆续成立了80余所社区大学(含11所原住民部落大学),并深入偏远山区、离岛、原住民部落。中国台湾地区社区大学以知识启蒙作为提升公民素质之策略,符合台湾当时社会改造和社区转化的需要而陆续成立,融合了各种社会资源,展现出迥异于传统大学办学形态的教育面貌。中国台湾地区社区大学以"知识解放"及"建立公民社会"为使命,其办学理念主要是:拓展公共领域,发展民脉;重塑生活形态,引领社会价值;进行社会内在反省,培养批判思考能力;解放知识,重构经验知识;结合教育改革与社会改革,提升台湾整体文化。中国台湾地区社区大学的办学理念与实践,对祖国发展县级社区学院有很多启示。

一、中国台湾地区社区教育历史沿革^①

中国台湾地区社区教育始于 20 世纪 60 年代中期兴起的社区发展运动。1965 年,中国台湾地区所谓的"行政院"颁布的《民生主义现阶段社会政策》明确规定:"采取社区发展方式,促进民生建设。"1968 年,中国台湾地区所谓的"内政部"颁布的《社区发展工作纲要》又指出,社区发展目标在于推动社区各项福利建设和精神伦理建设,以改善民众生活,促进社会进步。中国台湾地区学术界认为,社区发展是一种多元化、多目标的社会福利综合建设,包括物质与精神的有形建设与无形建设,即基础工程、生产福利及精神伦理建设等三项目标。

(一) 发展中的社区教育

社区发展需要社区教育的紧密配合,社区发展的成果又有赖于社区教育来维护。社区发展是一种教育过程,社区教育是突破社区发展现状,引导其步入新阶段的重要途径。在中国台湾地区初始阶段的社区发展过程中,"社区教育"这一术语并未被人们所采用,社区教育的内容及内涵,更多地涵盖于社区发展所推行的社区精神伦理建设及社会教育中。社区教育的实施,尤以社会行政部门为促进社区发展推行的社区精神伦理建设,以及教育行政部门为促进教育与社会的结合,推动各级学校开展的社会教育等活动为突出。在开展社区精神伦理建设方面,除兴建社区活动中心,

---

① 杨应崧,等.各国社区教育概论[M].上海:上海大学出版社,2000.

设立图书馆、小型体育场及小型公园、儿童乐园外,特别注重端正、改善民俗,如成立社区童子宫、志愿服务团,举办妈妈教室活动、民办补习教育、青少年体能训练,成立老人长寿俱乐部,开展民众生活须知示范观摩、社区全民体育运动、康乐活动等,推进社区发展的各项建设,不仅能提高社区民众的物质生活水平,而且能充实其精神生活。

在推行社会教育方面,中国台湾地区所谓的"教育部"于 1970 年修订公布的《各级学校办理社会教育办法》,以及之后发布的《各级学校加强社会教育,推行全民精神建设方案》,均号召学校走进社会,使教育与社会结合。其实施内容为结合社会力量,奖励优秀清寒学子及社会青年完成学业,扩大社会各种技艺训练及职业补习教育,充实教育文化设施及大众传播媒体,以负起社会教育之责任。各类学校开展的社会教育工作项目,包括倡导社会优良风气,宣传公共道德及法律知识,表彰模范家庭及好人好事,举办社区文化活动。设立书报阅览室,介绍乡土文化,传授民俗技艺,协助低收入子女就学,举办成人补习教育,辅导民众就学、就业,开展家政指导,美化居室内外环境,指导家庭装潢,介绍家庭膳食营养,组织其他社会教育活动等,并且有计划地开放学校场所,举办社区内的文教、康乐、体育等活动,动员学校与社区的力量,使社会教育成为教育社区居民,加快社区建设的重要措施。

为推进社区教育的开展,自 1974 年起,中国台湾地区选定各类学校若干所,开展实验示范工作,以执行消除脏乱、协助推行"小康计划"、实践"生活须知"、开放学校场所、提高民族精神等五项重点工作,由各校校长、教职员言传身教,为学生示范,再以学生身体力行为桥梁,影响家庭及全社会。台北市教育部门自 20 世纪 70 年代以来,引导各级学校开展社会教育,从加强青少年的公民教育、促进学校与社会教育机构合作等方面着手,具体包括以下措施:

① 以学校为中心,举办社区文化活动,倡导社区正当娱乐活动,引导社区推广民众体育活动。

② 配合母姊会、家长会,举办民众生活须知演示。

③ 举办妈妈教室及家事活动。

④ 开放学校场地,供社区人群从事正当休闲活动。

据统计,自 1969 年中国台湾地区推行社区发展 10 年计划,到 1981 年为止,共建成 4 025 个社区(其中台北市 207 个,高雄市 100 个),受益家庭达 128 万余户,共 742.8 万余人。1981 年成立了中国台湾社区教育学会。学会在开展社区教育研究活动的同时,重在加强学校与社区的联系,并结合社区与学校的力量推动社会建设。学会的具体工作除定期出版社区教育刊物、辅助及奖励出版社区教育论著、举办社区教育研讨会外,还开展了"加强学校与社区联系"调查,举办学术讲座,协助各级当局有关单位推行"家庭访视"、"妈妈教室"、"社区精神伦理建设"及"社区童军"等活动。

进入 20 世纪 80 年代,中国台湾社区在经过 10 年计划的基础上,进入了以加强农村及边远地区的基层建设、提高农民所得为重点的阶段。在配合社区建设、促进生产发展、改善生活环境的同时,充实地方生活圈的精神文化设施,维护优良社会伦理传统,培养社区互助合作精神,促进和睦相处,并不断激发民众参与,汇集民间资源,扩大社区发展成果。

(二) 总体营造中的社区教育

进入 20 世纪 90 年代,中国台湾地区社区教育进入了"社区时代"为特征的新时期。中国台湾各地纷纷将焦点瞄准在"社区"上,其中影响最大的为"台湾文化教育委员会"于 1991 年提出的"社区总体营造"理念,强调现代社区应以民众为主体,形成全民共识与全民参与的局面。社区发展的过程应当是民众自觉、自发、自己组织起来,共同解决自己问题的过程。这一理念还确立了社区教育在社区总体发展中的战略地位。在 1995 年召开的"台湾社区发展会议"上,有人进一步阐述了社区总体营造的含义。总之,社区总体营造的本质在于塑造人。

① 社区总体营造是一项总体性的社会革新运动,通过教育和文化的手段,塑造一个新的社会和新的人。这样的社会是一个健康、祥和、民主、有秩序的社会。这样的新人是一个具有公民意识的人,是一个工作有品

质、生活有品位、为人有品德的人。

② 社区总体营造通过吸引社区居民对公共事物的自主参与,提高他们的"社区共同体"意识;通过吸引社区居民参与社区工作的过程,培养他们新的工作态度和工作方法,进而培养其新的价值观。

③ 社区总体营造通过社区终身学习的提倡与实施,使社区民众由意识觉醒、组织参与、社区行为等历程来获得自主能力,以发现、解决社区的问题,促进社区的发展。当局只是扮演一个医生的角色,仅提供"门诊"与"处方"的服务,必要时给予一些经费支持。

为实现社区总体营造的目标,中国台湾地区社区教育界强调,除了改善自然的居住环境,还必须为公民提供一个终身学习的社会环境。据此,社区总体营造必须注重教育策略,通过引导社区民众积极参与,筹组社区自助组织,发掘社区教育潜能,等等,开创社区终身学习的新局面。

(三) 终身学习中的社区教育

自 20 世纪 90 年代中期起,中国台湾地区加快了社会教育化和教育终身化的步伐,探索以社区为载体实施终身学习的途径。中国台湾地区于1995 年发布的《迈向 21 世纪教育远景》报告中预计,2000 年将建成社会教育网络及相应的辅导系统,并动员退休教师协助开展社区成人教育工作。

为进一步推动全民终身学习的实施,中国台湾地区把 1998 年定为"终身学习年",并于同年发布了迈向学习型社会白皮书,内容包括 14 项建立终身学习社会的具体措施。这些措施有多项均与社区有密切的关系:推动学校教育改革,实现学校社区化;发展多元形态的高等教育机构,建立社区学院、社区空中大学;发展各种类型的学习组织,建立社区读书会;给弱势群体创造终身学习机会,使弱势群体建立社区学习团体;整合终身学习营讯网,建立社区营讯网;加强民众外语学习,建立社区外语学习机构,等等。这些措施均在社区内加以落实,显示出社区对于推动构建终身学习社会具有重要性。

二、中国台湾地区社区大学
发展历史与现状[①]

中国台湾地区高等教育普及面很广,但是还是有许多人没有机会上大学。更何况还有因为家境贫寒或者其他原因当年没有继续深造,如今已是人到中年的职场人员。中国台湾职场的竞争越来越激烈,如果没有知识或知识得不到及时更新,很难不被淘汰。即使是作为一个普通公民,也需要有提高自身文化素质的机会。正是在这样的背景下,在中国台湾民间许多有识之士的奔走呼号之下,中国台湾社区大学获得当局支持而应运而生。

社区大学是中国台湾成人高等教育中属于扎根于社区的非正规系统学习机制,学员彼此之间、学员与社区大学本身均具有一定关系,大家共同学习,以凝聚社区意识、开拓民众的公共领域、发展民众的批判思考能力等。社区大学被定位为属于平民大众的高等教育场域,兼具普遍性公民大学与区域性社区大学的双重性质,也兼具正式大学的高等教育内涵,满足非正式教育的学习需求。[②]

(一) 中国台湾地区社区大学发展概况

世纪之交的中国台湾地区,面对一个价值混乱失序的旧社会,如何推动终身学习的新观念、建立成人学习的新模式,以培育现代公民、形成公民

---

① 刘尧. 台湾社区大学发展历史与现状述评[J]. 西南交通大学学报:社会科学版,2008(2):1-6.

② 蔡培村. 成人高等教育的发展与省思[J]. 成人教育,2000(5):2-10.

社会,重建一个新的社会、新的文化,实为当务之急。社区大学就是在此背景下奇迹般地创建与发展,主要原因在于:第一,民间主动推动社区大学的筹设,为中国台湾成年大众开辟一片终身学习的天地;第二,中国台湾所谓的"教育行政部门"顺应民意支持社区大学的发展;第三,有一群学习动机强烈的社区民众,社区大学才能不断成长茁壮;第四,得益于美国、英国等先进国家之社区学院(community college)发展的启发。欧美各先进国家为了使社会中的成人得以充实新知、发展潜能、提升技术,引导社会中的成人获得新的发展,进而使其在行为态度上发生变化,设置合宜的举措以推动有系统、有组织的成人学习活动,社区学院(community college)或开放大学(open university)及民众高等学校(volkshochschule)等乃应运而生。中国台湾地区社区大学沿袭美国等先进国家之社区学院(community college)概念,其发展经历了以下阶段。[①]

1. 孕育期(1994 年—1998 年 6 月)

中国台湾地区设立社区大学的构想,源自 1994 年中国台大数学系黄武雄教授的倡议。从教育改革逐步演进到社会重建,是民间团体教育改革运动的基本理念,设立社区大学以活化社区、解放社会力、培育公民参与社会事务的能力,成为教育改革运动新的着力点。

1998 年 3 月,民间关心教育改革人士组成了"社区大学筹备委员会",即"社团法人社区大学全国促进会"的前身,致力于在中国台湾各地设立社区大学。1998 年 6 月,这个委员会获得台北市当局与新竹市当局的大力支持。

2. 试办期(1998 年 7 月—1999 年 9 月)

台北市当局因民间教育改革人士殷切期盼设置社区大学之需求,于1998 年 7 月开始拟定成立社区大学的方案。以委托研究并试办的方式,

---

① 杨碧云.台北市社区大学营运现况与未来发展[DB/OL]. http://www.tpcc.tp.edu.tw/
2004 – 12 – 17.

委托财团法人人本教育文教基金会,进行台北市设置社区大学规划研究暨试办计划,并于 1998 年 9 月 28 日在台北市立木栅中学为期一年实地试办文山社区大学;文山社区大学受到群众热烈的回应,1999 年 3 月 1 日新竹青草湖社区大学正式开学,成为中国台湾瞩目的焦点。

其学员入学条件并无学历限制,教师也不论其是否具有博士学位或教授资格,只需具备专业能力即可,学员年龄从 18 岁到 84 岁,职业普及至社会各个层面。

3. 成熟期(1999 年 10 月至今)

台北市当局最初原仅规划于 1999 年 9 月于本市南、北两区各设置一所社区大学,即分别为文山社区大学及士林社区大学,但因群众强烈要求,于 2000 年规划增设南港社区大学及万华社区大学,以达到东、西、南、北四区均衡设置之规划目标。唯设置数量仍不能满足民众的学习需求,故台北市当局又于 2001 年 8 月再增设大同社区大学及信义社区大学,以实现台北市每两个区设置一所社区大学的目标。

到 2002 年,台北市已设有六所社区大学,然而仍不能满足市民就近读社区大学的要求。台北市当局为顺应民意,采取以小幅度增加经费、降低委办经费及钟点费、调高学费之财务规划的策略,最终顺利于 2003 年由 6 所社区大学一举增设为 12 所社区大学,完成一区设置一所社区大学之理想。

除台北市之外,1999 年之后中国台湾各地均对筹办社区大学给予期望与支持。"台湾终身学习法"明文规定,社区大学的主管机关为县市当局,由县市当局自行办理或委托办理。在中国台湾当局及地方当局的重视之下,社区大学设置数量及学习人数不断增加。到 2005 年,中国台湾地区陆续成立了 80 余所社区大学(含 11 所原住民部落大学),并深入偏远山区、离岛、原住民部落(见表7-1)。中国台湾北部有社区大学 35 所,中部有 24 所,南部有 12 所,东部有 9 所,金门有 1 所。社区大学每期上课人数已有十余万人。社区大学如此快速发展,除显示出社区民众对终身学习的迫切需求外,亦说明社区大学在成人教育发展上扮演着重要角色。

表 7-1　中国台湾社区大学现状

年　　度	一般社区大学 （不含分校及教学中心）	原住民部落社区大学	学员数(人次)
1998 年	1 所		约 3 000 名
1999 年	14 所		约 2 000 名
2000 年	25 所		约 4 000 名
2001 年	37 所		约 6 000 名
2002 年	48 所	9 所	约 84 000 名
2003 年	55 所	12 所	约 102 000 名
2004 年	64 所	11 所	约 110 000 名
2005 年	70 所	11 所	约 120 000 名

注:根据所谓的"终身学习法"的规定,自 2002 年起,非属县(市)自办或委托办理者,均不列入统计。

（二）社区大学的办学定位

当上大学成为中国台湾地区公民普遍性的需求时,往昔以学术型精英教育为主的传统大学,势必无法适合一般平民大众的需要,因此大学的形态必须有多元的发展。社区大学的创立,是在创造一种有别于传统的大学形态,而不是复制一个传统大学。比如,通识性能力的培育为传统大学所忽略,然而现代社会除了需要技术性的专业人才外,更需要的是具有通识性能力的人才。知识的广度,事理分析、理性判断、价值选择的能力与和谐的人际关系,均是现代公民不可或缺的基本素养。技术能力可以在职训练,或在其他职训机构、补习机构得到完整的训练,社区大学则以通识性能力培育为其基本目标。社区大学的学员是以步入社会的成人为主,传统大学知识分类架构下的象牙塔式的学习并不适合具有丰富社会生活经验的成人。因此,社区大学从现实的生活经验出发,开展学习的旅程;从公共性的、现实性的、经验性的问题出发,发展出抽象性的概念掌握能力,进而掌握知识的整体。

社区大学是有别于传统大学的另类高等教育机构,其办学定位为:①

第一,平民大众的高等教育是以成人为主的新大学形态。

社区大学相当于一般四年制大学,满足公民读完大学的需求,提供另一种取得大学文凭的途径,以间接打破文凭主义,以便用人唯才。

第二,县市当局层级办理并资助高等教育之发展。

地方当局办理社区大学,象征着高等教育权力的下放,使地方当局因地制宜地办自己地方的特色大学。

第三,由地方当局主办,采取公办民营的方式进行。

社区大学在各地的发展模式,均采取公办民营的方式,由县(市)当局提供场地(国中、高中或社教馆等)与经费,委托民间非营利组织经营。

第四,学校形态。

① 以设立于中学之内为原则。以社区资源共享原则节省开办成本,除了设立在中学共享校舍外,亦可以设在社教机构或图书馆的同栋大楼内,达到资源共享。

② 独立的行政组织。社区大学为独立自主的机构,此独立自主不仅表现在课程教学及师资等上,物质及场地设备也必须具有相当程度的独立性。所谓独立性还有一层意思,就是要发展出自己的特色,避免过度市场化。

另外,"四一〇教育改造联盟"1996 年在《民间教育改造蓝图——朝向社会正义的结构性变革》中,提出新的学制与理想的教育制度,把社区大学纳入多元弹性学制的一环(见图 7-1)。中国台湾当局在 1998 年提出的《迈向学习社会白皮书》中指出,在中国台湾高等教育体系中,社区大学的发展是较为欠缺的一环,未来宜鼓励办理社区学院或社区大学。由此可知,社区大学不同于传统的普通大学,而在现有大学以及众多的社会教育形态下,社区

① 蔡传晖,顾忠华,黄武雄. 台北市设置社区大学规划研究暨试办计划:课程架构与修业制度之规划研究报告[C]//台北市当局委托研究计划.1999.

大学要成为高等教育中多元弹性学制（研究型、教学型、科技型、远距型和社区型等）的一环，并发展出社区（地方）的特色。

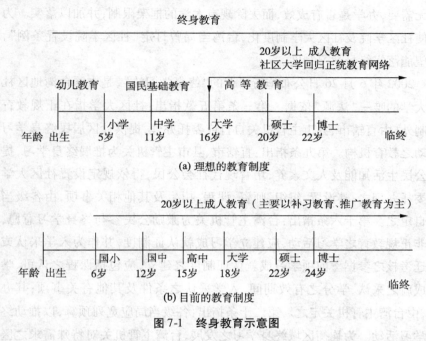

图 7-1　终身教育示意图

（资料来源："四一○教育改造联盟"1996 年民间教育改造蓝图，第 141 页。）

（三）社区大学的规定与经费

中国台湾地区在风起云涌的社区大学运动中，实务上所面临的最大考验，不止在于各地方县（市）当局能否提供资源，更重要的是它以"大学"的名目出现，会不会受到现行相关教育规范的限制？如果有限制，又应当如何突破框架限制？依现行大学及其学位授予规定，大学设立应有其校地、经费等形式要件，学位的授予更是必须经过严格的入学、认证等程序。结合民间力量，强调自由申请入学的社区大学，显然难以被认可。①

---

① 资料来自《中时晚报》,1999 - 03 - 08.

然而,"社区大学"以民间之力,落实高教权于地方,依地方自治精神及授权,地方应有自主筹设的空间。因此,社区大学应该只问地方(社区)有无需要,办学是否有成效,而去除现有大学的框架限制,并加以落实。为了使社区学院及社区大学制度化,台湾当局曾订定"社区学院设置条例",希望能落实终身学习制度。

2002年6月26日公布施行所谓的"终身学习法",是中国台湾地区社区大学的唯一"法源"依据。第三条第五款指出:社区大学指在正规教育体制外,由直辖市、县市主管机关自行或委托办理,提供社区居民终身学习活动之教育机构。第九条指出:直辖市、县市主管机关为推展终身学习,提供公民生活知能及人文素养,培育现代社会公民,得依规定设置社区大学或委托办理之;其设置、组织、师资、课程、招生及其他相关事项,由各级当局自定之。第十六条指出:台湾主管机关为激励公民参与终身学习意愿,对非正规教育之学习活动,应建立学习成就认证制度,并作为入学采认或升迁考核之参据。前项学习成就认证制度之建立,应包括课程之认可、学习成就之采认、学分之有效期间、入学采认之条件及其他有关事项;其办法,由台湾主管机关定之。第二十条指出:各级当局应宽列预算,以推动终身学习活动。为均衡区域终身学习之发展,台湾主管机关对特殊需求之区域及对象,应优先予以经费补助。

依据所谓的"终身学习法",中国台湾地区社区大学的经费,除当局要给予支持外,还要通过其他途径筹集。现在的经费主要来自学费的收入,大概占65%;其次是当局的经费补助,包括各级相关的经费,大概占25%;剩下的10%经费来源变异较大,有来自向其他当局机构申请的项目经费,有来自基金会的经费支持,有来自社会人士的捐献,有些则靠办活动的经费盈余,但总的来说经费都相当拮据。社区大学可以通过募款方式筹募办学基金,当局对捐款给社区大学的企业团体或个人给予减免税捐的奖励。① 而在"使用者付费"原则下,个人在参与各项终身学习活动时,已有必须自行缴交学费的共识,因此,个人亦养成了在日常开支中预留终身学

---

① 资料来自《台湾立报》,2000 - 12 - 28.

习经费的习惯。

台北市社区大学的经费主要来自四个方面。以 2003 年度为例,社区大学营运经费主要来源为向学员收取的学杂费,占 68%;其次为台北市当局的教育部门提供之经费,占 19%;再者为中国台湾地区教育部门的补助及奖励经费,占 5%;最后是其他当局部门的补助款,占 6%。如图 7-2 所示:①

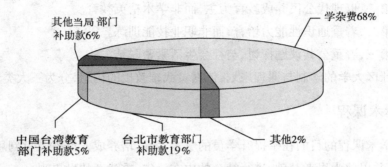

图 7-2　台北市社区大学营运经费主要来源分布

中国台湾社区大学在开办初期,由地方当局采取"公办民营"方式,补助经费由民间非营利团体办理。顾忠华指出:所谓的"采购法"施行后,各县市当局采用公共工程招标模式办理社区大学,但这种方式又出现若干后遗症。②

例如,公开招标过程中,有些获得群众认同的非营利组织,因为某些形式不符合标准,被取消承办资格,形成具有使命与公信力的团体被排拒门外的情形。

因此,"社区大学全岛促进会"充分搜集信息,研究比较不同兴办方式的利弊得失,以避免积非成是。但不管如何办,社区大学的经费都由当局补助(经费编入预算,补助社区大学之经营)、学员缴交学分费(低收入户减免)以及由企业团体或个人募款筹措,最终要达到社区大学能够自给自足,建立制度化的长远目标。

① 杨碧云.台北市社区大学营运现况与未来发展[DB/OL]. http://www.tpcc.tp.edu.tw/2004-12-17.

② 顾忠华.千禧新愿[N].文教基金会会讯:社区大学专辑,2000(51):6-7.

（四）社区大学的课程规划与学制

中国台湾社区大学课程具有三大特色：

第一，以现代公民养成教育为主，而非学术精英教育。

第二，着重通识性能力培育，而非职业技能训练。

第三，着重公共议题探讨，与社会生活紧密联结。

社区大学的学制与课程规划，依据黄武雄教授的构想，分为三大类：

1. 学术课程

学术课程的目的在于提升学员的学术涵养，培养成人反省及批判思考能力，并以此为思考基础，进行社会的内在反省，重建新的世界观。

学术课程可分成三大学术领域，即人文科学、社会科学、自然科学。

人文科学内容包括文学、哲学、艺术、宗教等，社会科学内容包括经济、政治、法律、社会、教育、心理等，自然科学内容包括物理、化学、生物、数学等。

学术课程所记载的知识，是人类在文明创造活动中长期累积的经验。不论是人文科学、社会科学还是自然科学，学习者都要把自己的原有经验与书本知识相互碰撞、相互印证、相互磨合，才会有真正的知识产生。因此，通过学术课程的学习，可以扩展民众的知识广度，培养民众思考分析、理性判断的能力。

2. 社团课程

社团课程的目的在于培养学员的民主素养及增进学员社会公共领域的参与能力。社区大学最大的特色在于将社团课程视为正式课程，学员参与公共事务，面对当前社会问题引发社区居民的社会关怀及人文情怀。

所以，社区大学的社团活动课程是以培养学员主动参与社会公共事务的热忱及能力为主，由学员自己组织，聘请教师为社团顾问，以便进行咨询及指导,从而引发群众的社会关怀,在参与、学习中,凝聚社区意识,迈向公民社会。社区大学的社团有:生态环保社、社区新闻社、地方文史社、残障关怀社、河川保护社等。

3. 生活艺能课程

生活艺能课程的目的在于提升学员的生活质量、扩展生活形态。社区大学的生活艺能课程必须提高成人对于知识性学习的基本能力,增进知识视野,开扩心灵,进而健全社区公民私人领域的生活,改变生活价值,提升公民的生活质量,并提供社会参与的必要技术性能力。

社区大学的生活艺能课程有:摄影与生活、营养与烹调、水电修护、景观设计、婴幼儿保健实务等。

另外,社区大学还有不计学分的潜在课程:

第一,公共论坛。

时间是每星期六下午 2:00 ～ 5:00。

内容有:

① 校内外人士专题演讲。

② 公共议题开放式讨论。

③ 教学问题研讨与授课检讨。

④ 校务会议与各种委员会开会。

第二,文化夜市。

时间是每天晚上 8:10 ～ 8:40。

向全校讲师及学员开放,自由发表言论、演短剧、弹唱、跳舞等。

两年制社区大学结业修课学分:学术课程 24(其中人文 8、自然 8、社会 8);社团活动 20;生活艺能 20。共修习 64 学分。

四年制社区大学毕业修课学分:学术课程 48(其中人文 16、自然 16、社会 16);社团活动 40;生活艺能 40。共修习 128 学分。

社区大学目前还不是正规的大学,其学历还不被承认。三大类课程的修习学分按要求达到 64 学分或 128 学分,便可以申请毕业,拿到结业证书或者毕业证书,但没有学位。

（五）社区大学发展面临的问题

社区大学发展面临的五大问题如下：[1]

第一，政治化。

让政治的归政治，让教育的归教育，维持社区大学办学的公正性，让社区大学与社区民意相结合，以社区民众的需求为导向，不必刻意强调县（市）"长官"关爱的眼神，免除每一次县（市）"长官"换届时的忐忑不安。

第二，市场化。

当前中国台湾地区社区大学的经营，出现了实用生活艺能方面的课程，班班人数爆满；公民素质养成与社区参与方面的课程，无人问津。在考虑经费的情况下，有些社区大学的经营者完全以市场需求为导向，这引起补习班成员的抗议。

第三，体制化。

各社区大学希望获得应有的地位，最大的希望是能颁授学分与学位。这些是社区大学向体制化靠拢的征兆，也是社区大学经营者的意向，更是广大社区大学学生的心声。如果社区大学争取颁授学分与学位，它与一般大学有何不同？规范的一般大学，能否一体适用于社区大学？如果社区大学与一般大学一样，当局又何必另行办理社区大学？

第四，精英化。

社区大学的理想是全民教育，让所有的社区民众皆能享有接受教育的权利，因此在入学资格上采取18岁以上的年龄限制，除此之外，只要是人，都可以到社区大学选修适合自己的课程。但是此一理想，若无相关措施配合，根本无法实现，形成空谈。社区大学的主事者认为自己是成人高等教育机构，或是回流教育机构，不认同自己应当是社区终身学习机构，使社区大学的课程设计偏向大学程度，社区大学的师资聘请偏向大学教师，并且

① 林振春，社区大学的危机与挑战[J].社教，2001（106）：41－44.

以此来自我标榜社区大学等同于一般大学,将所有社区民众的学习需求以及社区意识的培养和社区所需人才的培养责任置诸脑后。

第五,依赖化。

经费上难以自足,是社区大学无法永续发展的最大危机。社区大学自许为非营利组织,希望当局能够以培养第三部门的理念来支持社区大学,因此对各县(市)当局以及台湾当局的经费支持寄以厚望。但是如果将金钱来源全部寄托在各县(市)当局,那么社区大学根本见不到明天。社区大学虽然是非营利组织,却不代表就是一个寄生组织,它应该有自己的经营体系,以此来维持本身的正常运作;它也应该植根于社区,从社区服务中寻找或挖掘发展的源头。

三、中国台湾地区社区大学办学理念①

中国台湾地区设立社区大学的构想,源于 1994 年中国台湾大学数学系黄武雄的倡议。从教育改革到社会重建是台湾民间教改运动的基本理念,推动设立社区大学以活化社区、解放社会力量、培育公民参与社会事务的能力是中国台湾教改运动新的着力点。1998 年 3 月,民间关心教育改革人士组成了"社区大学筹备委员会",致力于在中国台湾各地推动社区大学的设立。1998 年 9 月 28 日中国台湾"教师节",台北市成立了中国台湾第一所平民大众的社区大学——文山社区大学,这是一所以深化民主、重建社会、培养现代公民、鼓励民众参与社区公共事务的新型"大学"。如今社区大学在中国台湾各地已如雨后春笋般创立,并得到台湾当局、学术

---

① 刘尧. 台湾社区大学办学理念及其对大陆的启示[J]. 教育与考试,2007(5):79 - 84.

界以及民众的普遍重视和广泛参与。① 社区大学是中国台湾民间主动推动与当局协力创建的实验性、改革性的教育机构。社区大学的建立,使教育与社区发展密切结合,也使一些失学者或有心向学却无机会者获得了求学的机会。因此有学者认为,中国台湾社区大学上承中国书院之传统下聚社会改革之力量,具有探索意义和示范作用。

(一) 中国台湾地区社区大学理念形成之背景

从 20 世纪 70 年代后期到 20 世纪 80 年代,中国台湾随着政治上的"解严",出现了一股强大而活跃的社会力量,不论是以社团的成立还是以社会运动的形式出现,都表明中国台湾地区在逐步向前发展中。然而,欲进行整体社会改造,从"社区"着手,经过知识的启蒙与权力的下放,是确保民间力量趋于普遍成熟的必要途径。社区大学正是以知识启蒙作为提升公民素质之策略,符合中国台湾当前社会改造和社区转化的需要,随着中国台湾地区各地社区大学的陆续成立,使社区大学不限于仅促进特定社区发展,而是随着这股民间力量的壮大,形成了中国台湾地区社会改造机制。

1. 中国台湾民众享有越来越多参与公共事务的机会

随着中国台湾社会的政治民主化,民众享有越来越多参与公共事务的机会,以前威权时代民众无法参与的公共事务,在以民为主的原则下,有相当大的比例被开放出来在社会中进行讨论。而现实中,讨论的层次仍多局限于在媒体中由社会精英来发言,很少有基层民众的意见得以有系统地进入到公共讨论的范畴之中。这种现象受到相当程度的反省,于是在早些年曾被提出的"公民投票"的议题,近年来已成为民众对公共事务表达意见

---

① 蔡传晖.社区大学的基本理念与发展现况 [C]//台北市文山社区大学入学与学习资源手册.2001.

的方式。同时,许多电子媒体中的 Call-In 节目也在一定程度上反映出基层民众表达意见的社会需求。事实上,中国台湾开创的公民社会,正是要通过这些复杂议题的讨论过程,让参与其中的民众可以用更多元的角度,对公共事务进行了解,从他人的发言与讨论中,明白别人的角度及需求,进而看到自己与他人的差异性,更有意识地确定自己的社会位置,站在自己主体利益的位置上发言。这样的公共事务讨论,除了上述公共论坛之外,参与民众也应在讨论的过程中被教育,而这样的教育过程,正是"大学"也就是"大人之学"的教育目标。在过去教育资源匮乏的年代,只有少数人能上大学,更多有心向上的民众处于门外。进入 21 世纪,知识的学习不应被局限在传统大学的象牙塔里,必须平民化、普及化,大学的学习之门应对所有民众敞开! 中国台湾如何落实成人(大人)的终身学习,成为当务之急。社区大学理念便是在这样的时代背景下酝酿生成。

2. 中国台湾终身学习风潮日盛,民众迫切追求高等教育

中国台湾第一所社区大学成立以来,在民间关心教育改革人士的倡议下,以知识解放和公民社会为愿景的社区大学陆续在中国台湾各县市成立。迄今已由一所迅速拓展至近百所,中国台湾终身学习运动出现前所未有的新风貌。检视社区大学的发展,它所欲成就的另类成人高等教育形态,强调"知识解放"及"建立公民社会"的使命,在中国台湾终身学习风潮日盛、高等教育机构急速扩充、民众追求高等教育迫切而仍饱受文凭束缚的今天,形成独树一格又富有理想色彩的场域,展现出迥异于传统大学形态的教育面貌。因此,对于许多民众而言,社区大学就是其成人追求高等教育的一种选择。中国台湾近百所社区大学,由不同的法人团体承办,创造出不同的办学风格,提供给中国台湾民众多元化的选择和多渠道的高等教育机会。① 平民化的社区大学,一方面在提供个人知识、艺能成长的机会,丰富生活的内容与品位;另一方面则强调开拓民众对公共领域的关怀,

---

① 佚名. 台北市大安社区大学的办学理念与使命[DB/OL]. http://daan. cogsh. tp. edu. tw,
2006－06－23.

启发并培育其判断思考能力,以进行社会重建工作。也就是说,不仅强调教育改革,还要注重社会改造,并以当局作为社区大学的推动重心,唤起各界的认同与支持,建构出真正成熟的公民社会。

3. 中国台湾社会重建新文化与新秩序,必须重建人"属于自己"的世界观

中国台湾社区大学的倡导者——黄武雄教授在回答为什么要设立社区大学时提出:①探讨根本问题(学术课程)、发展公共领域(社团课程)及充实生活内涵(生活课程),作为规划社区大学课程的经纬,目的在于重建人"属于自己"的世界观,进行社会内在反省,从而为公民社会铺路。社区大学正是要塑造人与人、人与世界密切互动的环境,促使成人重新去认识自己与世界的关系,进而重新认识世界、认识自己,重建"属于自己"的世界观。就是说,社区大学成立的目的不仅仅在于强调知识的传递,更重要的是在于培育民众的世界观。社区大学的生活课程,从编织、绘画、吟唱、演剧、木工、陶艺,到从身体去解放自己的舞蹈,皆有助于重建"属于自己"的世界观。而社团课程,从参与周边的公共事务开始,让自己融入有别于谋生的社会活动,去探索社会的构成,也是重建世界观的起点。学术课程更是让人直接思索世界的根本问题,把眼前的生活创造与社会参与提升到较高的哲学层次。可以说,社区大学是孕育民众新世界观的最好场所。社区大学的核心任务,便在于提供一个思辨讨论、密切互动的环境,使每一个人重新认识自己与世界。只有拥有"属于自己"的世界观,人才能通达世情,有宽容心,又有所坚持。当社会民众重新建立起"属于自己"的世界观,重建社会的新文化与新秩序便水到渠成。

4. 中国台湾建构完整而普及的成人高等教育体系

中国台湾教育部门的黄荣村在2004年3月31日中国台湾所谓的"立法院"第五届第五会期作《社区大学之现况与未来定位》报告,指出:开放

---

① 黄武雄. 社区大学的核心任务[DB/OL]. http://apcu.taconet.com.tw,2007 – 01 – 14.

大学之主要理念为"建构完整而普及之成人高等教育体系。透过社区开放
大学之学习机制,学员在专为成人设计的交互式教学情境中,有机会走出
自己的私领域,开始投入及关心社区环境与公共事务"。社区大学也可参
考开放大学理念,努力导正办学方向及措施,未来可转型为开放社区大
学。① 社区大学被设计者黄武雄教授定位为非正规的社区民众学习机构,
属于成人教育,其设置的理念与美国成立社区学院的理念不同,充满着本
土化的思考。社区大学不是一般由知识分子在教育民众的成人学校,而是
知识分子与普通人相互启蒙而双向交流经验的场所。社区大学的学术课
程可以通过反复探讨战争与和平、经济与环保、个体与集体、自由与安全、
创造与学习、自然与文明、化约与复杂、科学与玄学、专断与多元、专制与解
放这些根本问题,让学员融于其中,去体会、摸索、讨论、思辨。② 探讨这些
根本问题的过程,正是民众走出自己的私领域,开始投入及关心社区环境
与公共事务的过程。

(二) 中国台湾地区社区大学的基本办学理念

黄武雄教授长期投入民间教育改革运动,认为中国台湾地区社会的混乱
主要源自中国台湾地区未有深耕文化的创造,因此就整个中国台湾地区而
言,需要发起一个"重建台湾"的运动,以此使中国台湾迈向真正的民主而达
成市民社会的理想。因此,他提出"社区大学"这一个概念,希望以社区大学
作为重建中国台湾的基地。基于这样的想法,他认为社区大学的设置,应该
以社团活动课程发展公共领域,建立公民社会。以学术课程提升批判思考能
力,进行社会内在反省,以生活艺能课程充实生活内容,重塑私领域价值观。

---

① 黄荣村. 社区大学之现况与未来定位[DB/OL]. www. edu. tw/EDU_WEB/EDU_MGT/
E0001,2006 - 07 - 17.
② 舒曼丽. 台湾社区大学的发展历程与办学特点分析[J]. 苏州大学学报:哲学社会科学版,
2006(4):113 - 116.

归纳起来,中国台湾社区大学包含以下五个主要的理念。①

1. 拓展公共领域,发展民脉

中国台湾社会由于"戒严时期"的禁锢,一直未能发展出民众参与公共事务的习惯与能力。"解严"后民间力量蓬勃发展,然而公共领域的发展仍未能步上正轨,民众长期缺乏参与公共事务的机会,普遍缺乏参与公共事务的能力。社区大学的成立,其目的在于活化社区,培育公民参与社会事务的能力。故社区大学设有社团活动的课程,希望透过社团活动课程的规划与开设,使社区居民经由公共事务的参与,去面对当前的社会问题,引发个人的社会关怀情感,关怀社会,发掘社会问题,解决社会问题。在社团活动课程中,以实务经验结合学术课程所研讨的理论,学员可以得到较扎实的自我成长机会,深化自己对周边世界的认识;同时,由学员自主性组织社团,透过公共议题的开放与思辨,唤起社区居民的社区意识,深入参与和经营社区公共事务,为中国台湾公共事务注入充足的人力资源,在公共领域内发展紧密的人际网络,促进富有活力的民间社会组织的形成。② 例如,组成"地方文史社",探查地方历史、人文典故、特殊建筑与民间艺术;组建"环保社"、"河川保护社"、"社区工作社"、"老人关怀社"、"妇女儿童虐待防治工作社"、"原住民文化研究社"等,有益于凝聚社区意识,打开公共领域,发展民脉。

2. 重塑生活形态,引导社会价值取向

中国台湾由于经济的发展,大众普遍重视物质生活的追求,而金钱取向的生活价值与生活方式使现代人容易迷失自我,失去生活重心和自主性。因此必须重新思考生活的态度,进而改变生活习惯与价值,建立文化生活形态的社会。社区大学通过生活艺能课程的规划设计,以成人发展需

① 黄武雄. 我们要办什么样的社区大学? [C]//黄武雄,顾忠华. 成人的夏山——社区大学文献选辑. 1998.

② 佚名. 台湾社区大学成立之理念[DB/OL]. http://jia. cersp. com/JSB/ZJZX/200505/173. html,2005 - 05 - 14.

求为主,主要以艺术的熏陶,开扩人生境界;重视家庭生活,养成改造家园的习惯;重视生态环境,以保留主义替代扩张主义。生活艺能课程的师资主要来自各专业领域的实务工作者,许多不具备高学历的艺术工作者、民间艺师、乃至于水电师傅,皆可到社区大学开课,此举有助于淡化阶级界线、消弭学历界线。传统大学教授反而是少数。这就使社区大学的学习能与社会紧密结合。传统大学以学位高低来聘任师资的方法,无法适应普遍化后"非精英式"的社区大学教育要求;民间专业人才进入社区大学,使社区大学能比传统大学有更丰富的学习内涵,也能为民间专业人才与社会大众的交流提供一个机会。并且,学员在学习的实践过程中,改变、拓展生活形态,进而改变其价值观。

3. 进行社会内在反省,培养批判思考能力

长久以来,中国台湾正规学校教育在学历主义的影响下,侧重知识的传授,长期忽视学生批判思考能力的培养。一般学校之运作或授课,皆由行政人员及教师主导,学员常处于被动的角色,彼此之间没有机会借研习课程相关之场域做经常性的互动,更遑论成为研习之主体,甚至影响日后研习之内容。社区大学的学术课程,将人文社会及自然科学领域的课程纳入其中,侧重现代公民的养成,在知识的熏陶、学术的传递中,培养学习者反省、批判、思考的能力,使学员以较宽广且较深刻的观点去看世界,不致使自己对世界的认识流于表象。运用学术课程作为基础,开设社区活动、生活艺能课程,为学员提供密切互动之大好场域,激发人性中善良与追求公义的一面,促成学员深入公共领域,探讨社会结构,影响公共决策,进行内在反省,从根本上改变社会的价值观与风貌。社区大学将拥有知识的能力下放给一般民众,通过自我意识的批判、反省、沟通,理性具有被重建的可能,人类达到解放的境界,以重建批判、自主能力的理性去创造充分沟通的自由社会。

4. 解放知识,重构经验知识

中国台湾教育改革外在的结构性问题,固然是教育权应充分下放,教

育选择机会须大幅增加,而其内在的核心问题是在解构套装知识,使它与经验知识相互融合。传统学校里教的知识,是套装知识。套装知识是把人所认识世界的整体样式,经大幅筛选,抽掉个人的特殊经验,留下那些较容易被认知的材料,经分类化、客观化、抽象化、系统化甚至标准化处理,编制而成的知识体系,成为教科书上所铺陈的材料。相对于静态的套装知识,经验知识是动态的,经验知识是以学习者为主体,不断与学习者经验起共鸣或冲突的知识。套装的知识容易抹煞个人经验。社区大学属于非精英教育,以重构知识为基础,从事经验交流与互动。在社区大学,不同先天条件、不同经验背景、不同思维方式的人,通过"共读—思辨—讨论—实践"的密切互动,相互教育、相互启蒙。一个人是否受过良好教育最大的特征就在于其经验世界是否被开启,进而变得充实、深刻、广阔与丰富。教育的目的在于打开并深化人的经验世界,使人把自身的生活体验延伸到不同的时空。社区大学拟订办学方式与内容,着重协助学生打开经验世界的同时,随时回溯从生活中积累的自身经验,运用成人在生活与工作中积累起来的主体意识以及善于分析周边问题的能力,提供学员延伸自身经验的机会。

5. 结合教育改革与社会改革,提升中国台湾整体文化

　　教育改革旨在提供最好的学习环境及最公平的学习机会,有效获取知识;社会改革则强调人的价值观及道德秩序的重建,两者均涉及法令制度的改变,目的在于提升中国台湾整体文化。不论教育改革还是社会改革,焦点都在于人与世界的互动过程。社区大学的理念,便从这互动过程着眼,通过社团性、学术性、生活性三大类课程设计,破除知识方面的精英化与套装化,让民众可以亲近高等教育,由经验知识的教学,进而引导社会价值,重塑生活形态,提升中国台湾整体文化水平。① 因此,社区大学的课程规划,已超越以个人私利为出发点的学习需求,将个人的学习成长与社会

---

　　① 佚名. 台北市大安社区大学的办学理念与使命[DB/OL]. http://daan. cogsh. tp. edu. tw/story. htm#3 ,2006 –06 –23.

整体发展作有机的结合。社区大学的三类课程设计,是以社团活动课程打开并发展人的公共领域,以生活艺能课程改造私领域的内涵,而以学术课程作为重建世界观的基础,使人养成思考根本问题的态度。三类课程相互穿引,社区大学将变得生机勃勃,可望重建中国台湾地区,形成中国台湾新文化的源泉。从以上社区大学设立的宗旨观察,可以非常清楚地发现,社区大学的推动目标不仅仅在于提供成人学习课程,而是以"解放知识,建立公民社会"为目标,并且通过社区大学的推动来为公民社会奠基、发展新的文化。

(三) 中国台湾地区社区大学办学理念的独特性

中国台湾地区社区大学的办学理念,并非翻版复制传统大学的办学理念,而是要创造一个新的大学形态,建立一个属于平民大众的高等教育场域,迎接公民社会的来临。中国台湾社区大学办学理念的独特性主要体现在以下几个方面。

1. 中国台湾社区大学的多重属性

中国台湾社区大学教学内容(课程内容)包括3类:① 知识类(或学术类);② 生活艺能类;③ 社区社团类。其中,第二类、第三类均不在一般传统大学的课程规划范围内。故此,社区大学兼具普遍性的公民大学与区域性的社区大学双重性质;同时,兼顾正式大学的高等教育内涵与非正式教育的学习需求。① 我们检视目前遍布中国台湾各地的社区大学,可以发现,社区大学在响应当局推动"终身学习型社会组织"的政策上,一开始就是从"教育改革"的思维出发,它一方面具有批判现行体制教育的特质,另

---

① 佚名. 台南县新化社区大学办学理念与定位[DB/OL]. http://www. sh2jh. tnc. edu. tw/social/locate. htm,2007 – 02 – 05.

一方面又肩负着"重建中国台湾、发展台湾当局新文化源泉"的改革使命。因此,社区大学虽然在中国台湾现行体制中尚无授予学位的权力,但在教育理念及课程规划的思考方面,却远比传统大学教育更生动,更具有创造力,更忠于以人为本位的教育理念,更符合中国台湾地区跃升脉动的需求。

2. 中国台湾社区大学的社区属性

中国台湾社区大学追求的理想是建构公民社会。公民社会是涵盖社区的公共空间,在此环境之下,公民可以学习自我尊重、团体认同、处理公共事务的能力、合作协力的价值以及公民道德。从自我的个人生活开始做起,兼顾公与私的权利和义务,并明了个人权利是由健全公民社会引申而来的,除了私利之外,也要考虑他人利益以及集体利益。社区大学"公共论坛"的设计理念,就是通过公共议题的开放与思辨,进而使社区的公民意识苏醒,同时面对多元、平等的民主,寻找公共意志的可能性。另外,社区大学"公共性社团"则是进一步化思辨为行动的实践场域,同时也是社区大学真正立足社区的重要转承机制,将社区居民的社区意识与社区关怀凝聚,重建经营新社区。通过社区大学所扮演的公共论坛角色,任何公共议题,从区域性的特殊议题到全岛性的普遍议题,都可以成为课程的内容和社团关心的焦点,从而激发社区居民参与公共事务的热忱和能力。

3. 中国台湾社区大学的平民属性

中国台湾社区大学以推动终身学习的观念,建立成人学习的新模式,培育现代公民,形成公民社会,以重建一个新的文化为首要目标。因此,建立一个属于平民大众的学习园地,进而建构公民社会,这是社区大学的理想。基于此,社区大学作了以下的宣示:

① 社区大学不会对平民大众学习的可能性预设成见,阻断其学习的机会。

② 社区大学永远敞开大门,没有任何门槛限制。

③ 社区大学的教师只是学习的辅助者,学员才是教育的主体。

④ 社区大学属于社区居民,社区组织与民间社团才是社区大学的主

导力量。

⑤ 社区公共事务乃至中国台湾地区问题,都是社区大学课程内容。

总之,社区大学因其所具有"取私为公"、"去私存公"的特性而呈现出"非营利"特征。①

(四) 中国台湾地区社区大学的使命、挑战与前瞻

社区大学可视为中国台湾地区民众改革和教育改革同步推动的一股本土化运动,它与丹麦的民众高等学校的兴起相似,都在相当程度上反映了当时民间对当局所制定的教育政策化不满情绪为积极从事改变现状的具体过程。②

1. 中国台湾社区大学担负终身教育的使命

从 20 世纪 70 年代起,终身学习日渐倾向高等教育。1972 年,联合国教科文组织(UNESCO)发表了著名的高等教育报告,即《Faure Report：Learning to Be》,积极提倡终身学习。该报告后来被扩充为"Learning to Be；to Know；to Do；to Live Together"等新时代教育四大目标。但具体的实践主要还是依靠终身教育。到 1998 年,UNESCO 举行一个"21 世纪的高等教育(Higher Education in the Twenty-First Century：Vision and Action)"世界大会,有世界各地教育家、学者、政要等 4 000 人参加。这是一次旨在探讨 21 世纪高等教育趋势的重要会议,在大会声明中,特别强调 21 世纪高等教育应是终身学习式的,普及式终身教育是高等教育的一个新趋势。中国台湾社区大学的快速成长,原因是多方面的。但其中一个重要因素是,它适时地提供了中国台湾需要的"终身教育"。随着知识社会和信息时代的到来,终身教育已成为中国台湾全民的权利。过去,传统的学校教

---

① 江明修.非营利组织与公民社会[DB/OL]. http://npo. nccu. edu. tw,2001 – 07 – 20.
② 何青蓉.民众对社区大学办学理念与特色的认同[J]. 台湾教育社会学研究,2004(1)：1 – 38.

育一直是教育活动的重心,然而,进入21世纪的现代社会已是学习型社会,是能从反思学习中进行自我超越的社会,彻底塑造能完全适应当今社会发展需求的中国台湾新民众,这一使命显然已非传统学校教育能完成,于是社区大学乃应运而生,担负起终身教育的使命。

2. 中国台湾社区大学面临高等教育学历文凭的挑战

依据中国台湾传统看法,社区大学还很难归于高等教育的范畴。中国台湾社区大学课程内容包括3类:① 知识类(或学术类);② 生活艺能类;③ 社区社团类,其中第二类、第三类均不在传统高等教育的课程规划范围内,即使以第一类而言,许多社区大学的学术类课程是否可算是高等教育课程亦有争议。所以,中国台湾社区大学还很难算是真正的高等教育机构。2002年中国台湾地区新通过的"终身学习法"第三条明确地将社区大学定位为非正规教育机构,由直辖市、县(市)主管机关自行或委托办理,提供社区居民终身学习的教育机构。中国台湾社区大学被排除在正规教育体系之外,表明后续的学习认证或是授予学位文凭仍旧有长路要走,也突显如何让民众能够了解、认同以及支持社区大学是当前中国台湾社区大学所共同面临的挑战。尤其,社区大学的核心理念是否能在社区大学主体(学员以及教师)心中扎根、成长,以及这些理念如何逐步落实与拓展,均是未来社区大学迈向法制化所必须面对的严峻问题。

3. 中国台湾社区大学未来发展的改进

在推行成人高等教育时,必须注意成人学习有别于学龄青年的学习。因此,在推动"终身高等教育"之际,宜对高等教育的内涵重新厘清。虽然社区大学具有成为终身学习型高等教育机制的可能性与机会,但距离真正的高等教育还远,还有很多挑战要去应对。林孝信认为,至少有下列几项:①

---

① 林孝信. 从21世纪高等教育趋势看台湾社区大学的实践[DB/OL]. http://www.phys.nthu.edu.tw,2007 - 02 - 05.

① 台湾社区大学宜设立双轨制。一轨为普通连续教育(continuing education),目前社区大学多数课程属之;另一轨为学分文凭轨,学员可获得学分或学位。第二轨的作用在于提升社区大学的课程水平,并为未来社区大学的法制化奠定基础。

② 社区大学应规划课程准则,以保障社区大学的质量,特别是学分、学位课程。

③ 社区大学需要规范师资任职资格并进行培训工作,以确保社区大学的师资素质。终身学习型的高等教育是未来高等教育发展的一个重要趋势,而中国台湾目前尚无系统的规划。如果由公共部门来办理,需要一笔相当可观的经费,中国台湾当局短期内难以推行。社区大学的灵活、高效、低成本,再加上推动人员深具教育理念以及工作热忱,很可能填补中国台湾高等教育这个空缺。

四、中国台湾地区社区大学
在城乡社区发展中的作用①

中国台湾地区社区大学的宗旨有别于其他传统大学,它旨在为社区民众提供大量的终身学习机会。社区大学以"培养现代公民"为目标,以"知识解放"与建立"公民社会"为愿景,其基本理念是:打开公共领域,发展民脉;进行内在反省,培养批判性思考;引导社会价值,重塑生活型态;解放知识,重建经验知识。② 中国台湾地区社区大学审视社区的各项议题,依据社区各议题所衍生的学习需求,规划相关的学习课程,进一步促进社区的

①　刘尧.台湾社区大学在城乡社区发展中的作用[J].成人教育,2008(3):4-6.
②　黄武雄.我们要办什么样的社区大学[C]//黄武雄.台湾教育的重建.台北:台湾远流出版社,1995.

终身学习。因此,课程规划强调:以社团课程培育民众参与公共事务的能力;以学术课程培养批判思考能力;以生活艺能课程引领民众对私领域生活价值观的重建。课程具有学术性、公共性、内容与社区结合、符合社区发展需求、引领社会价值、弱势关怀、学员自主规划等特色。社区大学教学依据成人的学习特性,以问题为中心的师生共读与讨论方式进行。社区大学在规划各项社区学习活动时,以规划社区居民的"终身学习促进者"身份,通过各项终身学习原则及策略的运作,达成推动社区终身学习的目标。

(一) 中国台湾社区大学对城乡社区发展的作用

中国台湾城乡不同的社区有不同的地方特色,社区大学可以凸显并加强每个地方的独特之处,进而创造属于本社区的价值。中国台湾中正大学蔡秀美研究后认为,社区大学主要通过下列方式来创造本社区的价值:[①]

第一,开发社区议题。

其他传统大学是以传授"专业知识"为主,很难深入各地社区的议题之中;而社区大学是以"社区"为主体,针对每个社区进行不同议题的探讨,让社区的事务都有人关心。

第二,创造社会融合。

过去知识封闭的结果让社会产生分层的现象,拥有知识者就在学术领域中打转;而社区大学使专业人才与一般民众能够有交流的机会,打破过去社会分层的现象。

第三,社区文化认同。

传授社区的人文、历史甚至艺术方面的知识,让社区民众重新认识自己与了解自己的社区,这样不但保留了知识,也让每个社区都有人去关心。

第四,凝聚社会力量。

---

① 蔡秀美.全民终身教育思潮与社区大学未来发展的省思[C]//社团法人社区大学促进会.第五届社区大学"全国"研讨会研讨手册.2003.

通过社区大学所凝聚的社会力量,使民众可以向当局争取自己的权益。

第五,创造社区产业价值。

中国台湾城乡不同社区都有各自不同的特色,社区大学所传授的知识,让社区民众了解自己社区的各种价值。比如重新思考生态环境所带来的利益,进而发展观光产业,同时能达到生态保护的目的。

例如,中国台湾彰化县的二林社区大学主要以彰化县南部滨海的二林、芳苑、大城、竹塘 4 个乡镇为主,课程开设主要考虑滨海穷乡之特点,着重帮助民众取得一技之长,以利就业、转业;台中县的海线公民社区大学以台中海线特有的地理人文为背景,在所辖 8 个乡镇设有行动教室,在协助、推动地方文史及艺文活动之余,也在社区营造及公共参与方面成为一股助力。①

(二) 中国台湾地区社区大学在城乡社区发展中的作用

自 1998 年中国台湾第一所社区大学——文山社区大学成立以来,至今,中国台湾地区已有百余所社区大学,遍布于台湾本岛及金门。社区大学已经成为推动中国台湾城乡社区终身学习的中心机构,在中国台湾城乡社区发展中,承担着"三个中心"的作用。

1. 社区大学成为"社区学习中心"

社区大学成为"社区学习中心",主要通过以下途径:

第一,建立包括人力、物力、财力、信息、营销、公共关系、绩效评估、数字科技软硬件等资源的社区学习资源网络,并加以有效地整合运用。

第二,建立社区学习资源中心,即建立社区终身学习网络支持系统、办

---

① 陈章波. 社区及社区大学［DB/OL］. http://nature. edu. tw/93result/tai-zhong/93/guide/2004 – 10 – 20.

理各项社区整合业务、协调伙伴组织的工作和建立社区数字学习网络的维护系统。

第三,建立社区数字学习网络,即建构社区数字学习网络目标,应用相关网络科技及学习辅助策略,与伙伴组织共同开展社区数字学习软件,与其他相关数字学习网络进行连结,在社区数字学习网络在线展示社区经济发展的数据库、提供研究引擎和搜寻引擎及成立"数字公共讨论广场"等。

2. 社区大学成为"发展社区地方产业的教育中心"

社区大学成为"发展社区地方产业的教育中心",主要通过以下途径:[1]

第一,建立以社区生态、文化产业及休闲体验为设计主题的教育工作坊。

社区体验经济的发展首先是设计体验主题,融合地方产业特色,借助于社区访客的参与对教育、审美、娱乐与美感体验进行设计。

第二,进行社区艺文庆典及文化商品研发的专业人才培训。

中国台湾社区产业体验活动中有太多的抄袭与纪念品仿制,社区特色浮浅化、平庸化,不利于社区体验经济的发展。因此,社区大学致力于强化社区特色,开展社区艺文庆典活动及文化商品的研发。

第三,推动景观生态美学与生态保护的教育训练计划。

社区景观生态美学是融合生态保护教育,注重生态整体性与美学体验设计的总称,为推动社区产业发展,社区大学组织学习自然的循环过程、演变过程,并让生活融入自然环境中,形成一种生活的环境意识,凝聚成一种美学的风格。

3. 社区大学成为"社区参与式行动研究的咨询中心"

社区参与式行动研究的对象涵盖社区全体居民,它强调社区居民对各

---

[1] 张菀珍. 从体验经济观点论社区产业营造之规划模式与教育策略[C]//台湾社区教育学会主编.《社区教育与全球化》. 中国台北:师大书苑,2004.

项社区事务与议题扮演咨询者的角色,通过学习和反思,使其了解并恢复原生性知识,认知社区议题在社会、文化与生态中的相关脉络,以促进社区居民察觉社区发展,以积极的行动改造社会,提升社区居民的生活质量。社区大学以社区咨询方式推动社区参与研究,要点如下:①

第一,培养社区居民的自给自足的社区发展能力。

第二,提供各项学习咨询,促进社区居民的反思性行动。

第三,强调社区共同合作的学习与行动。

第四,深入特定社区以促进社会发展。国外相关社区研究成果显示,在社区组织、学习、推动进行相关的技能训练,将有助于改造过去难以触及的社区,如黑人社区、少数民族社区以及吸毒者、酗酒者等形成的社区。对社区组织参与者及志愿者提供社区咨询与学习,可以提升其社区行动能力,以便其深入社区而促进社区发展。

(三) 中国台湾地区社区大学推进城乡社区发展的策略

社区大学是中国台湾城乡社区中最主要的终身教育机构,也是城乡社区学习资源的枢纽。社区大学推动社区发展的策略主要有以下几条。②

1. 倡导社区学习理念,动员社区民众参与社区学习

社区学习的理念是社区学习的第一步,接着是系统地提供终身学习、学习社会与全球化等理念知识,使民众认同社区学习的理念。社区大学的主事者与社区大学相关人士,利用各种机会向社区民众充分传播社区学习的知识与数据,使社区民众从毫无感觉到有所知觉,以至于能够主动加入社区的学习。

动员社区民众的主要目的,在于引导社区民众对社区学习的参与。因

---

①　张菀珍. 社区大学成为社区学习体系的发展动机[DB/OL]. http://www.tpcc.tp.edu.tw/Download/2004 - 12 - 17.

②　林振春. 社区大学的危机与挑战[J]. 社教,2001(106):41 - 44.

为民众对社区学习事务参与的程度越高,代表其对社区学习工作关怀的程度越高。为了达成社区事务参与的结果,社区大学在动员社区民众时,遵循参与的层次,逐步引导社区民众成为社区学习参与的伙伴,直到让社区民众完全掌握社区学习的运作为止,以实现社区大学与社区成为共同工作的伙伴为目标。

2. 开发社区特色课程,培训热心社区学习的人才

社区学习工作的推动包括理念的倡导、推动策略的规划、活动的执行、成效的评估与回馈等,都需要社区人士的参与。为此,社区大学先行开发社区课程,培训热心社区学习的人士,并使每个人皆有机会担任社区学习事务的领导者,而这正是社区学习所要达成的理想。社区学习人才的培训工作遵循下列原则:

① 办理社区学习人才培训工作坊。

② 辅导人才培训班结业学员参与社区学习的推动工作。

③ 建构社区学习人才培训体系,使培训的种子都能发芽成长。

人才培训工作最担心的乃是培训与运用分离,使所培训的人才无法发挥作用,而社区却缺乏可以带动社区学习的人才。一般的学校教育最常犯以上毛病,而社区大学针对这一问题,让每一个接受培训的社区人才进入社区从事带领工作,组成社区参与团体,为本团体的发展以及社区学习的发展不断贡献力量。

3. 社区人才通过主持团队运作,实施行动带领

每个人皆可从社区学习中获得最丰硕的知识,社区学习理念的获得、社区组织团体的运作技能、与社区内外其他团体的协调配合、与当局相关单位的游说和抗拒甚至于社会资源的运用等,皆可以从社区学习中获得实务知能。为此,社区大学的主事者以学校为据点,通过主持团队的运作,将前述社区学习所培训的人才纳入各种分工体系,使其分别担任社区学习的各项工作,向社区人士与相关人员展示社区学习的操作技巧与成果,让知识与行动、理论与实务获得相互印证的机会。

　　社区学习要有理念导引、社区人士参与规划与设计学习活动、组织建构推动团队以进行任务分工、引导社区人士参与学习活动。因此,参与学习活动人士的回馈相当重要,未参与学习活动民众的意见也相当重要,专家、学者对社区学习绩效或成果鉴定也很重要。社区大学主事者针对社区学习的推动过程与执行成效进行反思,邀请参与社区学习工作的团体、组织和居民共同检讨改进,保证社区学习的健全发展。

(四) 创建农村型社区大学,对农村发展有重要意义

　　中国台湾地区城乡之间在社会经济以及教育文化等方面发展很不平衡。为唤醒农村社区所蕴藏的巨大潜能,中国台湾民间知识分子建立了"农村型社区大学",并逐渐把它定位为"向农村学习,让农村学习"的平台。农村原本就是文化的母土,是生命赖以生存的最后沃土。如何重新肯定农业的价值,并且积极保存农村既有价值中优秀的部分并将之发扬光大,这些都是农村型社区大学面临的挑战。在农村设立社区大学,至少有3 个方面的重大意义。①

1. 满足农村社区的强大学习需求

　　长期以来,中国台湾农村社区一方面呈现极大而全面的失落破败情景,一方面则潜藏了深刻而广泛的学习需求。尤其,这些需求不仅存在于农业技术的层次。目前,中国台湾农村社区没有任何机构可以扮演农村居民学习平台角色,社区大学的建立无疑是一股值得被期待的力量。这股由知识获取所带来的力量,是台湾农村现在和未来不论是重建还是迎接新挑战的极为重要的力量。

---

① 第五届社区大学"全国"研讨会筹备会. 我们需要更多的农村型社区大学[DB/OL]. http://qcu1. bamboo. hc. edu. tw/twcu/peasant/manifesto/,2003 - 04 - 25.

2. 建立具有现代意义的社区网络

农村社区的破败并非只是农业生产上的挫败,农村社区居民更大的挫折来自长期被边缘化而形成的信心匮乏。根据中国台湾地区第一所农村型社区大学——高雄县旗美社区大学的运作经验来看,前来社区大学修课的农村居民,在满足学习需求的同时,重新拾起对个人以及农村社区的信心。更重要的是,通过社区大学共同学习的过程与气氛,农村居民有机会认识更多的人,超越以往的经验,在适度的组织催化下,建立足以面对瞬息万变的现实社会的具有现代意义的社区网络。

3. 记录农村的生活智能与传统文化

中国台湾地区农业与农村社区的被边缘化,虽在一定程度上造成农村社区的破败,却没有造成农业与农村社区的毁灭。相反,中国台湾农村居民为求生存,发展出了执世界牛耳的农作物品种改良与种植技术。同时,累积在农村各层面的生活智能与传统文化,更是中国台湾农村社区所拥有的骄人资产。然而,这些宝藏却缺乏有效的关注与记录。农村型社区大学的设立,恰恰能够在农村社区里为农村社区培养人才,进而对农村社区这些宝贵资产进行具有农村社区特色的记录。

(五)中国台湾地区农村型社区大学适应农村社区发展的课程特色

在农村创建社区大学的用意与功能迥异于在都市中创建社区大学的用意与功能。在农村,"社区"有着更为丰富的意义。从自然村落的形成到血缘、地缘的交融,都与强调社缘(社会团体)的人际网络有着不同的历史根源与不同的交往人群。所以,创办农村型社区大学要尝试走不同于都市社区大学的道路。面对一直在都市边缘扮演着"后花园"角色的农村,建立自己的"社区大学",旨在使农村居民与都市居民享有同样的"受教育权",并希望社区大学在农村社区的发展中能够提升农村的可见度,使中国台湾地区重新凝视农村、肯定农村。为此,农村型社区大学设置了适应于农村的"三类课程":①

1. 学术性课程:专业知识普通化

农村型社区大学的学术性课程,要求习惯于传授专业知识的讲师们,将知识用农村居民能听得懂的语言表达出来,教学相长。在知识日新月异的时代,把专业知识普通化更是农村社区对于社区大学讲师的期待。相对于都市居民来看,农村居民普遍受教育的时间较短,在农村的社区大学中授课的讲师,要面对农村社区发展的现实,把专业知识转化为农村居民易于接受的普通知识。

2. 生活艺能性课程:经验知识脉络化

农村型社区大学提供更多原本只有在都市才有机会就近学习的内容,增加了农村居民的"生活富足感",最重要的是建立起了农村学习者之间的纽带。从这方面来说,生活技能性课程一直是农村型社区大学的重点,因为这些课程把经验知识脉络化,能够带给农村居民更好的"可居性",让居住在农村的居民也能享受品酒、歌唱、拼布、植栽等多样化生活,让这些生活技巧也融入农村居民的生活中,强化农村社区的生命活力。

3. 社团性课程:结社知识农村化

以血缘和地缘为原则的农村,在面对工商业发展的过程中,也逐步走向"社缘"(社群)时代。农村型社区大学可以扮演一种"结社知识农村化"的平台,让农村各种不同的社团相互交流、支持,并分享在农村的社群组织经验。这种在农村的结社方式,与城市地区有所不同:从成员的集合、议题的选定到会议与决策的进行方式……已经把"农村"特质非常巧妙地融了进去。也正是这样,农村型社区大学作为"农村结社"的一种,从组织、策

---

① 钟铁民,洪馨兰.农村型社区大学设立之目的与意义[DB/OL].人民网,2006-02-20.

划到发展的方向、议题的选定等,其"存在"本身就已经融入农村社区许多无法用言语传达的特性。

【新闻图片链接】

開放的、平易近人的、有趣的大學——中国台湾地区花莲县社区大学。

中外职业教育发展问题研究

⊙中国职业教育发展现状、问题与对策
⊙国际职业教育改革趋势及其启示
⊙美国职业教育改革特点述评
⊙中国高等职业教育发展的五个问题

　　职业教育在西方发达国家很受重视,被西方一些人喻为"使社会走向博雅的杠杆"。西方发达国家职业教育在不断更新理念中发展壮大,引领着国际职业教育的发展潮流。21 世纪以来,我国职业教育进入了一个非常好的发展时期。职业教育初步建立起具有中国特色的初级、中级、高级相衔接的职业教育体系,在许多方面取得了很大的成绩。但我国职业教育改革的任务依然十分艰巨,需要继续深化教育教学改革,大力推进教育体制创新,加强教育基础能力建设,进一步扩大招生规模,全面提高职业院校的办学水平,努力为建设创新型国家、建设社会主义新农村、建设社会主义和谐社会作出新的贡献。

一、中国职业教育发展现状、问题与对策

21世纪以来,从中共中央、国务院到各级地方政府,对发展职业教育重要性的认识越来越明确,越来越深刻。胡锦涛总书记,温家宝总理,以及各级政府及其教育主管部门的领导,对职业教育都非常重视。《国家教育事业发展"十一五"规划纲要》特别强调要大力发展职业教育,加强人力资源的开发,提高劳动力整体素质。① 可以说,我国职业教育发展,进入了非常好的时期。

(一)我国职业教育改革发展现状

2006年,全国中等职业学校(包括普通中专、职业高中、技工学校和成人中专)共有14 693所,比2005年增加227所;招生747.82万人,比2005年增加92.16万人;在校生1 809.89万人,比2005年增加209.85万人。②

2007年6月11日,教育部、财政部在北京召开贯彻落实中等职业教育国家助学政策座谈会,教育部部长周济提出,2007年中等职业教育招生规模再扩大50万人,总规模要达到800万人。2006年高职(专科)院校1 147所。

我国职业教育发展现状归纳如下。

---

① 刘尧. 我国职业技术教育的现状、问题与对策[J]. 职业技术教育,2008(19):12 – 16.
② 教育部. 2006年全国教育事业发展统计公报[N]中国教育报,2007 – 06 – 08(2).

1. 进一步确立了职业教育的战略重点地位

发展职业教育对于走新型工业化道路,推进产业结构调整和经济增长方式转变,加快发展制造业和现代服务业,建设社会主义新农村,促进就业和再就业,建设社会主义和谐社会至关重要。2004 年,教育部等印发了《关于进一步加强职业教育工作的若干意见》,对推进职业教育在新形势下快速、持续、健康发展提出了一系列政策措施。2005 年 11 月,国务院再次召开全国职业教育工作会议,会前印发的《国务院关于大力发展职业教育的决定》明确提出,要把发展职业教育作为经济社会发展的重要基础和教育工作的战略重点,进一步明确了"十一五"期间走有中国特色职业教育发展道路的目标任务和政策措施,使我国职业教育发展进入了新的战略机遇期。

2. 中等职业教育规模持续增长

由于多方面的原因,我国中等职业教育发展在经历了政策调整期间(1999 年—2001 年)出现的低谷之后,从 2002 年国务院召开第一次全国职业教育工作会议后,基本上扭转了招生呈现负增长的局面。2001 年全国中等职业学校招生 398 万人,2002 年招生 433 万人,至 2003 年达到 515 万人,比 2001 年增长 29.4%。到 2006 年,我国有中等职业学校 14 668 所,比 2005 年增加 202 所,中等职业教育招生 731.4 万人,比 2005 年增加 75.8 万人,增长 11.6%,中等职业教育招生占高中阶段招生总数的比例为 45.6%,比 2005 年提高 2.9 个百分点,在校生达到 1 764.4 万人,比 2005 年增加 164 万多人,连续三年来的增幅都超过了 10%。2006 年,中等职业教育在校生占高中阶段教育在校生的比例达到 41.1%,比 2005 年提高 1.4 个百分点。①

3. 中高等职业教育相互衔接的"立交桥"初步形成

随着 1999 年高等教育扩招政策的实施,我国高等职业教育的规模迅速

---

① 教育部.2006 年全国教育事业发展统计公报[N].中国教育报,2007 – 06 – 08(2).

增长。其中独立设置的高等职业院校早在 2003 年已达 908 所,占全国普通高等学校总数的 58.5%,基本形成了每个地市至少设有一所高等职业院校的格局。2005 年,全国高职院校招生 268 万人,占普通高校招生数的53.14%。高等职业教育的快速发展,在一定程度上满足了经济增长对较高层次技术应用型人才的需要,也为中等职业学校毕业生开辟了通过继续升学成长为高技能人才的途径,从而初步形成了中等与高等职业教育相互衔接的"立交桥"。各种形式的城乡职业培训广泛开展,规模不断扩大,初步形成了适应社会主义市场经济体制,与市场需求和劳动就业紧密结合,学历教育与培训并举,中高职衔接,有中国特色的灵活开放的职业教育体系。

4. 职业教育改革发展的思路更加清晰①

经过 20 多年的探索,我国职业教育改革发展的思路日益清晰。《国务院关于大力发展职业教育的决定》明确提出:"推进职业教育办学思想的转变。坚持'以服务为宗旨、以就业为导向'的职业教育办学方针,积极推动职业教育从计划培养向市场驱动转变,从政府直接管理向宏观引导转变,从传统的升学导向向就业导向转变。促进职业教育教学与生产实践、技术推广、社会服务紧密结合,推动职业院校更好地面向社会、面向市场办学。"这一职业教育的办学思路,已逐步成为各级政府和全社会的共识,并引导着我国职业教育不断深化改革,在服务中求支持,在改革中求发展。

5. 职业教育服务经济社会发展的能力增强

职业教育承担着为社会主义现代化培养数以亿计的高素质劳动者和数以千万计的高技能专门人才的任务。从服务经济社会发展出发,职业学校坚持面向社会、面向市场办学,全面实施素质教育,进一步加强德育工作,突出以诚信、敬业为重点的职业道德教育,高度重视学生实践能力培养,学生的职业意识、职业技能和就业创业能力明显增强。中等职业学校

---

① 教育部. 当前中国职业教育改革发展情况介绍[DB/OL]. http://www. moe. gov. cn/edoas,2006 – 08 – 16.

毕业生保持了较高的就业率,近几年始终保持在 95% 以上,高等职业教育毕业生就业率也逐步回升,2003 年已达到 70% 以上,职业教育质量和效益得到显著提高。在过去的"十五"期间,职业教育为社会培养了大批高素质劳动者,职业学校共向社会输送了 2 600 多万名毕业生,培训城乡劳动者 4 亿多人次,有效地提高了劳动者的素质,改善了劳动力的技术结构。

6. 职业教育管理体制进一步完善①

经过 20 多年的努力,我国初步形成了"政府主导、依靠企业、充分发挥行业作用、社会力量积极参与,公办与民办共同发展"的多元办学格局,和"国务院领导下,分级管理、地方为主、政府统筹、社会参与"的管理体制。早在 2004 年 6 月,经国务院批准,教育部、国家发改委、财政部、人事部、劳动保障部、农业部、国务院扶贫办等建立了职业教育工作部际联席会议制度。目前,全国多数地方都建立了省级职业教育工作部门联席会议制度。这一制度的建立,强化了政府对职业教育的统筹领导,促进了政府有关部门对职业教育工作的沟通与协调。这是我国职业教育发展史上的一个重要的体制创新,对我国职业教育的改革发展具有重要意义。同时,与社会主义市场经济体制相适应的招生、毕业生就业制度也基本建立。

7. 职业教育投入不断加大②

"十五"期间,中央财政对职业教育的投入力度不断加大,职业教育专项经费逐年增加,国债资金开始用于职业教育。财政部支持的"示范性职业院校建设项目"和"职业教育实训基地建设项目"累计安排资金 11 亿多元。国家发改委支持的"国债西部地区中等职业学校建设项目"和"县级职教中心建设项目"等项目,累计安排资金 18 亿多元。这些项目直接支持了近 1 500 所职业学校,大大增强了职业教育的基础能力。温家宝总理在 2005 年全国职业教育工作会议的讲话中指出,国务院已决定,"十一五"期间中央财政对

---

① 教育部. 当前中国职业教育改革发展情况介绍[DB/OL]. http://www.moe.gov.cn/edoas, 2006 – 08 – 16.

② 同上。

职业教育投入 100 亿元,重点用于支持职业教育实训基地建设,充实教学设备,资助贫困家庭学生接受职业教育。在中央的示范带动下,各地也纷纷加大财政对职业教育的投入,有力地支持了职业教育的改革发展。

8. 职业学校布局结构趋于合理

为适应经济结构调整和教育资源整合的需要,各地职业学校布局结构调整力度不断加大。通过布局结构的调整,使原来比较分散的职业教育资源得以重新优化,同时也促进了骨干示范性职业学校的建设工作。早在 2003 年,全国已建成 3 000 多所省级以上骨干示范性职业学校,其中 2 000 人以上规模的达 2 000 多所,在校生占整个中等职业学校在校生总数的 40% 左右,起到了主力军的作用。2006 年高职(专科)院校已经达到 1 147 所,遍布全国各个地市,发达地市已拥有多所高等职业学校,欠发达地市也至少拥有 1 所,基本形成了高等职业学校合理分布的格局。

(二) 我国职业教育改革发展面临的主要问题

改革开放以来,我国职业教育初步建立具有中国特色的中高等相衔接的职业教育体系,取得了很大的成绩。但改革发展的任务依然十分艰巨,要实现全国职业教育工作会议提出的目标任务,还面临以下的主要问题。

1. 职业教育思想观念的偏差

由于"劳心者治人,劳力者治于人"、"学而优则仕"等传统观念的影响,以及社会对职业教育宣传力度不够,长期以来,各级领导、职业学校以及群众存在鄙视职业教育的观念,突出表现为:重普教、轻职教,把职业教育看作"二流教育",而且随着高等教育大众化时代的到来,这种认识有日益严重的趋势。各级领导特别是农村的县、乡领导,认为发展职业教育周期长、见效慢、难度大,往往对职业教育没有给予足够的重视和支持。由于领导重视不够,职业学校发展往往缺乏资金支持。因此,温家宝总理在

2003 年全国农村教育工会议上强调：要彻底转变鄙薄职业教育的传统观念，使农村职业教育在今后几年有一个较大发展。

2. 职业教育与行业的脱节问题

职业教育是以就业为导向的，但当今的职业教育与行业需求脱节的现象依然严重。这里涉及职业教育的定位问题，职业学校是以自我为主，还是以行业的用人标准为主？在学校标准与行业标准发生冲突时，如何调整？这些问题没有很好解决，职业教育培养的毕业生难以尽快适应行业的要求。另外，我国相当一部分职业学校过于注重理论知识的传播，忽视职业技能的培训，没有紧密围绕经济结构调整，依据市场开设专业，导致了职业教育不适应社会的实际需求。尤其是农村职业学校没有研究市场，与农村对人才的实际需求脱节，教学内容与农村经济社会发展不适应，很难满足新农村产业结构调整和农村富余劳动力转移的要求。

3. 职业教育投入严重不足

地方政府对大力发展职业教育相关政策落实不力，比较突出的表现是对财政投入政策的落实不力。

一是财政性教育经费中的职业教育投入比例偏低，从 1996 年的高于 11% 到 2005 年的不足 6% ，呈连年下降的趋势。

二是中等职业学校的财政预算内拨款数额少。

三是高等职业学校的财政性经费明显偏少，与其占高等教育半壁江山的地位很不相称。

这些指标实际上反映了地方政府对职业教育的重视不够。[1]

此外，农村职业教育投入严重不足，甚至许多农村职业学校仅能维持日常运转，无法进行基础设施建设。为了维持自我发展，农村职业学校采取教职工集资、建筑商垫资的方法建立校舍，导致债台高筑。

---

[1] 马树超. 加快发展职业教育的形势与对策[N]. 光明日报，2007 - 04 - 21(3).

4. 职业教育区域发展不平衡

中国幅员辽阔,区域经济发展的不平衡,在职业教育发展上也有明显的反映,主要表现在经济发达地区和经济欠发达地区职业教育发展的不平衡,以及农村和西部地区职业教育发展缓慢和滞后上。农村和西部地区的职业学校跟城市和东部地区的职业学校相比,办学条件方面还存在很大差距。2003 年,全国平均每万人拥有中等职业学校在校生为 97 人。按照东部、中部、西部地区测算,东部地区为 119 人,中部为 105 人,西部为 74 人。东部地区职业教育发展力度最大,而西部地区则表现为发展力度不足。西部省区高中教育水平偏低,而中等职业教育比例更低,这既有经济发展因素、社会观念因素,也有政府宏观调控方面的原因。

5. 职业教育管理体制不适应职业教育发展的要求

目前我国职业学校学历教育仍然由教育部门和劳动保障部门分别主管、规划,容易出现管理分散、政策不一、办学重复、资源浪费等问题。学历教育与职业资格证书考核分属于教育部门和劳动部门,劳动部门严格依照职业资格证书要求来确定学历标准,而教育部门则认为劳动部门的证书标准滞后于行业、企业的实际发展,这种体制性障碍造成学校教学内容与相关职业资格标准要求脱节。在教育部门内部,由于中等职业教育和高等职业教育也分属两个部门主管,同样存在规划和管理不协调的问题。特别是在强调中高等职业教育相互衔接培养高技能人才的情况下,两个阶段教育的课程内容难以衔接,层次和内容上区别不明显。

6. 师资队伍难以适应发展要求①

首先,师资数量不足。2003 年,全国中等职业教育的生师比已达到19∶1,比普通高中的18.4∶1 还高。按照生师比15∶1 测算,仅中专学校、职

_____

① 马树超.“十一五”期间我国职业教育改革与发展面临的主要问题[DB/OL]. http://www.dljjmyxx.com,2006 – 05 – 02.

业高中与成人中专学校教师缺额就达 14.9 万人。如果按照 2007 年中等职业学校在校生为 2 100 万人计算,生师比按照 2003 年的水平,则缺额超过 40 万人;生师比按 15∶1 计算,缺额超过 60 万人。其次,学历达标教师数量更为短缺。2003 年,全国中等职业学校(不包括技工学校)共有专任教师 56 万人,专任教师学历合格率为 66.5%,明显低于普通中小学专任教师学历合格率(普通高中 75.7%,初中为 92.0%,小学为 97.9%)。最后,双师型教师缺乏。2003 年,全国中等职业教育(不包括技工学校和成人高中)共有专业课、实习指导课专任教师 27.3 万人,其中双师型教师 5.41 万人,占专任教师比例仅为 19.8%。

7. 职业教育结构不合理①

首先,中高等职业教育的比例出现失衡倾向。2003 年,我国中等职业学校招生总量为 515.8 万人,全日制高职高专院校招生 199.6 万人,中高职之比为 2.6∶1。如果加上非全日制高职高专教育招生数,高职高专教育招生数高达 421.9 万,中等职业教育与高等职业教育之比为 1.22∶1,中等和高等职业教育结构比出现失衡的趋势。中等职业教育发展不足,也从一定程度上反映了高职高专教育的发展速度过快。其次,职业教育的专业结构设置不合理。2003 年,我国中等职业学校(不含技工学校)毕业生为 301.1 万人,毕业生最多的是信息技术类,有 69.4 万人,占中等职业学校毕业生总人数的 23.05%。2003 年,高职高专院校招生 199.6 万人,其中工科类 64.7 万,占招生总数的 32.41%,而与第三产业相关的专业招生 130.9 万人,占 65% 左右。高职高专院校工科类专业学生数偏少,难以满足今后几年社会经济发展对高技能人才的需要。

8. 职业学校培训功能尚未得到充分发挥②

职业学校培训功能尚未得到充分发挥,全国职业学校承担非学历培训

---

① 马树超.“十一五”期间我国职业教育改革与发展面临的主要问题[DB/OL]. http://www. dljjmyxx.com,2006 – 05 – 02.

② 同上。

的数量不足。2003 年,全国参加非学历培训的人员数量达到 7 242.1 万人,其中有 6 677.5 万人是由社会职业技术培训机构培训的,由中等职业学校培训的仅有 564.6 万人(其中还包括 297 万名学历教育注册学生参加的考证培训),占接受培训人员总量的 7.8%。根据教育部《农村劳动力转移培训计划》,"十一五"期间要对拟向非农产业和城镇转移的 5 000 万农村劳动力开展转移就业前的引导性培训,对其中的 3 000 万人开展职业技能培训,对已进入非农产业就业的 2 亿多农民工开展岗位培训。而教育部对广大职业学校"在农村劳动力转移培训工作中承担主要任务"的要求还需要进一步落实,职业学校在承担非学历培训上的资源优势和潜力尚未充分体现出来。

(三) 我国职业教育改革发展的对策

我国职业教育改革发展的指导思想和发展目标是:以邓小平理论和"三个代表"重要思想为指导,全面落实科学发展观,认真贯彻落实《国务院关于大力发展职业教育的决定》和全国职业教育工作会议精神,坚持以服务为宗旨、以就业为导向,深化教育教学改革,大力推进体制机制创新,加强基础能力建设,进一步扩大招生规模,全面提高办学水平和质量,努力为建设创新型国家、建设社会主义新农村、建设社会主义和谐社会作出新的贡献。

为此,可以选择以下策略。

1. 转变思想观念,把发展职业教育放在突出的战略位置

改革开放以来,我国经济建设和各项社会事业进入了全面发展的新时期,人才短缺、劳动者素质低下成为制约经济发展的一个突出因素。要改变这种状况,就必须从教育入手,特别要突出抓好职业教育,培养出成千上万有文化、懂技术、会管理的新型高素质劳动者。为使职业教育在 21 世纪有良好的发展,我们必须转变思想观念,切实把发展职业教育放在战略

位置。

第一,各级政府领导干部,要认真学习、领会党中央、国务院关于大力发展职业教育的方针、政策,充分认识发展职业教育对提高劳动者素质,实现社会主义建设宏伟目标的重要意义。

第二,各级政府要认识发展职业教育的重要性,克服就经济工作抓经济、忽视和轻视职业教育的思想观念。

第三,要通过各种渠道和媒体广泛宣传,从而在社会上形成大力发展职业教育的共识。

第四,各级职业教育机构要牢固树立职业教育为经济建设服务的思想,主动为经济建设服务,树立正确的人才观,促进学生的全面发展与区域经济的协调发展。

2. 深化职业教育办学体制改革,增强职业教育的办学活力

按照《职业教育法》的规定,认真落实各方面兴办职业教育的职责和义务,通过改革现有职业教育办学体制,依靠企业、行业作用,建立鼓励社会力量参与、公办民办职业学校共同发展、职业教育集团化发展的教育体制,合理配置职业教育资源,充分调动社会各方面的积极性,形成办学主体多元化的格局。

第一,地方政府要把发展职业教育纳入本地经济和社会发展规划,举办骨干和示范性职业学校,并对社会各方面力量兴办的职业教育给予指导和扶持。

第二,政府主管部门、行业组织要根据行业发展需要举办职业教育。

第三,积极鼓励事业组织、社会团体、其他社会组织、境外组织和个人依照我国法律及有关规定,兴办、支持和赞助职业教育。

第四,对于民办职业教育,应积极鼓励,正确引导,并采取有力的政策予以扶持。

3. 改革职业教育管理体制,调动各方面的办学积极性

《职业教育法》规定,国务院教育行政部门负责职业教育的统筹规划、

综合协调、宏观管理,劳动和其他有关部门负责在国务院规定的范围内,具体负责各自分管的职业教育工作。各级政府各部门之间既有明确分工,又要加强协作,以保证职业教育各项政策的统一协调。

第一,加强各级地方政府对职业教育的领导和统筹协调。在国家方针、政策指导下,由地方政府制定本地职业教育发展规划及相关政策,统筹各方面力量办学,统筹配置教育资源,统筹安排就业、招生等工作。

第二,各部门和行业组织除管理所属职业学校和职业培训机构进行组织、协调和业务指导外,还要积极参与各专业教学计划、大纲的制定,在实习、实验、教师进修、设备配置、职业标准制定等方面给予指导和帮助。

第三,职业学校和职业培训机构要依法开展教学和培训等各项活动。职业学校要加强教职工的民主监督,逐步建立健全各项管理制度,使学校管理走向规范化、制度化。

4. 加强职业道德建设,深化教学改革,提高办学质量[①]

提高职业学校办学质量的核心问题,就是要探索职业教育的办学规律,加强职业道德建设,培养学生良好的敬业精神和创业能力。职业学校决不能照搬普通学校的模式,而要以提高受教育者岗位适应能力为主要目标,全面提高教育教学质量和办学效益。

第一,职业学校要全面贯彻中共中央《关于进一步加强和改进学校德育工作的若干意见》,认真对学生进行思想政治和品德教育,结合不同专业、工种的实际,细化职业道德教育的内容,形成可操作的方案,并尽可能地拓宽职业道德教育的方法、途径,努力提高职业道德教育工作实效。

第二,职业学校必须坚持为地方经济、行业发展和社会进步服务。按照职业教育的特点和规律深化教学领域的改革,要根据社会需要及时调整专业设置和方向,使人才适销对路;要调整教学内容,加强实践教学环节和动手能力的培养;学习、借鉴外国的职业教育先进经验,认真总结自己的经验,探索有中国特色的职业教育发展之路。

---

① 杨刚. 推动我国职业教育改革与发展的对策思考[J]. 教育与职业,2004(36):65-67.

5. 加强职业教育统筹协调,推进城乡区域职业教育均衡发展[①]

各地区要加强统筹协调,积极开展城市对农村、东部对西部职业教育的对口支援工作,把职业教育对口支援工作与农村劳动力转移、教育扶贫、促进就业紧密结合起来。推进职业教育均衡发展,是构建社会主义和谐社会的客观要求。教育涉及人民群众的切身利益和社会发展的各个方面,历来被看作是人们发展提高、缩小社会差别的重要手段。保障东西部和城乡居民享有接受良好职业教育的机会,对构建社会主义和谐社会具有重要意义。

第一,要充分利用东部地区和城市优质职业教育资源和就业市场,进一步推进东西部、城乡之间职业学校的合作办学。东部地区和城市的教育部门要高度重视,积极鼓励职业学校与西部和农村的职业学校合作办学。

第二,实行更加灵活的学制,有条件的职业学校可以采取分阶段、分地区的办学模式,前1年至前2年学生在西部地区和农村学习,其余时间在东部地区和城市学习。

第三,要继续实施农科教结合和"三教统筹",大力推进科教兴农,把农业技术推广、科技开发和教育培训紧密结合起来,共同促进农村和农业的现代化。

6. 依法保障发展职业教育的经费支出,提升职业教育的整体能力[②]

《职业教育法》明确规定了多渠道筹集职业教育资金的原则,规定了多项筹集的途径,这就需要各级地方政府制订具体办法逐一落实。

因此,我国职业教育发展只能进一步加强政府主导和资助,各级政府要依据《职业教育法》,加大对职业教育的投入,改善职业学校、培训机构

---

① 周济.以科学发展观为指导,实现中等职业教育快速健康发展[DB/OL].教育部网站,2005－04－22.

② 佚名.当前中国职业教育改革发展情况介绍[DB/OL].http://www.edu.cn/fa_zhan_283,2006－08－16.

的办学条件。

第一，"十一五"期间，中央财政安排100亿元用于加强职业教育基础能力建设。在中央财政的引导和带动下，各级地方财政也加大了对职业教育的投入力度。

第二，提升职业教育的整体能力，各地要做好教育部等部委关于"县级职教中心建设计划"、"高水平示范性中等职业学校建设计划"、"职业教育实训基地建设计划"、"高水平示范性高等职业院校建设计划"和"职业院校师资素质提高计划"等的实施工作。

第三，做好中等职业教育贫困家庭学生助学工作。各地要安排好中央财政"十一五"期间每年安排8亿元专项用于资助贫困家庭学生接受中等职业教育和"十一五"期间各地财政安排近120亿元，资助中等职业学校贫困家庭学生950多万人的工作。

7. 加强师资队伍建设，造就"双师型"师资队伍

职业教育培养的是生产、管理、服务第一线的中高级专门人才，一半以上的教学内容要在工厂、企业等职业现场进行教学。这就要求教师不仅要具有渊博的理论知识，而且要有丰富的实践经验。

因此，各地要切实按照《教师法》、《教师资格条例》和《职业教育法》的有关要求，加强师资队伍建设，把造就"双师型"师资队伍作为职业学校师资队伍建设的重要任务。

何谓"双师型"职教师资？

可以概括为"一全"、"二师"、"三能"、"四证"。

"一全"是指具有全面的职业素质，如科学人文素质、专业理论素质、专业技能素质、教师道德素质以及良好的身心素质。

"二师"是指既能从事文化课或专业理论课教学，又能从事实践技能教学而指导。

"三能"是指具有全面的能力素质，能进行专业理论课或文化课的教育教学能力、能进行专业技能训练指导的能力、能进行科学研究和课程开发建设的能力。

"四证"是指具有学历证书、技术（技能）等级证书、教师资格证书、继续教育证书。①

政府和职业学校都要注重"双师型"教师的培训。

对于专业课教师，要通过实践技能培训使其成为"双师型"教师；对于实践课的教师，要通过教育学、教学法及专业理论知识的学习和培训使其成为"双师型"教师。

8. 发展农村职业教育，为新农村建设服务

社会主义新农村建设的主体是农民，出发点和落脚点是农民的全面发展，新型农民的培育离不开农村教育，特别是农村职业教育。

建设社会主义新农村，培养造就新型农民，必须充分发挥各类教育尤其是农村职业教育的作用。

第一，更新农村职业教育发展观念。政府部门要改变"重城市、轻农村；重普教、轻职教"的思想，把农村职业教育作为解决"三农"问题的根本出路。农村职业学校要转变办学指导思想，积极创新办学模式，从学历教育转变到学历教育与短期职业培训并重，以短期培训为主。

第二，构建多层次的农村职业教育体系。农村职业教育要面向市场，建立结构合理、灵活开放、特色鲜明、自主发展的体系，要与劳动就业紧密结合，提高劳动者素质和技能，为促进就业和再就业服务。

第三，加大政府统筹力度，为农村职业教育发展创造良好的环境。地方政府应加大对农村职业教育的财政投入，积极探索多渠道筹集职教经费的长效机制。

第四，建立城乡职业教育合作机制。发展农村职业教育，必须统筹城乡教育资源，要充分利用城市优质职教资源，建立城乡职业教育合作机制。

---

① 贺文瑾,石伟平.我国职业教育师资队伍专业化建设的问题与对策[J].教育发展研究,2005(10):16 – 19.

二、国际职业教育改革趋势及其启示

职业教育在西方发达国家很受重视,被西方一些人喻为"使社会走向博雅的杠杆"。西方发达国家一般认为,职业教育能使国家的资源利用者、开发者、管理者的技能不断更新,能使整个社会的技术含量、智能含量和精神价值含量不断提升,能使一个国家的整体民族素质不断提高。因此,西方发达国家职业教育在不断更新理念中发展壮大,引领着国际职业教育的发展潮流。①

(一) 国际职业教育改革新理念

1. 职业教育是终身教育的组成部分,是联系社会和基础教育的系统工程

发达国家没有把职业教育仅仅看成一种单一的职业培训,而是把它当成联系社会和基础教育的综合性系统工程去不断构建。因此,发达国家的职教师资不仅仅是知识和技能的传授者,而且更重要的职责是社会的道德楷模、社会经验搜集者和时代特征的探索者。他们以社会和时代的需要为己任,把职业教育构筑在全民族素质提高和职业技能的普及上。按照终身教育的思想,职业教育不仅要传授职业的知识、技能以及从事某种职业所具备的特殊态度、行为和特征,而且要继续发展所有在基础教育中已经形

---

① 刘尧. 国际职业教育改革趋势及其对我国的启示[J]. 职教论坛,2008(5):53-56.

成的、为社会所认同的优良个性特征。同时,职业教育也是对基础教育所学到的内容的继续和深化。总之,职业教育过程是将普通教育的继续与专门教育的传授,以及为继续教育奠定基础紧密联系在一起的整体教育过程。

2. 职业教育的主体是受培训者,培训以人文精神为先[1]

发达国家把受培训者看作是职业教育的主体,因为职业教育是要把被培训者培养成才,所以被培训者素质的提高是职业教育的出发点和目的所在。发达国家职业教育过程是培训者与被培训者互动的过程,而不是单方面的培训者对被培训者的硬性的灌输过程。因此,被培训者的需求成为职业教育的主导内容,培训者的知识结构要随着被培训者的需求而设定。被培训者的需求除技能之外,更多的是包括精神需求在内的综合素质提高。从这个角度上讲,职业教育不仅仅是为了技能而教育,更重要的是通过健康的人文精神的培养,使被培训者树立敬业态度和社会责任感,增强精益求精的工作理念和坚韧不拔、知难而进的勃勃向上的精神,使被培训者在技能培训上更易超越常人,更易在自身的职业中作出出色的业绩和贡献。

3. 确立大职业教育观念,开展全民职业教育

大职业教育观念包括职业教育、技术教育与培训在内,他们都是职业教育的一部分,并且要把中等、高等及成人职业教育相结合,开展全民职业教育。全民职业教育就是职业教育的学制和课程要灵活多样,并且要开展职业咨询与职业指导,以使全体社会公民都能根据自身需要接受职业教育。尤其要使失业者和各种处境不利的群体(包括妇女、儿童、早期辍学者、残疾人、农村贫民以及战争冲突结束后的流离失所者和复员军人)都有机会接受正规或非正规的职业教育。开展全民职业教育可以使所有人在不同程度上都能获得生存和发展的能力,从而促进国家社会和经济的发

---

[1]　江伟. 发达国家职业教育的新理念[EB/OL]. http://www.edu.cn/zong_he_293/,2006 – 03 – 23.

展,减少失业人数,增强社会凝聚力,保证社会安定。

4. 政府及其他权益者要促进职业教育的持续发展[1]

随着全球经济的变化、科学技术的不断发展和劳动力市场的不断变化,以及终身职业教育的实施,职业教育的提供者和权益者必须重新定位自己在职业教育中的位置。各国政府在职业教育中要继续承担首要责任外(这种责任包括制定政策、提供经费、协调关系、制定标准等),还要求所有职业教育的权益者不仅要做好过去自己"权限"范围内的事情,而且也要关心职业教育所有的宏观和微观问题。政府与其他权益者之间要合作促进职业教育适应劳动力市场的需求,以发展需求拉动职业教育的持续发展。

(二) 国际职业教育改革新趋势

关于职业教育何去何从的问题,发达国家普遍采取的对策是积极进行改革,使其适应经济和社会发展的需求以及劳动力市场的变化。尽管西方发达国家职业教育的管理体制多种多样,很难简单地描述发达国家职业教育改革的趋势。然而,可以通过一些共同的或相似的政策策略,归纳出改革的新趋势。

1. 职业教育与普通教育的综合化[2]

西方主要发达国家纷纷采取多种举措,使职业教育与普通教育相互沟通、互相渗透、取长补短。在美国,由于没有单独的职业教育体系,职业教育和普通教育课程被结合成综合课程向学生提供。在欧洲,由于经济危机

---

① 黄尧,刘京辉. 国际职业教育发展趋势 [EB/OL]. http://www. edu. cn/zong_he _293/2006 - 03 - 23.

② 吴雪萍. 发达国家职业教育发展趋势及其启示 [DB/OL]. http://www. edu. cn/2006 - 03 - 23.

和失业的威胁,人们意识到有必要使青年在接受普通教育的同时,熟悉技术学习和职业要求。法国于 1985 年、英国于 1986 年、荷兰于 1989 年、西班牙于 1990 年,从义务教育阶段开始就引入了技术教育课程。在英国的义务教育和高中教育中,职业培训单元作为学生的选修课程。瑞典和意大利的高中改革也正朝同样的方向发展。在德国,获得中学毕业证书的学生中,有 15% ~20% 的学生转而接受双元制职业教育。与此同时,有相当数量的学生在完成了职业学习后,进入学术性的完全中学学习。在日本,20世纪 80 年代以后,设立职业高中,在专业设置上打破传统的专业划分,开设诸如人文学科群、自然学科群、国际合作群、电子机械群等一系列适应时代发展的崭新的综合学科,供学生选修,消除普通教育和专业教育的严格界限,并积极开展职业高中和普通高中的合作教育等。

2. 课程体系整体性与课程设置通识性[①]

在发达国家职业教育体系中,均设有由工商界人士和教育界人士共同参与的课程开发委员会。该委员会主要负责开发、审核和评价所有专业课程的实施情况。发达国家职业教育课程的开发不只是针对某一阶段或特定阶段的学习者,而是面向所有从业人员的任何阶段。在专业和课程的取舍或更新方面,均严格按照职业群集或行业、企业的特点与需要来确定,并根据社会变革对人的知识、技能以及品质的要求,为不同层次的学习者提供更为灵活的职业教育服务。另外,课程设置体现通识性。西方发达国家职业教育课程设置的重要目标,是学生个性的全面发展和综合素质的提高。在日本高等职业学校里的教养课程的总学分比专业课程学分多,且涉及范围非常广泛,涉及政治、经济、文化等各个领域。1992 年,英国全国职业资格委员会就出台了普通国家职业资格(GNVQ)课程,该课程不是为了培养某个具体专业领域内的职业能力,而是培养广泛的职业或专业都需要的一般技能、知识和理解力。美国、瑞典等国家在职业教育课程设置方面,十分注重增强课程的弹性,表现为广泛增设选修课。

---

① 薛颖. 发达国家职业教育改革特点[J]. 上海教育,2006(7B):26 - 28.

3. 职业教育终身化与高移化①

为了增强劳动力的持续发展能力,发达国家纷纷制定了实施终身职业教育的政策,把职业教育作为终身教育的一个重要组成部分,用全民继续学习和培训的模式取代集中于一段有限时间学习和培训的模式,提出职业教育要面向持续发展。20世纪70年代至80年代,发达国家的职业教育主要关注14岁至18岁青年,从义务教育阶段向劳动生活阶段的过渡。进入90年代后,职业教育扩展到对成人包括再就业者进行继续教育和培训。在西方发达国家,随着职业教育的终身化,专业分化上移的趋势开始出现。职业教育从高中阶段推移到高中后阶段,高等职业教育得到迅速发展。在美国,进入20世纪70年代以来,随着科学技术的进一步发展,美国对各种专业人才的需求急为迫切。为满足青年人升入中学后的职业教育,大面积开办社区学院。社区学院提供的高中后职业教育在美国具有举足轻重的地位。在德国,1995年大约只有三分之一的培训学生毕业于5年制的职业学校,有15%的学生毕业于9年制的完全中学。在日本,随着中等职业教育多渠道、多途径的广泛发展,其重点逐渐转向中等以后的教育阶段。日本职业教育就是通过专修学校、高等专科学校、短期大学等三种形式向前发展的。

4. 职业教育的法制化②

美国早在19世纪60年代,就颁布了历史上的第一部职业教育法案——《莫雷尔赠地法案》,首次认可了职业教育的社会地位与作用,并使之正式成为国民教育的重要组成部分;随后又通过了《国防职业教育法案》、《职业教育法》等。1982年美国联邦政府根据国内产业结构急剧调整,亟需大力推进劳动力再培训的社会现实,制订并颁布了《职业培训合作法》。德国早在1869年政府就颁布了《强迫职业补习教育法》,1889年又颁布了《工业法典》,以法律的条文规定企业培训必须与职业教育结合。

---

① 吴雪萍. 发达国家职业教育发展趋势及其启示[DB/OL]. http://www.edu.cn/2006 - 03 - 23.

② 同上。

1969 年颁布的《职业教育法》,正式把职业教育作为国家教育制度确定下来,是西方国家中比较严密和详细的职业教育法规。1981 年制订了《职业教育促进法》,对双元制职业教育作了进一步修订,以提高职业教育立法的适应性。日本政府在 1983 年对原《产业教育振兴法》作了适应性修订;1985 年日本政府在 1969 年、1978 年先后两次对《职业训练法》作出较大修改基础上,进一步将其修订命名为《职业能力开发促进法》。英国、法国等也致力于加强职业教育法规建设,而在最近一二十年内先后颁布了一系列职业教育立法和规程。西方发达国家这一系列职业教育的法规、法令,对职业教育的体制、经费、地位、形式都作了详尽而明确的规定,使职业教育的实施有法可依,有章可循。

5. 职业教育师资队伍"双师"化①

丹麦职业教育的教师首先应是熟练工人,或是完成了第三级教育,具备一定的专业技能和实际工作经历,才能够参加教师培训课程,考取教师资格证书。美国职业教育的教师必须是大学本科或硕士研究生毕业,并经过教育学院和实践环节的专业培训之后,才能成为职业学校的教师。同时,美国职业教育的教师每隔 2 年至 3 年要参加一次教师资格考核,并取得连续任教合格证书之后方可继续从事职业教育教学工作。澳大利亚职业教育的师资培养通常有两种途径:一方面通过高等院校培养高学历、高素质的专职职业教育师资;另一方面,从社会选聘专业技术人员,让他们接受师范教育而逐渐成为兼职的职业教育教师。德国职业教育的教师培养分为两个阶段:第一阶段是通过大学师范教育,并参加第一次国家考试,通过考试的人进入第二阶段的学习。第二阶段的学习为见习期,见习生一方面要参加大学里关于教育学、专业教学法等方面的研讨,还要到职业学校去实习。在完成第二阶段的学习后,还要参加第二次国家考试。两次考试都通过的人,才能获取教师资格证书。

---

① 薛颖. 发达国家职业教育改革特点[J]. 上海教育,2006(7B):26 – 28.

（三）国际职业教育改革对我国的启示

职业教育作为我国教育体系中与经济联系最为密切的部分,其改革发展应有国际的视野。从以上的国际职业教育改革新理念和新趋势中,我们至少可以得到以下几点启示:

1. 转变思想观念,把发展职业教育放在突出的战略位置

发展经济既需要科技创新人才,也需要能把科技成果应用于生产实际的应用型人才,还需要生产一线的技术工人。大批高素质劳动者的培养有赖于高质量的职业教育。改革开放以来,我国经济建设和各项社会事业进入了全面发展的新时期。在这一过程中,人才短缺、劳动者素质低下成为制约经济发展的一个突出因素,特别是农村经济的综合发展对人才的需求更加迫切。要改变这种状况,从根本上实现经济由粗放型向集约型转化,就必须从教育入手,特别要突出抓好职业教育,培养出成千上万有文化、懂技术、会管理的新型高素质劳动者。21 世纪,我国既需要发展知识密集型产业,也仍然需要发展各种劳动密集型产业。为使职业教育在 21 世纪有一个大的发展,在认识上我们必须有一个大转变,切实把发展职业教育放在战略位置。

2. 加强普通教育与职业教育的融合,实行职业资格证书和学历证书并举的制度

目前我国职业教育注重理论知识的教学,忽视学生实践技能的培养。加强普通教育与职业教育的融合主要应在理论课中加强实践环节,在技能训练中加强理论教师与生产实习指导教师的合作,追求理论与实践的更好结合。我国要建立以能力为本位的职业教育课程体系,设定好课程相互之间的分工和配合,充分体现培养目标、学科性质和专业特点,保持课程设置和课程内容的系统性,以利于形成合理的知识、能力、素质结构。还要重视

"学校本位课程"的开发和实施,着力于专业理论课和专业技术课的课程选择、课程改编、课程整合、课程补充、课程拓展和课程创新。另外,各类职业学校、培训机构应积极开设职业资格证书课程,提高职业资格证书在劳动力市场和劳动管理中的地位和作用。通过学术与职业教育的融合,提高职业教育质量和职业资格证书的含金量。高等职业学校要大力培养我国急需的、掌握高新技术的高素质的双证书一体化高级职业人才,创出我国发展高等职业教育的新路子。

3. 重视开放式终身职业教育体系的建设①

1999 年召开的第二届国际技术和职业教育大会的主题就是"终身学习与培训:通向未来的桥梁",大会建议各国要改进提供终身教育和培训的系统,制定灵活的终身职业教育政策。因此,在终身教育基础比较薄弱的中国,要建立开放灵活的终身职业教育体系,使所有从业人员都成为终身学习者,都有不断接受培训、更新知识和技能的机会。现阶段,职业教育终身化在我国主要表现为,在大力发展中等职业教育的同时,高等职业教育得到迅速发展。为了真正实现高等职业教育的培养目标,促进职业教育向终身化方向发展,我国要积极建立高等职业教育与普通高等教育以及职业教育自身各层次之间的科学合理的课程衔接、学制转换及学习成绩评价认可机制,构建一个开放性的终身职业教育体系,形成各级各类职业教育人才培养的"立交桥"。另外,高等职业教育应发挥自身相对于普通高等教育与中等职业教育,在操作水平高、上岗适应快以及理论知识基础厚等方面形成优势,办出特色鲜明的高等职业教育。

4. 依照《职业教育法》,建立统一、协调的职业教育管理体制

《职业教育法》规定,国务院教育行政部门负责职业教育的统筹规划、综合协调、宏观管理,劳动和其他有关部门负责在国务院规定的范围内,具体负责各自分管的职业教育工作。各级政府及其教育、劳动、经济计划等

---

① 佚名.发达国家职业教育发展趋势及其启示[J].中国成人教育,2001(7):56-57.

部门对发展职业教育负有不可推卸的责任。各级政府各部门之间既有明确分工,更要加强协作,以保证职业教育各项政策的统一协调。我们必须清醒地看到,目前我国职业教育管理体制多头化,各类职业学校、培训中心归口不同,加上立法相对滞后,势必会制约职业教育发展的现实,应尽快打破部门界限,简化理顺关系,努力实行职业教育的统一领导,应尽快成立一个有权威、有实力、有统筹协调能力的管理机构,在该机构的统一领导下,认真地研究我国现行的专业技术资格标准,有效地实行"无训不上岗,无证不就业"的就业制度,推动职业教育协调发展。

5. 加强职教师资培训,造就"双师型"师资队伍

职业教育培养的是生产、管理、服务第一线的中高级专门人才,一半以上的教学内容要在工厂、企业等职业现场进行教学。这就要求教师不仅要具有渊博的理论知识,而且要有丰富的实践经验。

因此,加强职教师资培训,造就"双师型"师资队伍是职业学校师资队伍建设的重要任务。政府和学校都要注重职业学校"双师型"教师的培训。对于专业课教师,要通过实践技能培训使其成为"双师型"教师;对于实践课的教师,要通过教育学、教学法及专业理论知识的学习和培训使其成为"双师型"教师。

具体措施如下:

第一,重视立法,建立"双师型"教师职业资格制度,将"双师型"教师资纳入我国职业资格法的视阈,并根据高职与中职的不同来设置相应的认定标准体系。

第二,明确培养目标,构建与职教"双师型"教师特征相匹配的培训课程体系,不同专业与岗位应有相应的培养内容。

第三,继续加强职教"双师型"教师相关问题的研究。特别要加强理论研究,解决对"双师型"教师认识存在的问题,促进整个职业教育师资队伍的建设。

三、美国职业教育改革特点述评

　　美国职业教育创建于 1911 年,20 世纪 60 年代大体形成了由中等职业教育、高中后职业教育和高等职业教育构成的全国职业教育体系。其实施机构主要为综合高中、职业学校、地区性职业教育中心、社区学院和企业培训中心或学校(如摩托罗拉大学)等。其中,以社区学院为主进行的高中后和高等职业教育是美国职业教育的主要形式。20 世纪 80 年代以来,随着现代化大生产的发展,美国的产业结构不断变化,带来了从业人员的广泛流动和职业的频繁变换。因此,承担美国人力资源开发的职业学校,招生人数及规模日趋扩大。90 年代,美国职业教育已经由狭窄而过早专业化的单纯职业预备教育,逐渐转变到具有宽广基础的灵活应用的教育,以培养学生广泛的职业适应性,普教与职教融合并呈一体化发展趋势。[①]

(一)美国职业教育贯通教育始终,职教与普教融合衔接

　　1971 年,由美国联邦政府发起,在全国实施《职业前途教育》。职业前途教育不只是狭义的"职业教育"或"普通教育"或"大学预备教育"的代替物,而是将三者融合成一种全新的课程贯穿于整个教育体系中,要求每一个学生必须学习。它试图消除狭窄的职业教育与普通教育之间的鸿沟,强调教育与现实生活的联系。

　　1974 年,职业前途教育在美国广泛展开,主要是对不同年龄阶段的学

---

① 刘尧. 美国职业教育改革特点述评[J]. 世界教育信息,2007(9):17-21.

生实施相应的职业分段教育,从小学到中学 12 年内分三段进行:①1 年级
至 6 年级是"职业了解阶段"。美国把 2 万种不同职业归纳为 15 个职业系
列,从小学开始实施职业认识教育计划,使儿童通过活动树立起职业观念,
培养儿童的职业意识,扩大儿童对职业的了解。7 年级至 10 年级是"职业
探索阶段"。通过对农业、商业、通讯、建筑、家政、文艺、医药、旅游、制造
业、航海、销售与分配、私人服务、公用事业、运输业等门类的一般职业训
练,引导学生按自己兴趣和特长作尝试职业选择。11 年级至 12 年级是
"职业选择阶段"。集中学习所选择的一门职业课程,同时也学习语言、文
艺、社会科学和自然科学等基础课程,准备就业的学生以掌握职业技能为
主;准备进入中学后教育机构和四年制以上学院的学生把学术性课程与职
业性课程结合起来学习。

　　美国职业教育与普通教育融合衔接的具体做法是:职业学校招生对象
是最大范围的适龄公民,招生内容与中学衔接,强调能力、兴趣和个性。招
生方式是口试、笔试、推荐并举。社区学院录取所有居住在学院所在地区
的持有中学毕业证书的学生,或中学未毕业但通过了州中学最低水平测验
的学生,以及年龄在 18 岁以上的本地区的任何公民。中等职业教育在公
立中学实施,开设普通职业教育课和特别职业教育课。中学后高等职业教
育则以预备教育形式作为高等教育的一种,这就是社区学院。两年制的社
区学院学生毕业后,既可就业,又可升入对口大学继续深造。这样的做法,
有利于消除职业教育不正规,低人一等的传统观念,有利于职业教育与普
通教育的相互完善,也有利于调节学生毕业后就业和继续深造的选择,更
能使职业教育适应于社会需要。

(二)美国职业教育课程设置灵活多样,应用性强

　　美国职业学校根据社会需求设置课程并及时调整专业门类;学生根据

---

①　张晓明.美国职业教育特点[DB/OL].http://www.edu.cn/mei_jia_289/2006 – 03 – 23.

劳动力市场变化需要先择自己的专业方向。课程设置如下：①

一是副学士学位课，一般为两年，学生毕业可转入大学(学院)继续深造；

二是职业培训证书课，分为两年制、一年制和不到一年的短期培训课，重在就业的岗位知识和技能的培训；

三是学徒培训课，学徒可在职业学校选择适合自己的专业接受培训。

总之，职业教育课程设置都与 300 多个职业有关，专业领域主要包括八大类：农业综合企业、工商业、市场与销售、建筑与工程制图、家庭经济、公共卫生、服务行业和技术培训。

科学技术的日新月异，各职业对专门人才的要求高了，没受过高等教育或专门教育的人是很难找到工作的，这在客观上也迫使青年不得不进入中学后的社区学院。为了促进高等教育职业化，社区学院开设普通教育和职业教育的综合课程，兼顾学术性与职业性，课程设置适应学生"应知、应会"的要求，除了开设综合课程之外，还开设技术性课程，并且技术性课程比例不断上升。基础课与技术课之比达到 38：62，理论课与实验课之比为53：47，课程教学内容等方面从职业需要出发来安排，不同专业之间在课程设置、周学时、讲授内容等方面都有差别。基础理论课教学宽而浅，强调实用，突出职业性。在美国，社区学院既是普通高等教育的一种形式，又是中等职业教育与普通高等教育相互沟通的一种模式。

（三）美国职业教育教师资格要求高，极重视工作经验

美国职业教育的种类和层次繁多，其教师的情况也各不相同。美国对职业教育教师资格有严格的规定，其资格证书比一般中小学教师资格证书要求高，尤其对实践性和技术性的要求比普通教育教师高得多。对教师资格的一般要求如下：②

① 教师应当胜任他们的教学工作，一般应在他们所教范围取得学士

---

① 彭秉莹. 美国职业教育的发展趋势[J]. 职业教育论坛,2003(3):36-39.
② 汪秉权,屠群锋. 美、德、法、日等国职业教育的教师资格[J]. 机械职业教育,2001(9):21-22.

学位,并对所教技术课程有 1 年以上实际工作经验,在合适的技术领域有 5 年以上经验的可以代替学士学位要求。

② 负责安排和监督执行教育计划的人,必须有硕士学位或其他高等训练,并有相应领域的工作经验。

③ 教师要有工业、商业、销售方面的最新经验,或者有所讲授技术的相关专业的实践经验。

美国职业学校聘请的教师必须持有州教育主管部门颁发的许可证,而且聘任教师时非常重视教师的直接工作经验。还要求应聘者学过教育学课程,没有学过教育学课程者,必须在聘用期限内,修完规定的教育心理学、教学方法等 6 门课程,才算合格的教师。由于美国对职业教育师资要求具备高学历、高质量,在一些大学也设置职业教育师资专业,培养农业、商业、市场学、家政、健康等教师。近年来,美国的教育机构正在实施"职业教育新任教师的专业发展计划",旨在为新教师提供一个具有灵活性和有效性的培养机制,帮助新教师顺利转换角色,尽快达到技术性和实践性能力的要求,成为"双师型"人才,适应职业技术教育的教学实践。①

(四) 美国职业教育以政府办学为主,工商界参与

美国实施 12 年义务教育,中等职业教育基本由公立学校实施。独立的职业高中不多,一般在中学都开设职业课程。早在 1993 年,设有职业课程的学校(职业高中、综合中学、少数普通高中)达 1.6 万所。总体上说,60% 以上的中学毕业生还将进入高中后教育机构,继续接受教育。这样,中等职业学校在美国未能构成职业教育的主体;其办学体制也较为单一,主要是政府(地方)办学和政府领导下的社会管理。美国职业教育的主体为高中后教育,实施机构中最具代表性的是社区学院。其他还有地区职业教育中心、各类职业学校、工会和行业(包括公司)提供的培训项目、企业

① 孙道远. 国外职校怎样培养双师型教师[N]. 中国教育报,2007 – 03 – 02(5).

办的培训中心、联邦政府资助的培训项目等。从宏观角度看,举办职业教育的有联邦政府、州政府、地方当局、工商行会组织、工会、企业、其他社会团体以及直接办学者和间接助学者等。

美国职业教育与工商企业界联系密切,课程设置反映现代职业领域的最新现状,为学生提供优质的中学后教育和职业导向。工商界参与职业教育的形式主要是担任学校咨询委员会成员,雇主参与了职业教育培训,确定了合作项目,把职业教育学生安排在实际工作岗位上,半日在校学习,半日生产实践,这种情况无论是中学阶段还是中学后阶段,学生都有相当大的比例。工商界参与公立职业教育的另一种形式是直接购买培训,即给予经费补偿或特定培训项目,公司与学校根据合同确定提供培训,并按协议收付费用。

(五) 美国职业教育实行分级管理,以地方为主

美国职业教育管理制度和运行机制是联邦政府引导、州政府和地方政府分级负责、重心在地方的管理制度和学校根据市场需求自主办学的运行机制。按 1990 年《职业教育法》规定,联邦政府每年向各州提供职业教育专项补助经费。联邦经费主要用意是引导职业教育的发展、改革方向和促进教育与培训机会均等目标的实现,以激励各州重视职业教育。州政府和地方政府作为职业教育经费的主要提供者,直接进行管理。如威斯康辛州早在 1965 年就建立了州职业教育委员会,属政府职能部门,统筹规划和协调管理全州的职业教育。该委员会的主要职责是:确定本州职业教育的发展规划,制定相应的政策法规,分配和管理联邦及州职业教育经费,评估审议课程设置、培训项目和学校设备更新计划,审计各学区财务执行情况,确定学生学费额度和审议学生资助情况,颁发教师资格证书,争取联邦和州政府各方面对职业教育提供支持等。[①]

---

① 刘建同. 美国职业教育办学体制[DB/OL]. http://www.edu.cn/mei_jia_289/2006 - 03 - 23.

这种办学投入体制和管理体制,决定了美国职业学校必须面对市场自主办学。市场不仅决定了学校人才培养的规格、类型、课程、学制、专业设置等,而且带来了学校功能的多样化,推动学校关注市场需求的变化和教育教学质量的提高。美国职业学校为实现面对市场自主办学,采用了面向社会的办学方式。美国社会参与办职业教育的有多种形式:

第一,企业的工程师参与研究制订培养学生的教学计划。

第二,企业出资帮助学校建实验室,送新产品到学校测试,为学校推荐毕业生设计题目,推荐工程师为学校的兼职业教育师,为学生提供实习场所。

第三,教师经常到工厂去熟悉生产第一线的情况,承担应用型研究课题,取得的成果应用于生产实际。

第四,企业从学校选择毕业生补充自己的技术骨干。①

这样,不但有利于教师与企业结合、与实践结合,也有利于学生进行技术训练和企业在职人员的继续教育。

(六)美国职业教育重视产教结合,有效地为社会服务

美国发展职业教育成功的重要经验便是产教结合。②

第一,职业教育与不同时期的经济战略结合起来。美国职业教育紧随着国家工业生产的发展而发展,反过来有力地推动社会经济的进步。

第二,职业教育与不同地区的经济发展结合起来。职业教育如何有效地为地区经济发展服务,是美国自 20 世纪 60 年代特别是《职业教育法案》颁布以来的一个现实问题。适应这一需要,美国职业教育机构的类型和形式趋于多样化,并向高层次扩展。

第三,在进行职业教育过程中将企业与学校结合起来。在美国,工商企业界与学校合作,共同对学生进行职业教育的形式称为"合作职业教

---

① 彭秉莹.美国职业教育的发展趋势[J]. 职教论坛,2003(3):36 – 39.
② 张晓明.美国职业教育的产教结合[DB/OL]. http://www.edu.cn/mei_jia_289/2006 – 03 – 23.

育",亦称工读课程计划。学生一部分时间在原校学习普通教育课程,另一部分时间在工商企业界做实际工作,学习与工作交替进行。

第四,企业的生产经营与职业培训结合起来。随着科学技术进步,企业办学在美国蔚然成风。卡耐基促进教育基金会提供一份题为《公司课堂:学习的企业》的报告,当中指出,美国企业内部开展的训练和教育计划如此庞大而广泛,实际上已经提供了全国公立学校、私立学校和学院的一种替代方案。

四、中国高等职业教育发展的五个问题

高等职业教育是高等教育的一个门类,是职业教育的最高层次。高等职业教育在我国虽已有 20 余年的历史,但发展道路曲折而艰辛。

自 1980 年南京成立了我国改革开放后第一所地方性职业大学——金陵职业大学以后的 10 余年间,由于缺乏政府与社会的明确认同和有力支持,发展高等职业教育的许多尝试无果而终,我国高等职业教育的生存也一度陷入了危机。

直到 1996 年,以《中华人民共和国职业教育法》颁布为标志,我国高等职业教育的发展、改革进入了一个新时期。早在 2005 年 4 月,我国高等学校共 2 195 所,其中普通高职院校 1 078 所,包括高等专科学校、职业技术学院(学校)、短期职业大学和民办高等学校,占据了高等教育的半壁江山。尽管我国高等职业教育在数量上获得了很大发展,但由于国人轻视职业教育的传统观念根深蒂固,政府对高等职业教育的投入不够,高等职业教育发展仍然面临许多认识问题。[1]

---

[1] 刘尧. 高等职业教育发展中的五种符号[J]. 教育与职业,2007(16):77-78.

（一）紧迫性：知识经济对高等职业教育的发展提出更高、更新的要求

人类步入 21 世纪以来，知识经济的大潮迅猛而来，它的核心是科技，关键是人才，基础是教育。知识经济是指以现代科学技术为核心的，建立在知识和信息的生产、存储、使用和消费之上的经济。与以往的经济形态相比，知识经济的最大不同在于，它的繁荣不是直接取决于资源、资本、硬件技术的数量、规模和增量，而是直接依赖于知识或有效信息的积累和利用。未来经济要改变和超越现在这种技术为驱动的发展模式，即改变片面地追求产品技术的极致、追求单一商品生产规模的极大化，而转向把知识作为主要的内驱动力。党的十五大报告指出："要充分估量未来科学技术特别是高新技术发展对综合国力、社会经济结构和人民生活的巨大影响，把加速科技进步放在经济社会发展的关键地位，使经济建设真正转到依靠科技进步和提高劳动者素质的轨道上来。"

伴随知识经济的来临，知识劳动者从后台走向前台，成为决定生产和管理运作的主体，人力资本或知识积累已成为改变经济系统产出的显著变量。人口多是我国国情的第一大特点，而巨大的人口基数中又有相当多的人在从事低级的生产，这是我们发展所面临的真正压力。邓小平同志说："人是生产力中最活跃的因素"，"劳动者只有具备较高的科学文化水平，丰富的生产经验，先进的劳动技能，才能在现代化的生产中发挥作用"。近期的经济理论研究表明，经济系统的知识水平和人力素质已成为生产函数的内在部分，亦即成为生产率提高和经济增长的内在动力之一；经济越发达，科技水平和劳动者素质的价值就越大。面向市场，面向产业结构调整，面向经济的全球化，一个能主动应变的，能响应创新潮流的高等职业教育网络体系，是提供合格劳动者的必要条件。知识经济的发展，迫切要求高等职业教育培养与之相适应的高级人才。

（二）艰巨性：高等职业教育发展要实现"四化"

我国高等职业教育要从自身的发展规律出发，逐步建立起与社会主义市场经济发展相适应，与地方社会经济发展相适应，与其他各种教育形式彼此沟通、协调的高中后职业教育体系，其中心问题在于培养的人才要符合地方经济发展的要求。

具体讲要实现"四化"。

1. 系统化

高等职业教育发展由彼此联系的4个层面组成：

第一，高等职业教育发展要与社会的发展相配套、协调。

第二，高等职业教育发展要与教育系统内部改革相配套、协调。

第三，高等职业教育发展要协调其内部不同形式、层次、规格之间的关系。

第四，高等职业教育发展要注重培养目标、教学内容、教育方法诸方面的改革。

2. 地方化

高等职业教育地方化主要指与地方经济、社会发展紧密结合，包含4层含义。

一是企业化。

企业化要求地方经济、社会发展是以地方企业为支柱的，高等职业教育要扎根于企业，要从企业的发展出发，站在企业的立场上为企业服务，并从服务中求得自己的发展。

二是多样化。

多样化即要求高等职业教育要不拘一格培养人才，多层次、多规格、多渠道、多形式办学。

三是网络化。

网络化要求高等职业教育必须形成网络。一个中心城市要有一所职业技术学院,与企业和社区进行多种形式的联合办学,以适应社会的广阔需要。

四是相对独立。

中心城市的职业技术学院,是地区职业技术教育的中心,要形成相对独立的体系,向下延伸,覆盖全区。

3. 市场化

高等职业教育是主动适应社会主义市场经济的发展,核心问题是要通过分阶段与社会配套改革,建立起与市场经济相适应的运行机制,其要点是办学要从计划管理体制下解脱出来,在市场经济条件下,着眼于社会职业市场的建立,劳动工资、人事制度的改革,以国家、企业和就学者利益为办学出发点对现行办学制度作出全面改革。高等职业院校要把自己看作是城乡企业、居民的职业培训部,急企业、地方之所急,把高等职业教育当作城乡的社会事业来办,逐步把办高等职业教育从主要依靠政府转向主要依靠市场、依靠社会。

4. 科学化

高等职业教育要健康发展,就必须对当前高等职业教育的发展目标、方向有科学的把握,对现存高等职业教育现状和问题有科学的分析,把高等职业教育的发展建立在科学认识、科学分析、科学预测和科学决策的基础之上。

(三) 特殊性: 21 世纪的高等职业院校要办出特色

有关调查显示,企事业单位需要学术型人才、工程型人才、技术型人才、技能型人才。需求量最大的是技术型人才和技能型人才。这类人才主要是通过高等职业院校培养的。这类人才是德、智、体全面发展,熟练掌握某一特定职业或职业群的成熟技术和服务规范,是生产和管理第一线服务的高层次技术型人才。

这类人才有以下几个特征:

① 专业面向——"基层",为生产、管理第一线服务,针对某一特定的职业领域,有的甚至是具体的职业岗位或职业岗位群。

② 工作位置——"中间",即处于工程型人才与操作型人才之间的中间位置,国外有称之为"中间型人才"(middle man),起桥梁作用。

③ 工作性质——"转化",即把设计、规划、决策转化为现实产品形态,或对社会产生具体作用。

④ 规格要求——"应用",即理论知识在实践过程中的应用,亦即综合职业能力(并非一般操作技能和动手能力,而主要是一种智力技能和创造能力)的体现。

高等职业院校的特色可以概括如下:

① 面向基层,面向生产服务第一线培养实用型人才。

② 专业设置根据社会需求及时调整,社会需要才办,而不按学校是否有学科带头人来办。

③ 专业教学内容是成熟的技术和管理规范,教学计划、课程设置不按学科要求而按职业能力要求来确定。

④ 基础课按专业学习要求,以必需和够用为度。

⑤ 实训比例较大,在校期间完成上岗的实践训练。

⑥ 注重与企业结合,实行学历证书和职业资格证书制度。高等职业技术人才的这种特殊性,是目前中等职业教育和普通高等教育的培养所不能替代的。

(四) 灵活性:高等职业教育的岗位能力本位观

高等职业教育作为我国高等教育的重要组成部分,它具有双重属性:

既是高等教育,又是高层次的职业教育。

从它是高等教育这一点来说,它与普通高等教育有其共同点,即两者都是在高中文化基础上进行高层次的文化、理论知识和专业教育。

从职业教育这一点来说,它与普通高等教育又有显著不同之处:普通高等教育是按学科设置专业,按学科理论体系设置课程,强调学生所学知识的系统性、完整性;高等职业教育则按职业岗位(或岗位群)设置专业,按照实际需要,以培养一线人才的岗位能力为中心来决定理论教学和实践训练的内容、时间及其相互关系,以此建构自身的教学体系。

高等职业教育实行理论教学计划与实践训练计划并重,互相配合,共同为培养学生的岗位能力服务。就其理论教学来说,当然离不开有关的学科知识,但它所学的内容可能涉及几个学科,不是着眼于某一学科领域知识的系统和完整,而是按照培养岗位能力的需要,有针对性地选学有关学科的知识,强调所学知识的针对性、实用性。就其实践训练来说,也不同于普通高等教育的实验、实习,不是为了验证理论,而是把所学理论知识应用于实际,掌握处理问题、解决问题的能力。综上可见,高等职业教育的专业设置随社会职业(群)的变化而变化,有很大的灵活性。

(五)前瞻性:高等职业教育的办学层次要适应社会发展的需要

高等职业教育是高等教育的一种类型,而不是一个教育层次。虽然国家目前将高等职业教育定位为专科层次,但不等于其永远是专科层次。当前我国发展高等职业教育的重点是两年制、三年制的专科层次,这是现阶段的国情所决定的。从沿海经济发达地区的某些职业院校来看,有的已试办四年制本科高等职业教育,有的本科大学也办了四年制的高等职业学院。国务院学位委员会1997年初召开的第十五次会议,决定增设工程硕士、教育硕士学位,把医学学位调整为医学科学学位和医学专业学位。它们与现行的工程学硕士、教育学硕士属于同一层次,但类型不同,各有侧重。如医学专业学位,要求侧重于从事某一特定职业的实际工作能力,以培养高级临床医师、卫生防疫和新药研制与开发的应用型人才为目标。这是更高层次的高等职业教育。

高等职业教育因其与社会职业(群)紧密结合,尤其是在知识经济到来之后,各类职业的科技含量将迅速提高,对从业者的素质要求越来越高。个人的知识水平决定其就业起点和收入,个人的知识结构决定其从业方向,个人的知识积累决定其工作中的进步。总之,在知识经济社会中,科学技术起着真正的核心作用和关键作用。这就要求高等职业教育要对未来经济发展作出前瞻性预测,及时调整专业、教学内容以及办学层次,为社会发展提供所需的人才。

【新闻图片链接】

2004 年 9 月 24 日,遂昌社区学院成立仪式在遂昌县教育园区举行。

2007 年 4 月 16 日,扬州经济开发区社区学院举行揭牌仪式。

参 考 文 献

［1］孙亚玲.社区教育的基本问题.云南教育学院学报,1995(4).

［2］张华.我国社区教育面临的十大困惑与挑战(上).成人高教学刊,2007(4).

［3］陈乃林.我眼中的社区教育功能定位.中国教育报,2003 - 07 - 28.

［4］纪军.社区教育的多维分析.教育探索,2003(1).

［5］厉以贤.社区教育、社区发展、教育体制改革.教育研究,1994(1).

［6］黄云龙.我国社区教育的嬗变、发展态势及其实践策略.国家教育行政学院学报,2006(1).

［7］沈光辉.我国社区教育的发展现状与推进措施研究.继续教育,2008(1).

［8］于晓利.关于促进我国社区教育的思考.北方经济,2007(13).

［9］胡鞍钢,李春波.新世纪的新贫困:知识贫困.中国社会科学,2001(3).

［10］刘尧.对治理"贫困综合症"的教育学思考.上海教育科研,1998(6).

［11］刘尧.农村知识贫困与农村高等教育.清华大学教育研究,2002(4).

［12］刘尧.发展农村高等教育:振兴中国农村经济.现代大学教育,2002(6).

［13］刘尧.简评教育发达是经济发展的前提吗:与常宗虎博士共鸣.教育与经济,1996(4).

［14］刘尧.农村社区发展学院办学模式构想.职业技术教育,2002(25).

［15］刘尧.城乡和谐发展中的农村高等教育研究.教育与现代化,2006(2).

[16] 刘尧.农村知识贫困与农村人力资源开发.中国地质大学学报:社会科学版,2008(2).

[17] 刘尧.应发展面向农村的高等教育.中国教育报,2002-01-05.

[18] 刘尧.治"贫"与"愚":农村高等教育的目标.中国农业教育,2002(2).

[19] 刘尧,傅宝英.关于建立县(市)农村社区发展学院的思考.职业技术教育,2004(7).

[20] 刘尧.农村人力资源开发呼唤农村高等教育.职业技术教育,2003(19).

[21] 刘尧.农村城市化:解决"三农"问题的根本出路.南阳师院学报:社会科学版,2004(7).

[22] 刘尧.关于建立农村高等教育体系的思考.云南教育:高教研究,2002(24).

[23] 刘尧.建立农村高等教育体系的可能性.江苏高教,2002(5).

[24] 葛为民.浙江"三农"问题与农村高等教育.浙江社会科学,2004(4).

[25] 刘尧.农村人力资源开发中的农村高等教育.西北农林科技大学学报:社会科学版,2004(4).

[26] 刘尧.农村教育目标的一元化与多元化.职业技术教育,2004(4).

[27] 林凌,等.高等教育要更好地为农村发展服务.理论前沿,2000(16).

[28] 申培轩.社区学院是农村教育的最佳模式.中国教育先锋网,2003-07-27.

[29] 任凯.发展农村社区学院的问题与思考.天津市教科院学报,2005(4).

[30] 刘尧,傅宝英.新农村人力资源开发与县级社区学院研究.教育与现代化,2007(2).

[31] 刘尧.农村社区教育与县级社区学院发展研究.西北农林科技大学学报:社会科学版,2008(1).

[32] 刘尧.农村高等教育体系及其研究内容与方法.青岛科技大学学报:社会科学版,2007(2).

［33］傅宝英. 高等教育自学考试适农性探讨. 职业技术教育,2004(19).

［34］蔡培村. 成人高等教育的发展与省思. 成人教育,2000(5).

［35］刘尧. 台湾社区大学发展历史与现状述评. 西南交通大学学报:社会科学版,2008(2).

［36］舒曼丽. 台湾社区大学的发展历程与办学特点分析. 苏州大学学报:哲学社会科学版,2006(4).

［37］何青蓉. 民众对社区大学办学理念与特色的认同. 台湾教育社会学研究,2004(1).

［38］刘尧. 台湾社区大学办学理念及其对大陆的启示. 教育与考试,2007(5).

［39］林振春. 社区大学的危机与挑战. 社教,2001(106).

［40］刘尧. 台湾社区大学在城乡社区发展中的作用. 成人教育,2008(3).

［41］门可佩,等. 中国未来50年人口发展预测研究. 数量经济技术经济研究,2004(3).

［42］赵岚. 中国农村适龄人口人均预期受教育年限展望. 教育科学,2006(2).

［43］段成荣. 中国人口受教育状况分析. 人口研究,2006(1).

［44］蔡立雄. 农村经济知识化:基于比较意义上的优化选择. 西北农林科技大学学报:社会科学版,2007(1).

［45］刘光哲. 以大学为依托的农业推广体系的构建. 西北农林科技大学学报:社会科学版,2007(1).

［46］郭必裕. 我国社区学院发展的主要问题和解决思路. 教育与现代化,2000(4).

［47］刘尧,冯洁. 县级社区学院与城乡高等教育协调发展. 教育与现代化,2008(2).

［48］刘尧. 政协提案中的社区大学(学院)创建构想. 荆门职业技术学院学报,2007(10).

［49］刘尧. 县级社区学院的办学经费来源及启示. 世界教育信息,2007(11).

[50] 张剑秋. 我国社区学院的发展及其现状分析. 云南教育:高教研究, 2002(20).

[51] 王良娟. 我国社区学院发展的政策分析. 开放教育研究,2003(2).

[52] 杨应崧. 论创建中国特色社区学院的几个焦点. 教育发展研究, 2000(12).

[53] 刘尧. 我国社区学院发展现状、问题与对策. 复旦教育论坛,2008(2).

[54] 傅宝英,刘尧. 依托现代远程教育发展县级社区学院. 现代远距离教育,2007(5).

[55] 王忠武. 科学发展观与发展模式创新. 泰山学院学报,2005(1).

[56] 刘尧. 浙江省县级社区学院发展背景、现状与趋势. 教育与现代化, 2007(4).

[57] 刘尧. 浙江省社区教育发展模式探讨. 宁波大学学报:教育科学版, 2008(1).

[58] 刘尧. 我国社区学院发展模式研究. 长春工业大学学报:高教研究版, 2007(4).

[59] 杨向群,项复民. 刍议社区教育发展模式之构建. 职业技术教育, 2003(19).

[60] 朱关龙. 社区教育发展模式透析. 教育发展研究,2004(3).

[61] 张海霞. 社区教育驱动模式之构建. 边疆经济与文化,2005(11).

[62] 郑占文. 天津市南开社区教育发展模式的启迪与思考. 天津职业院校联合学报,2006(4).

[63] 吴锋,魏伟. 美国社区教育的发展模式及对我国的启示. 湖北大学学报:哲学社会科学版,2004(1).

[64] 李平. 21世纪初浙江省社区教育发展研究. 浙江社会科学,2005(1).

[65] 岳杰勇. 中国社区教育未来发展模式探索. 成人教育,2006(9).

[66] 侯靖方,方展画,林莉. 义乌市创建学习型城市的调查报告. 教育发展研究,2003(8).

[67] 徐玉斌. 当前农村社区教育的十种模式. 职教通讯,2003(8).

[68] 刘松枝. 农村社区教育面临的主要问题及对策. 成人教育,2008(4).

[69] 蔡延泉,蒋广场.农村教育发展的新路径:农村社区学院.成人教育,2007(6).

[70] 李水山.我国农村社区教育运作机制探析.成人教育,2004(5).

[71] 周丽芳.温州城市社区教育初探.温州大学学报,2004(3).

[72] 周慧.长沙市城镇社区教育发展的对策.成人教育,2006(8).

[73] 姜婷.天津市社区教育实体建设初探.成人教育,2005(6).

[74] 郭耀邦.探索社区教育新模式——杭州市推进社区教育发展实验研究报告.职教论坛,2006(7).

[75] 毛文学.创建学习型城市的基本途径——义乌市社区教育的调查与研究.研究与探索,2004(11).

[76] 中央党校调研组.浙江省义乌市新农村建设.科学社会主义,2006(1).

[77] 冯晖.我国社区教育研究综述.伊犁师范学院学报,2006(1).

[78] 杨刚.推动我国职业教育改革与发展的对策思考.教育与职业,2004(36).

[79] 贺文瑾,石伟平.我国职业教育师资队伍专业化建设的问题与对策.教育发展研究,2005(10).

[80] 刘尧.我国职业技术教育的现状、问题与对策.职业技术教育,2008(11).

[81] 刘尧.国际职业教育改革趋势及其对我国的启示.职教论坛,2008(5).

[82] 彭秉莹.美国职业教育的发展趋势.职教论坛,2003(3).

[83] 汪秉权,屠群锋.美、德、法、日等国职业教育的教师资格.机械职业教育,2001(9).

[84] 彭秉莹.美国职业教育的发展趋势.职教论坛,2003(3).

[85] 刘尧.美国职业教育改革特点述评.职业技术教育,2008(3).

[86] 刘尧.高等职业教育发展中的五种符号.教育与职业,2007(16).

[87] 叶忠海.社区教育学基础.上海:上海大学出版社,2000.

[88] 刘尧.农村现代化与农村高等教育.北京:群言出版社,2005.

[89] 李继星. 谈我国社区学院建设. 海峡两岸社区教育发展论坛论文集. 2003.

[90] 黄武雄. 我们要办什么样的社区大学. 黄武雄. 台湾教育的重建. 中国台北:台湾远流出版社,1995.

[91] 张泽厚,王永杰. 中国现实经济模式的选择. 北京:中国社会科学出版社,1998.

[92] 布鲁斯. 社会主义经济的运行问题. 北京:中国社会科学出版社,1984.

[93] 费孝通. 江村农民生活及其变迁. 兰州:敦煌文艺出版社,1997.

积极促进农村高等教育大众化

（代后记）

我国是发展中国家,13亿多人口中,近8亿人口在农村。农业、农村和农民问题长期困扰着我国经济和社会的发展。不解决"三农"问题,我国经济和社会就不可能高速而持续发展,这已为世界所公认。党的十六届五中全会提出了建设"社会主义新农村"(简称"新农村")的战略任务。新农村建设是一个庞大的、复杂的系统工程,从哪里入手是非常关键的。十六届五中全会指出,新农村建设要培育有文化、懂技术、会经营的新型农民。新农村建设的主体是广大农民,培养新型农民的主体是农村教育。

尽管我国进行了长期不懈的农村教育改革,但制约新农村发展的主要因素之一依然是,缺乏热爱并了解农村、农民和农业的高级专门人才。可以说,现有的农村教育,从根本上讲是"在农村"为城市培养高级专门人才,培养离开农村、农民和农业的人才,而不是"为了农村"培养人才。这样的农村教育,已很难适应新农村建设对高级专门人才的需求。因此说,新农村建设不容回避的紧迫问题是将农村丰富的人力资源加以深度开发,促进农村经济和社会的全面发展。而实现这一目标的根本措施就是,从目标、内容、形式、结构和布局诸方面彻底改革农村教育,尤其要发展县级社区学院,建立农村高等教育体系。

国际经验表明,高等教育大众化,要求城市的大学群体跟地方社区学院相配套。如美国,19世纪80年代仅有300余所高等院校,1935年发展到1 600所,1940年达到1 800所,在校学生数占到18岁～21岁适龄人口的13%～14%,至20世纪50年代,呈现大众化趋势。自1991年开始,在60余年的发展中,各州举办地方社区性质的初级学院,对城乡高等教育协调发展起了关键作用。美国有各种社区学院 1 000 余所,在校生占到全国总数的 50% 以上。美国称社区学院是"人民的学院"。日本在 20 世纪 80 年代,高等教育适龄人口入学率达 50% 以上,也与地方高等教育的扩展有很大关系。早在 1990 年,日本有高等学校 1 162 所,其中短期大学 593 所。短期大学主要由市(隶属于县)举办(或私立),生源及毕业生就业主要在本市(县)。目前,我国城市的高等学校已经饱和,而农村(县域)几乎没有高等学校。因此,在我国城市已经实现高等教育大众化甚至普及化的今天,应该研究新农村建设对高等教育的实际需求,发展农村高等教育,促进农村高等教育大众化。

基于以上认识,笔者从 2002 年 1 月 5 日在《中国教育报》发表《应发展面向农村的高等教育》一文起,开始进行农村高等教育研究。2002 年申报并主持了全国高等教育科学"十五"规划重点项目"中国农村高等教育发展研究"、浙江省哲学社会科学"十五"规划项目"高等教育大众化中的浙江农村高等教育发展研究"和浙江师范大学"高等教育大众化中的农村社区发展学院办学模式研究"的研究工作。2006 年申报并主持了教育部人文社会科学 2006 年规划项目"新农村人力资源开发与县级社区学院发展研究"、浙江省社会科学联合会 2006 年重点项目"浙江省县级社区学院发展现状与对策研究"和浙江省高校人文社科"高等教育学"重点研究基地重大研究项目"新农村高等教育发展研究"。先后发表论文 50 余篇,2005 年出版了专著《农村现代化与农村高等教育》,并向全国人大、浙江省和金华市政协会议提交数份提案。2006 年起,笔者对农村高等教育的主要载体县级社区学院进行了一系列的研究。本书是第一本关于我国县级社区学院发展情况的研究报告,"初生之物,其形必丑",欢迎各位同仁批评指正。

在《中国县级社区学院发展研究》一书出版之际,我以农村高等教育研究者最虔诚的心,感谢浙江省高校人文社科"高等教育学"重点研究基地、浙江省高等学校中青年学科带头人基金、浙江省新世纪 151 人才工程基金、教育部人文社会科学基金的鼎立资助! 感谢浙江师范大学教育评论研究所和江苏大学出版社同仁们的大力支持! 同时,要对"义乌市新农村社区教育发展模式研究"课题组的同志们表示感谢,尤其要对本书引用和参考的所有文献的作者,以及一直默默支持我工作的冯洁副教授和参与本书部分研究工作的傅宝英副教授表示最衷心的感谢! 对关注和支持农村高等教育事业的人们表示最崇高的敬意!

刘尧

2009 年 10 月 16 日